Antonio Negri
time for revolution

혁명의 시간

국립중앙도서관 출판시도서목록(CIP)

혁명의 시간 / 안또니오 네그리 지음 ; 정남영 옮김. -- 서울 : 갈무리, 2004
 p. ;   cm. -- (아우또노미아총서 ; 3)

원서명: Time for Revolution
원저자명: Negri, Antonio
색인수록
ISBN 89-86114-67-4 04100 : \13900
ISBN 89-86114-21-6(세트)

342.1-KDC4
323.044-DDC21   CIP2004000910

혁명의 시간 time for revolution

지은이 안또니오 네그리
옮긴이 정남영
펴낸이 장민성
책임운영 신은주 편집부 이택진 마케팅 오주형
용지 화인페이퍼 인쇄 한영문화사 제본 우진제책

펴낸곳 도서출판 갈무리 등록일 1994. 3. 3. 등록번호 제17-0161호
초판인쇄 2004년 5월 15일 초판발행 2004년6월 15일

주소 서울 마포구 서교동 467-1호 파빌리온 오피스텔 304호 (121-842)
전화 02-325-1485 팩스 02-325-1407
website http://galmuri.co.kr   e-mail galmuri@galmuri.co.kr

ISBN 89-86114-67-4 / 89-86114-21-6 (세트) 04100
값 13,900원

Antonio Negri
time for revolution

혁명의 시간

나 자신에게 주는 아홉 개의 교훈

안또니오 네그리 지음 | 정남영 옮김

2004

TIME FOR REVOLUTION
Copyright ⓒ 2003 by Antonio Negri
Published by arrangement with the Continuum International Publishing Group, Incorporated.

Korean translation copyright ⓒ 2003 by Galmuri Publishing House
Korean translation right arranged with through Eric Yang Agency, Seoul.

이 책의 한국어 판 저작권은 에릭양 에이전시를 통한 The Continuum International Publishing Group 사와의
독점계약으로 한국어 판권을 '도서출판 갈무리'가 소유합니다.
저작권법에 의하여 한국 내에서 보호를 받는 저작물이므로 무단전재와 복제를 금합니다.

time for revolution 차례

일러두기 | 4
서론 | 9

1부 카이로스
1 공통된 이름 | 29
2 측정불가능한 것 | 55
3 유물론적 장 | 77

2부 알마 비너스
4 공통적인 것 | 103
5 가난 | 129
6 사랑 | 159

3부 다중
7 정치 | 191
8 산 노동 | 209
9 결정 | 233

해설 | 259
찾아보기 | 282

일러두기

1. 이 책은 Anotonio Negri, *Time for Revolution*, trans. Matteo Mandarini (New York · London : Continuum, 2003)의 후반부를 이루는 *Kairòs, Alma Venus, Multitudo*를 옮긴 것이다. 전반부인 *The Constitution of Time*은 차후의 번역과제로 남겨져 있다. 후반부를 우선적으로 번역한 것은 그것이 『제국』(*Empire*)이 나온 직후에 쓰인, 가장 최근의 철학적 저작이라서 가능한 한 빨리 소개할 필요를 느꼈기 때문이다. (*Kairòs, Alma Venus, Multitudo*의 이 탈리아어 원본은 2000년에 동일한 제목으로 출간되었다.) *The Constitution of Time*은 1980~81년에 쓰였기에 비록 중요한 저작이지만, 네그리의 가장 최근의 사유를 반영하고 있지는 않다.

2. 원본(이탈리아어본)을 직접 옮기는 것이 아니고 번역본인 영어본을 옮기는 것이라서 직역에 크게 집착하지 않고 내용을 이해하기 좋게 전달하는 쪽을 택하였다. 내용이 애매한 부분들은 불어본인 *Kairòs, Alma Venus, Multitude*, trans. Judith Revel (Calmann-Lèvy, 2001)를 참고하여 옮겼다.

3. 책 전체는 크게 셋으로 나뉘는 데, 이것들은 '부'라고 부르고 홑낫표 (「 」)로 표시하였으며(예 : 1부 「카이로스」), 각 부를 구성하는 세 편의 글들은 '장'이라고 부르고 작은따옴표로 표시하였다(예 : '공통된 이름'). '장'을 구성하는 부분들은 '절'이라고 부르고 숫자와 병기하거나(예 : 1절), 절의 아래 단위까지 밝혀줄 때에는 그냥 숫자로만 표시하였다(예 : 12. 1).

4. 외국 인명과 지명은 발음에 가장 가깝게 표기하는 것을 원칙으로 하였다. 다만 '이탈리아'처럼 특정의 표기가 관행으로 굳어진 경우에는 관행을 따랐다.

5. 원문에서 라틴어 혹은 그리스어가 그대로 노출된 것들—예를 들어 topos(토포스), telos(텔로스), amor(아모르), kairòs(카이로스), praxis(프락시스), caritas(카리타스) 등—은 그대로 음역하는 것을 원칙으로 하되, 사람들에게 익숙해진 영어식 발음으로 표기하였다.

6. 원문의 대문자로 시작되는 단어는 < >로, 이텔릭체는 고딕으로 표시하였다.

7. 주석의 경우, 영역자주는 대괄호([ ])를 사용하여 밝혀주었으며, 본 역자가 다는 주석의 경우에는 아무런 표시도 달지 않았다. 영역자주 안에 본 역자의 코멘트를 삽입하는 경우에는 대괄호를 사용하고 '옮긴이'라고 표시해 주었다.

8. 주요한 번역어에 대한 설명이 따로 필요하다고 생각되는 경우에는 주석을 달아주었다.

서론

이 텍스트는 우연히 탄생했다. 나는 정치적인 이유로 도피 중이었다. 10년 이상 평화롭게 지내다가 나는 도전을 충실히 받아들여 이탈리아로 돌아가 감옥에 갇히기로 결정했다. 나는 기꺼이 나 자신을 인도할 것이었으며 그러면 이탈리아 공화국의 제도들은 1970년대의 모든 '동지들'을 사면할 것이었다. (내가 법에 나 자신을 믿고 맡긴 후에 아무런 조치도 이루어지지 않았다는 것은 말할 필요도 없다. 이탈리아의 제도들과 그 초월적 토대는 명백하게 약속이행에서의 신실함이라는 기준을 넘어서 있었다.) 내가 이런 이상한 복귀를 준비하고 있을 때 프랑스계 미국인 친구 하나가 뉴욕에서 발행하는 자신의 잡지에 유물론에 관한 글을 기고하는 것이 어떠냐고 제안하였다. 그는 나에게 다음과 같이 청하였다. (적어도 이것이 그 당시에, 뭐라고 부를까, 시민적 열정의 순간 혹은 자살적 순간, 혹은 환각의 순간에 내가 상황을 경험한 바였다.) <권력>의 위대하고 환원 불가능한 '타자'로서 유물론이 갖는 근거를 펼쳐보라고, 즉 우주의 이야기의 내재적 지평으로서만이 아니라 (그 당시 나는 루크레티우스를 읽고 있었다)[1] 또한 그리고 무엇보다도 저항과 윤리적 구성의 원천으로서 유물론이 갖는 근거를 펼쳐보라고 말이다. 물론 흥미로운 문제였으며 당시의 나에게는 당면의 문제였다….

그래서 나는 내 친구와 유물론에 관한 활발한 토론을 시작했다. 나는 스피노자를 알고 그는 계몽주의와 디드로에 정통했다. 우리는, 진리의 정의(定義)가 초월에 토대를 둔 <권력>의 효율적인 행사에 있는 한에서는 유물론의 역사가 있을 수 없고 범주들의 지속성도 있을 수 없다는 데 동의하였다. 따라서 우리는 유물론이란 직접적으로 전복적이기 때문에 항상 억압의 대상이 된다는 점, 그래서 이런 조건 — '잘 숨는 사람이

---

1. 네그리는 그의 최근 저작 *Negri on Negri* (New York and London : Routledge, 2004)에서 이렇게 말한다. "루크레티우스는 <존재>가 창조되는 순간을 우주 속에서 일어나는 어떤 것으로 파악한다. 이와 대조적으로, 스피노자주의자가 된다는 것은, 이러한 혁신의 순간을 경험하고 영원에 직접 응하는 것은 우리에게 달려있다고 생각함을 의미한다. 우리가 바로 클리나멘인 것이다…"(p. 147).

잘 산다'는 말이 철학에 적용되는 때 ─ 에서는 유물론을 지탱하는 것이 어렵다는 점에 동의하였다. 그럼에도 불구하고 우리는 21세기에 막 접어든 시점에서 초월적 배치(dispositifs)[2]는 소진된 것처럼 보이며 왕은 벌거벗었고 왕의 친위대는 신경쇠약으로 쓰러질 지경이라는 데에도 동의하였다. 따라서 우리는 고대의 강력한 선동을 되풀이할 수 있었다. '시민들이여, 유물론자가 되는 마지막 노력을 다하라! 그리하여 신령한 힘을 즐거워하라'고 "… 인간과 신들의 즐거움인, 삶을 부여하는 비너스를[Alma Venus]를 …."[3]

그러나 우리가 여기에서 어떻게 더 나아갈 수 있을 것인가? 랑게(Lange)와 부하린(Bukharin)이 유물론에 대하여 행한 희화화를 넘어서는 유물론의 역사를 어떻게 창안할 것이며 신칸트주의나 변증법적 유물론[4] 때문만이 아니라 정치적인 억압으로

---

2. 푸꼬의 개념인 'dispositifs'는 담론적·물질적 요소들의 이질적으로 다양한 집합을 뜻한다. 'dispositifs'는 영어로는 'apparatus'(장치) 혹은 'deployment'(배치)로 번역된다. 그러나 정확하게 상응하는 영어는 없다. 그래서인지 영역자인 만다리니(Mandarini)는 불어를 그냥 사용하였다. 우리말로도 만족할 만하게 상응하는 것이 없다. 'dispositifs'는 특별한 이유가 없는 한 '배치'라고 옮겼는데, 일단 편의를 위한 것이다.
3. [영역자주 1] Lucretius, *On the Nature of the Universe*, trans. R. E. Latham (London : Penguin, 1994), p. 10.
4. 영어판에서는 이를 'Diamat'라고 표기하였는데 이는 'Dialectical Materialism'을 합쳐서 줄인 말로서 구 사회주의권의 철학적 이데올로기였던 '방법론적 유물론'을 말한다.

인하여 생겨난 전통의 중단을 어떻게 타개할 것인가? 특이한 사건들의 거센 힘을 통한 유물론의 이론적 전화(轉化)를 어떻게 재구성할 것인가? 만일 (〈권력〉은 자신의 모습으로 역사를 만드는 까닭에) 관념론과 선험론(초월주의)만 역사를 갖는다면 이 끔찍한 연속성을 어떻게 부수고 이 규범성을 어떻게 뒤집을 것인가? 요컨대, 우주의 유물론적 지성과 덕(virtus)[5]의 특이한 산물들을 '전쟁기계'로 배열하고 그 힘을 〈권력〉에 대립시키는 것이 가능한가?

감옥으로 되돌아가기 위해 준비하는 동안 이러한 내용이 논의되었다. 그리고 그 사이에 나는 아이러니가 다분한 마음 상태로 (상황이 주어진다면, 그리고 최고의 유물론자들이 말한 것이 사실이라면, '명랑하면 할수록 항상 좋다'[6]고 하는데, 이 말이 나를 괴롭히지는 못했다) 유물론의 마법 같은 섬들에 있는 문헌들을 풍부하게 뒤져보았다.

---

5. [영역자주2] 네그리는 '덕'(virtus)이라는 개념을 마끼아벨리에서 따온다. '덕'은 시간을 파악할 수 있게 하고 주체성과 정치를 구성하는, 그리하여 "정치적인 것이 시간의 문법으로서 형상화되게"(Antonio Negri, *Insurgencies, Constituent Power and the Modern State*, trans. M. Boscaglia, Minneapolis, University of Minnesota Press, 1999, p. 41) 하는 두 장치들 중 하나이다. (다른 하나는 '운'이다.) 네그리는 이 책 3부 「다중」의 마지막 장에서 '결정'과 '다중'에 대해 논의하면서 이 개념들에 대해 설명한다.
6. [영역자주3] Spinoza, *Ethics*, trans. E. Curly(ed.) (Princeton NJ : Princeton University Press, 1994), Ⅳ부, 정리 42(한국어판 : B. 스피노자, 『에티카』, 강영계 옮김, 서광사, 1990).

이윽고 감옥에 가게 되었다. 그리고 감옥 같은 곳에서는 덕을 쌓는 재교육이 한가로움을 통하여 이루어지는 만큼 나는 유물론 공부보다 더 한가로운 게 있겠는가 하고 스스로에게 물었다. 옛날에 받았던, '유물론 대 <권력>'이라는 주제에 대한 글의 청탁은 이 시점에서 나의 친구의 청탁에 긍정적으로 대답하도록 유혹했다. 그러나 나는 당시에 곤경에 빠져 있었기에 (특히 나의 자발적 감옥행에 대한 예우로 정부측에 요구하였던 것이 이행되지 않고 있어서) 매우 불행한 기분이었다. 어쩌면 처음부터 문제의 복잡한 변수들을 파악하지 못했는지도 모른다. '유물론 대 <권력>'이라는 주제에 대하여 생각하면서 나는 나에게 가장 익숙한 주제들에 관심을 쏟았다. 스피노자를 읽는 나의 습관이 그렇게 하도록 만들었다(나는 나의 새로운 훈육의 경험 속으로 스피노자의 저작들을 가지고 갔다). 말하자면 나는 힘을 중심으로 하는 유물론적 존재론을 파악해야 할 가장 중요한 것으로 보았던 것이다. 그렇다면 문제는 오늘날 탈근대적 공통성 위에 (즉 탈근대적 개인들이 자신의 표현능력의 증대로서 경험하는 협동과 생산성 위에) 수립된 새로운 가능성들의 집합이 어떻게 착취에 대한 적대 — 이는 탈근대적 <인간>의 점증하는 가난에 기인한다 — 를 향하여 열리는지를 설명하는 것이었다. 그리고 동시에 새로운 협동적 성좌(星座)들 — 이는 탈근대적 형태의 사랑에서 즉 생산

및 사회적 재생산의 네트워크 그리고 '일반지성'에의 참여 네트워크 속에서 이루어지는 '타자'와의 새로운 형태의 관계에서 출발한다—을 향하여 열리는지를 설명하는 것이었다. 따라서 나는 '알마 비너스'(Alma Venus, 삶을 부여하는 비너스)라는 제목이 달린 세 편의 글을 집필하는 데서부터 시작하였다.

그러나 나의 친구는 나에게 더 많은 것을 요구하였다. 그는 유물론이 무엇보다도 적절한 용어들을 충분히 가지고 있지 못한 것이 아닌가에 관하여 끈질기게 나에게 물었다. 실로 억압은 우리를 실어증환자로 만드는 게 아니냐는 것이다. 이는 다음과 같은 질문들로 바꾸어 볼 수도 있다. 유물론이 그 존재론이 전개되는 바로 그 지형에서 그 나름의 논리학을 조직할 수는 없는 것인가? 유물론이 충분히 논리적이고 논리학이 충분히 유물론적일 수는 없는가? 이런 프로그램을 염두에 둔다면, 관념론과 선험론의 기억으로 가득 찬 '개념'은 과연 무엇을 의미할 것인가? 유물론에서 공통적인 것의 상징은 오히려 '이름'이 되어야 하지 않는가? 즉 실재적인 것(the real)의 파악을 위한 명명적 배치이며 그 가장 일반적인 형태인 '공통된 이름'(the common name)이어야 하지 않는가? 그런데 이 이름은 새로 구축되어야 한다! 만일 유물론이 이름들로 이루어진 논리적 구축만을 인정한다면 '공통된 이름'은 우리의 경험의 지속적인 노력의 결과가 될 것이며 언어의 형태로 제안되는 의지와 지식의 특이한 사건들 및 행동들로 짜여진 직물이 될 것이다. 유물론적 경험은 존재를 계속적으로 얇게 베어내어 소통과 창안의 열려진 배열 속에 모으는 칼날이다. 특히 언어의 경우에 그렇다. 부분들에 앞서서 전체를 전제하고 경험에 앞서서 진리를 전제하는 개념적 형식은 이런 식으로 모두 사라진다. 엘레아학파 식으로 존재를 고정하는 것이 사라지고 그 결과로 나오는, 실재적인 것의 '복제-신비화'(이는 논리적 왜곡이며 참을 수 없는 지속적인 동어반복이다) 역시 사라지듯이 말이다. 들뢰즈는 그가 탈근대적인 것을 향하여 여는 동시대성 속에서 선험적 논리학에 들어있는 반복이라는 가증스러운 것을 맹렬하고도 강력하게 추방하였다.[7] 이런 이유로 푸꼬는 '금세기는 들뢰즈의 세기로 알려지게 될 것이다'라고 말했다.[8] 그러나 아직도 불충분하다. 논리학과 선험론의 교직(交織)이 또한 사회적인 것을 지배하도록 의도된 음모로, <권력>의 정당화 이론을 효과적인 집행행위 속에 고정시키면서 사법

---

7. 들뢰즈의 저서 *Difference and Repetition*(한국어판: 질 들뢰즈, 『차이와 반복』, 김상환 옮김, 민음사, 2004)이 집중적으로 이 작업을 행하고 있다.
8. 영어본 원문에는 본문 중에 '("Theatrum Philosophicum" in Foucault 2000)'라고 이 발언의 출처가 표시되어 있다. 여기서 'Foucault 2000'은 Foucault, *Aesthetics : Essential Works of Foucault 1954~84*, Volume 2, ed. J. D. Faubion (London : Penguin, 2000)을 의미한다.

적인 것을 구축(構築)하도록 의도된 음모로 드러난다면, 그렇다면 이 모든 것이 몽땅 거부되어야 한다. 이러한 비판적 경험의 토대를 놓은 사람, 아니 더 자세하게 말하자면 실재적인 것에 권리를 부여하지 않고 사건의 힘을 인정하지 않으며 모든 것을 항상 (모든 것에 선행하는) '법'으로 소급시키는 고대 플라톤주의가 우리의 문명에 존재함을 폭로하는 일의 토대를 놓은 사람 또한 푸꼬이다. 따라서 나는 「알마 비너스」의 앞에 앎에 관한, 더 자세하게 말하자면 유물론적 장(場)의 '측정불가능한 것' 안에서 공통된 이름을 구축하는 것에 관한 글 세 편을 추가하였다.

여기서 앎(이는 유물론적 장 안에 있는 에피스테메(episteme)이며 논리이다)이란 카이로스(Kairòs)다. 즉 앎의 사건, 이름붙이기(naming)의 사건, 혹은 더 정확하게는 특이성(singularity)[9]

---

9. 네그리는 *Negri on Negri*에서 '특이성'에 대해 이렇게 말한다. "삶을 고정된 틀에 맞추려는 모든 시도들에 대한 다중의 저항은 무엇보다도 특이성의 즐거움을 경험하는 데 있다고 생각한다. 이런 생각에 도달하는 것은 나에게 매우 힘들었다. 나는 스피노자를 읽었다. 그러나 들뢰즈를 읽기 시작하면서, 그리고 그와 함께 그의 저작에 대해서 토론하고 그것에 대해서 더 깊게 성찰하고 나서야 비로소 나는 이 특이성 개념의 강렬성을 이해하게 되었다. 여기에는 <존재>의 운동과 연관된 특이성을 훨씬 넘어서는 것이 관련된다. 무한한 것이 전적으로 각 특이성 내에서 경험되기 때문이다. 말하자면 삶의 행동이 총체적으로 내화되는 것이다. (…) 나의 사고방식에는 그 대신에 특이성들의 구성적 힘에 대해서, 공통적인 것을 구성하는 힘에 대해서 강조하는 것이 필요하다. 특이성은 항상 공통적인 것을 지향하기 때문이다. 공통적인 것은 특이성의 산물이다. 그리고 특이성들은 공통적인 것의 번성으로부터 생겨난다. 나는 저항이 바로 이 과정에 놓여

으로서의 앎이다. 이는 논리적 혁신과 존재론적 창조를 교직한다. 카이로스는 화살을 날리는 행위를 나타내는 고전적인 이미지이다. 여기 탈근대에서 그것은 절대적으로 특이한 존재론적 계기로서, 진공(the void)을 대면하면서 존재에 이름을 붙이고, 시간의 가장자리에서 예상하면서 구축하며 … 그리하여 이름을 사건에 적실하게 하고 정당화를 (공통적인 것의 위에 혹은 너머에 구축하는 것이 아니라) 공통적인 것의 안에서 구축한다. 유물론적 지식이론은, 과학적 경험에서 일어나는 바이지만, 존재를 환원 불가능한 방식으로 구축(構築)하는, 모험적인 동시에 절대적인 행위이다. 이는 발본적인 인식론상의 전환이다. 공통된 이름이 (시간의 화살에 의하여 표시되는) 근본적인 시간의 존재론의 지평 안에 심어지기 때문이며, '미래'라는 진공 속에서의 무의미한 반복으로부터 '장차 올 존재'의 열림을 분리하는 투쟁 속에 심어지기 때문이다.10 그렇다면 이는

있다고 생각한다. 공통적인 것과 그 저항에는 유기적인 성격이 하나도 없다. 들뢰즈가 우리에게 상기시키듯이, 특이성은 항상 더듬거린다. 그런데 이 더듬거림이 공통적인 것을 창조하는 것이다. 특이성은 더듬거림을 부인하지 않는다. 그것을 풍요롭게 하고, 뚜렷이 표현한다. 저항은 공통적인 것이 특이성들에 부여하는 의미이다"(pp. 149~50).
10. [영역자주 4] 네그리는 '미래'(future)와 '장차 올 존재'(being-to-come)를 구분한다. 전자는 어디서나 동등하고 동질적인 형식적 범주이다. 그것은 변화없는 현재에 의하여 채워질 빈 공간으로서 중립적인 위치점유자이다. 한편 후자는 존재 속에 폭 잠겨져 있고 존재의 가장자리에서 작동하는 사건의 순서이다. 네그리의 시간의 존재론과 들뢰즈・가따리가 발전시킨 존재론 사이에는 명확한 연결관계

공통적인 것의 의지를 토대로 그 의지에 의하여 구성되는 새로운 논리학이다. 바꾸어 말하자면 이는 탈근대적 철학 속에, 아니 더 정확하게 말하자면 탈근대적 경험 속에 시간의 관점을 삽입하는 것이다. 바로 이런 이유로 카이로스— 이는 시간을 생산하는 극히 특이한 힘이며 하이데거의 슬프고 벌거벗은 무력함의 형상들과는 반대된다— 에 대한 성찰은 탈근대적 동어반복과 결별하는 가운데 스피노자의 쿠피디타스(cupiditas, 욕망)를 갱신한다고 할 수 있다. 따라서 카이로스는 존재론적 구성의 자취이자 시간으로서 재발견된다. 이 성찰은 「알마 비너스」에서의 논의에 필요한, 탐구상의 실질적인 진전이 되었다.

가 있다. 들뢰즈・가따리는 '크로노스'(chronos)의 시간을 '이온'(aeon)의 시간으로부터 구분한다. "이온은 사건의 불확정적인 시간이고, 크로노스는 척도의 시간이다[…]"(G. Deleuze and F. Guattari, *A Thousand Plateaus*, trans. B. Massumi, London, Athlone Press, 1988, p. 262[한국어판: 질 들뢰즈・펠릭스 가타리, 『천 개의 고원』, 김재인 옮김, 새물결, 2001]). 또한 Deleuze, "Twenty-third series of the Aion" in *The Logic of Sense*, trans. M. Lester and C. Stival (London : Athlone Press, 1990), pp. 162~8 참조(한국어판: 질 들뢰즈 『의미의 논리』, 이정우 옮김, 한길사, 1999). 네그리는 이미 *The Constitution of Time*("First Displacement : the time of subsumed being")에서 척도로서의 시간을 비판한 바 있다. '미래'(futuro)와 '장차 올 것'(avvenire) 사이의 구분이 갖는 중심성을 염두에 두어서 나는 때로는 부담이 되기도 하는 '*to-come*'['장차 올 것'으로 옮겨짐 — 옮긴이]이란 합성어를 이탤릭체로 사용하였다. 이는 항상 잘 읽히지는 않을지도 모른다. 그러나 구분이 엄밀하게 유지되어야 한다는 점이 중요하기에 나는 이 불행한 절충을 택한 것이며, 그리하여 형식적이고 공허한 반복으로서의 '미래'로부터 '장차 올 것'의 사건을 구분하여 표시한 것이다.

「알마 비너스」와 「카이로스」에서 전개된 나의 많은 성찰들은, 맑스와 '함께' 그리고 그를 '넘어서' (즉 역사적 유물론의 영역에서) 살았던 삶—이것이 좋은 쪽으로든 나쁜 쪽으로든 나의 철학적·정치적 사유를 항상 인도해 주었다—의 이론적 윤곽 및 실천적 경험과 직결되어 있다는 사실을 이 시점에서 덧붙일 필요는 없다. 특히 시간(성)과 시간이 갖는 존재론적 의미에 대한 성찰들은 1981년에 출판된 시간의 구성에 관한 저작[11]과 연결되어 있다. 그리고 공통적인 것(과 그 구성의 역설들)에 관한 성찰들은 1987년에 출판된 책『주체의 공장』(*Fabrriche del soggetto*) — 이 책은 '현실적 공산주의자들'(real communists)에 대한 탄압이 가장 심했던 때에 내가 마땅히 감사를 해야 할 리보르노(Livorno)의 동지들 덕분에 은밀하게 출판되어서 대부분의 사람들에게는 알려져 있지 않다—의 몇몇 글들과 연결되어 있다. 그 글들에는 정통 맑스주의가 '가치-척도-시간'의 형태로 부과하는 그러한 착취이론 및 혁명이론을 이제는 유지할 수 없고 더군다나 옹호할 수는 결코 없다는 완숙한 깨달음이 들어있다. 가치이론을 이렇게 비판한다고 해서 불명예스러울 것은 없다. 그것은 패배에 대한 인식의 표현이 아니다. 그것은 투쟁에 의하여, 프롤레타리아 의식의 진전에

---

11. [영역자주 5] *The Constitution of Time* 참조 [영어판 *Time for Revolution*의 전반부로 이 책에서는 옮겨지지 않았음—옮긴이]

의하여 뒤집어진 시간성에 대한 인식이며, 자본주의적 〈권력〉의 군사적 지배에 대한 인식이다. 이 합리적인 맑스주의 정신에 혁명적 열정이 어떻게 동반될 수 있을 것인가? 혁명에 대한 욕구가 어떻게 다시 시작할 수 있을 것인가?

「카이로스」와 「알마 비너스」의 여섯 개의 장(章)들을 순서대로 배열해 놓고 보니 마침내 이 정치적(이며 열정적)인 주제 ― 혁명에 대한 욕구의 재개 ― 와 씨름하는 것이 가능한 듯 보였다. 이 주제의 중요성은, 형이상학의 용어로 말하자면, '장차 올 것'에 열려진 모든 공통적 사유에 위기가 닥치도록 계속적으로 자극하였다. 다중에 의한 결정이 어떻게 이루어지는가가 문제인데, 이는 해결하기가 쉬우면서도 매우 어려웠다. 유물론에서 이 정치적 문제는 '공통된 이름'의 구축(構築)을 낳는 물질적이고 객관적인 배치에 상응하여 주체의 측면에서 제기되는 것이 결코 아니다. 결코 그렇지 않다. 이러한 관계를 눈앞에 떠올리는 일, 즉 나를 지켜보는 작은 천사인 '송과선' 앞에 떠올리는 일은 너무 쉬운 것이리라… '삶을 부여하는 비너스'가 '카이로스'에 끼어들면 공통적 의지는 공통적 이성 이상의 것이 되고, 공통적 결정은 공통된 이름 이상의 것이 되며, 공통적 사건은 모든 초월적인 것 이상의 것이 된다. 그렇지 않다면 우리는 몇 번째인지 모를 관념론적 혼란의 옹호자, 공통적인 것을 '주권'이라는 지폐로 위조하는 것의 옹호자, 그 선험론적 타당화의 옹호자, '일반의지'의 옹호자가 되어 홉스, 루소, 헤겔과 어깨를 나란히 하게 될 것이다. 이것들은 다시 한번 능가되지 않는 한계로서—부르주아적 권력관의 물신들로서!—제시될 것이다. 아니다. 여기서 작용하고 있는 것은 다수적인 것들의 〈일자〉(the One)가 아니며 고대적인 것의 그 어떤 (쏘쉬르적) 재발굴도 아니다. 또한, 혹자가 주장한 바처럼, 근대적 이데올로기와 '대의(대표)'라는 놀라운 위장의 재창안도 아니다. 이 게임은 정말로 불쾌하다. (나의 독자들은 물론이고 다수의 사람들이 그렇게 생각하고 있다.) 이 글에서 논의는 공통적인 것(the common)의 형성 혹은 구성을 둘러싸고 진행된다. 현재와 같은 〈권력〉의 조건에서는 필연적으로 우연적이고 거친 구성이다. 그러나 항상 어쩔 수 없이 시간의 화살에 열려 있으며, 항상 존재의 가장자리에서 갱신되는 구성이다. 여기서 (이것이 3부 「다중」에서의 나의 추측이다) 존재론적 경로는 정치적 경로와 다시 한번 결합된다. 결정하는 다중이란 근대에 코뮨주의의 모험을 시도했던 주체성과 강력하게 닮았고 지금 탈근대에서는 탈출(exodus)을 통해 자신을 표현하는 주체성과 강력하게 닮았다. 다중은 장차 올 모든 코뮨주의의 새로운 '유령'인 것이다.

  근대에서 탈근대로 오면서 많은 것이 변했다. 첫째로, 노동력이 변형되었기 때문에 생산관계가 변하였다. 둘째로, 자본주의 정권은 사회주의 국가들과 여타 경쟁자들에 승리하면서 전체주의적으로 되었고 분명히 더 흉포해졌다. 그 이유는 이렇다. 이제 공장을 통해서만 생산을 하는 것이 아니라, 자신의 부를 창출하는 일에 사회 전체를 동원한다. 이제는 노동자들만을 착취하는 것이 아니라 시민들 전체를 착취한다. 사회에 명령을 내리고 사회의 질서를 유지하는 일에 자신이 돈을 내지 않고 다른 사람으로 하여금 지불하게 한다. 자본주의는 삶 전체를 감싸버렸다. 그 생산은 삶정치적(biopolitical)이다. 생산에서 <권력>은 사회를 통하여 팽창되고 재생산되는 것의 '상부구조'를 이룬다. 사회적 조직의 '훈육적 체제'는 (푸꼬의 용어를 빌자면) '통제 체제'[12]로 대체되었다. 생산자—노동자 혹은 프롤레타리아, 지적 혹은 물질적 노동력—가 점증적으로 두뇌라고 불리게 되는 생산도구를 재전유한 상황에서는 이렇게 될 수밖에 없다. 앞에서 노동력이 변형되었다고 했을 때 이를 이미 말한 셈이다…. 그러면 생산자들의 다중 내에서 혁

---

12. [영역자주 6] 네그리는 이 개념을 푸꼬와 들뢰즈로부터 따왔다. 들뢰즈의 짧지만 통렬한 글인 「통제사회에 대한 후기」 그리고 네그리와 들뢰즈의 인터뷰인 「통제와 생성」을 참조하라. 이 두 글들은 G. Deleuze, *Negotiations*, trans. M. Joughin (New York : Columbia University Press, 1995), pp. 169~82(한국어판 : 질 들뢰즈, 『대담 1972~1990』, 김종호 옮김, 솔, 1994)에서 찾을 수 있다. 훈육사회와 통제사회의 관계에 대한 논의로는 M. Hardt and A. Negri, *Empire* (Cambridge MA : Harvard University Press, 2000), pp. 329~32 참조(한국어판 : 안토니오 네그리·마이클 하트, 『제국』, 윤수종 옮김, 이학사, 2001).

명적 주체성이 어떻게 형성될 수 있는가? 이 다중은 어떻게 저항과 반란의 결정을 할 수 있는가? 어떻게 재전유의 전략을 발전시킬 수 있는가? 어떻게 자치를 위한 투쟁을 할 수 있는가? 삶정치적 탈근대에서, 즉 노동력의 변형과 생산적 풍요화가 일어난 국면, 그러나 다른 한편 사회 전체에 대한 자본주의적 착취가 목격되는 국면에서 우리는 이런 질문들을 던진다. 이에 대한 대답들을 나는 가지고 있지 못하다. 그러나 '카이로스'와 '삶을 부여하는 비너스' 다음으로 '다중'에 대해서 생각하면서, 희망의 재구축을 향하여 (더 정확하게는 「알마 비너스」에서 말한 대로 '디스토피아'를 향하여) 벽돌 몇 개를 쌓았다고 할 수 있다.

내가 감옥에서 나왔을 때 (이건 결코 끝난 이야기가 아니기 때문에, 그리고 1970년대의 동지들 수백 명이 여전히 감옥에 있고 망명 중이기 때문에 '나왔다'고 한 것이다), 그리고 다시 한번 (낮에만이지만) 친구들 및 사람들과 만나기 시작했을 때 (밤에는 내 감옥 동지들만을 볼 수 있었다) 나는 내가 한계를 알고 있는 이 원고를 출판하고 싶지 않았다. 이 '나 자신에게 주는 교훈들'은 감옥 안에서의 일년이 가져온 슬픔과 미확정성의 표시인 듯 하였다. 따라서 나는 원고를 선반 위에 올려놓은 채로 두었다…. 갑자기 일어난 어떤 일이 내 마음을 바꾸도록 하지 않았더라면 이 원고는 선반 위에 계속 있었을 것이다. 바로 전쟁이다…. 이는 한편으로는 다른 전쟁들과 같았다. 지능을 갖춘 미사일들에 의하여 사람들이 죽어 나가는 잔인한 상투성과 빈자(貧者)들 사이에 끔직한 학살을 유발하는 발칸 반도의 증오들, 계획된 파괴와 재건과정에서의 약탈들. 다른 평계들도 갖다 대면서…. 그러나 다른 면에서는 모든 다른 전쟁들과 달랐다. 이상하게도 그들은 이를 정의의 전쟁, 윤리적 행동, 성스런 폭력이라고 불렀다…. 나는 이해하지 못했다. 이는 행동하는 초월주의, 명분전쟁이라고 부를 만했다(많은 서방의 탈레반들이 그렇게 불렀다). 의기양양한 형용모순이다. 이로써 말을 잃게 하기에 충분했다. 나는 어떻게 이 모든 일이 일어날 수 있었는지를 자문했다. 서방 탈레반들의 초월주의적 으름장놓기와 대면한 유물론 전사는 사태를 이해하는 데 실패했다. 더 나쁘게도, 이 전사는, 군인들에게 '정당한 전쟁' 수사들을 주입하고 있던 세련된 서방의 아프간인들(특히 유럽인들)의 언어적 야만(인간의 권리, 적에게 행사할 법정의 정의, 보병침투와 육박전의 아름다움 등등의 어구들)을 그리고 정치적 논쟁의 '전(前)'근대적 퇴행을 설명할 수 없었다. 나는 향수를 가지고 '30년 전쟁'을 뒤돌아보았다. 이 대단히 유럽적인 비극이며 풍부한 결과를 낳은 전쟁, 근대 초월주의의 어휘를 결정하는 데 중요한 역할을 한 전쟁을. 나는 알았다. 17세기의 이데올로그들이 얼마나 훨씬 더 영민했던가! 이로써 충분했다.

나는 이 조그만 텍스트를 정말로 출판해야 했다. 우리가 살고 있는 세계의 잔인성과 어리석음을 폭로하는 데 조금이라도 도움이 되기 위해서? 그렇다고 할 수 있다. 어떻든, 나는 이런 과정을 거쳐서 이 작은 유물론적 텍스트를 출판하게 되었다. 이 텍스트는 '초월주의는 이제 그만'을 투쟁의 전제로 삼으며, 그 교훈은 '빈자들이 인류의 운명을 결정할 수 있는가?'라는 물음에 대한 답 속에 있다. 이 물음은 말하자면, '우리를 전쟁으로 이끌지도 않고 노예들과 죽은 자들의 평화로 이끌지도 않으며, 부를 생산하는 자유인들, 영원을 살고 경험하는 데 지치지 않는 자유인들의 공통의 삶으로 이끌 공동의 조직화를, 모든 형태의 죽은 노동에 대한 산 노동의 승리를 빈자가 결정할 수 있을 것인가'라는 물음이다. 유물론에 있어서는 존재를 가르치는 것이란 곧 존재를 혁신하는 것이다.

내가 내놓는 이 작은 교훈서로부터 이런 결론들을 도출하기 위해서 독자는 물론 큰 노력을 해야 한다. 아마 어떤 이는 마지막 지점에, 즉 이 결론들에 도달할 것이며, 행복할 것이다. 만일 이런 일이 일어난다면, 이 텍스트는 우연히 시작한 것이 아니게 될 것이다.

로마에서 안또니오 네그리
1999 9월 6일

Kairòs 1

카이로스

1 공통된 이름

2 측정불가능한 것

3 유물론적 장

그리고 나는 새로운 하늘과 새로운 땅을 보았다
이제 처음의 하늘과 처음의 땅은 사라졌으며
바다도 더 이상 없었다.*

―「요한계시록」 21장 1절

---

* 개역성경에는 다음과 같이 번역되어 있다. "또 내가 새 하늘과 새 땅을 보니 처음 하늘과 처음 땅이 없어졌고 바다도 다시 있지 않더라."

1

공통된 이름
The Commom Name

‖1.1‖ 개념을 안다, 개념을 통하여 안다고들 말한다. 그러나 '개념'이라는 단어는 너무 많은 싸움에 의하여 그리고 매우 상이한 해석들에 의하여 남용되었다. 우리는 개념이라는 단어를 '이름'으로 대체한다. 즉 우리가 어떤 사물에 부여하는 언어적 기호로 대체한다. 그 사물이 다수일 때, 그리고 그에 공통되는 요소를 나타내고자 할 때는 '공통된 이름'으로 대체한다. 모든 사물에는 이름이 있거나 있을 수 있고, 한데 모인 일군의 사물들에는 공통된 이름이 있거나 있을 수 있다.

‖1.2‖ 내가 이름을 붙이는 사물은 실존한다. 그러나 어떤 실존형태를 갖는지를 이해하는 것이 문제이다. 우리의 관심을

끄는 것은, 이름은 사물을 불러 실존하게 하며 이름과 사물은 여기에 존재한다는 점이다. 나의 이름붙이는 방식이 혼란스럽고 내가 불러 실존하게 한 사물이 혼란스럽게 배열되어 있는 까닭에 앎(지식)의 문제가 발생한다. 이런 경우에 존재는 나를 벗어난다. 예를 들어서, 무한히 많은 가능한 이름들 중에서 하나를 말할 때 나의 두뇌는 '이름'이라고 불리는 사물에 실존을 부여하지만, 동시에 사물을 불러 실존하게 하는 이름에 항상 실존을 부여하는 것은 아니다. 그리고 무한히 많은 가능한 이름들 중에서 공통된 이름을 만들어낼 때에 나의 두뇌는 '공통된 이름'이라 불리는 공통된 사물에 실존을 부여하지만 동시에 일군의 사물에 공통된 어떤 것을 불러 실존하게 하는 공통된 이름에 항상 실존을 부여하는 것은 아니다. 이름과 사물을 '바로 여기'에 위치시키면서 이름과 공통된 이름에 그 진실성을 부여하는 것은 바로 이 '동시에'이다.

‖ 1. 3 ‖ 이름은 공간에 있는 어떤 것을 표시한다. 이것이 최초의 그리고 가장 단순한 이름붙이기 경험이다. 처음 보기에 공통된 이름 또한 공간에서 전개된 경험으로부터 나오는 듯하다. 두뇌가 높은 곳에서 사물들의 세계를 조감하고[1] 그 높

---

1. [영역자주 7] 'sorvolo'(조감)라는 단어는 들뢰즈·가따리의 'survol'의 이탈리어 번역어이다. 그레엄 버첼(Graham Burchell)과 휴 톰린슨(Hugh Tomlinson)이 번역한 *What is Philosophy?*(London : Verso, 1994, 한국어판 : 질 들뢰즈·펠릭스 가

이에서 보아서 공통성을 가진 것으로 간주되는 (그리고 종종 실제로 그러한) 사물들의 집합에 공통된 이름을 창출하는 식으로 말이다. 그러나 어느 경우든 공간에 있는 사물을 표시하는 일이 사물의 사건(출현)과 동시에 (혹은 공통된 그 무엇과 동시에) 일어나지 않는다면 우리는 이름에게나 공통된 이름에게나 진실성을 부여하지 못할 것이다.

‖1.4‖ 그리하여, 우리의 문제는 이름붙여지는 사물의 사건(출현)의 조건을 확립하는 동시에 이름(혹은 공통된 이름)의 조건들을 확립하는 것이 될 것이다.

‖2.1‖ 선험론적[2] 지식이론의 전통에서는 이 '동시에'가

타리, 『철학이란 무엇인가』, 이정임 외 옮김, 현대미학사, 1995)에서는 이것이 'survey'로 옮겨져 있다. (번역자 서문의 pp. 9~10을 참조하라.) 그러나 때때로는 'state of survey'(조감의 상태)로 옮겨진다. 이 번역은 문제가 있다. 'survey'에 고유한 활동성과 역동성을 정태적으로 만들기 때문이다. 들뢰즈의 저작들에 대한 다른 번역들과 어긋나지 않기 위해서 나는 'survey' 혹은 마크 레스터(Mark Lester)의 Deleuze, *The Logic of Sense*(London : Athlone, 1990) 번역에서처럼 'surveying'을 택했다. 그러나 'overflight'(위로 날기)나 'fly over'(위로 날다)가 더 직역에 가깝다는 점을 명심해야 할 것이다.

2. 이 책에서 나는 'transcendental'을 어떻게 옮길까 오래 고심하였다. '선험적'이라고 옮기는 것이 가장 흔한 관행이지만, 이 관행을 무조건 따르기에는 문제가 있기 때문이다. 우선 네그리는 칸트가 'transcendental'이라는 말로 지칭하는 것을 무조건 비판하는 것이 아니다. *Negri on Negri*에서 그는 "칸트에게서 내가 가장 좋아하는 부분은 가장 덜 칸트적인 부분인 『판단력 비판』이다. 즉 미학이며 능동적인 선험적 기능들이다"라고 말한다(p. 103). 이어서 네그리는 "칸트는 선험적 기능을 따로 분리해 냈기에 중요하게 남아있다. 이 기능을 나중에 관념론자

역설적이게도 시간의 양상으로 파악되지 않는다. 그러나 우리는 이 역설을 한번 넘어보기로 하자. 이 전통이 가진 시간관은 존재에 대한 파르메니데스의 정의(定義) 즉 공통된 이름의 존재론적 조건을 공간적으로 규정하는 것에 전적으로 종속된다. 이름과 사물의 적실화(adequation)[3]는 분석적으로 확증된다. 이름은 (더욱이 공통된 이름은) 사물과 그 사물의 본질(이는 사물을 시간의 외부에 놓는 어떤 것이다)의 동일성이라는 것이다. 이에 따르면 지식과 현실 사이의 연계관계(nexus), 이름

들이 난장판으로 만들었다"고 말한다(p. 103). 말하자면 네그리가 칸트에게서 긍정적으로 보는 '선험적인'(transcendental) 기능들이란 실제 현실에 작용하는 버추얼한 것의 창조적 기능인 것이다. 그런데『혁명의 시간』에서 'transcendental'은 'immanence'에 반대되는 'transcendence'의 형용사로서 거의 예외없이 부정적으로 쓰인다. 물론 'transcendental'과 'transcendent'의 차이는 일단 유지되는 듯하다. 후자는 단순히 사건들을 초월하여, 그 외부에 있다는 의미로 쓰인다. 따라서 그냥 '초월적'으로 옮겨도 아무 문제가 없다. 전자는 개체의 경험 이전에 존재하면서도 실제 삶에 어떤 근거(ground)나 토대(foundation)로서 작용하는 것을 말한다. 이런 점을 고려해 볼 때 'transcendental'은 '선험적'으로 옮기면 너무 칸트적 의미가 부착되고, 그렇다고 해서 '초월적'이라고 하면 'transcendent'와의 차이가 희석된다. (사실상 'transcendental'이 '초월적'의 의미를 갖지 않은 것은 아니지만 말이다.) 그래서 결국 맥락에 따라 조금씩 변화를 주기로 결정하였다. 1) 정치제도들이나 권력 등에 사용되는 형용어로 쓸 경우에는 '초월적인'을 그대로 사용하기로 하였다. 다중의 삶 외부에 있다는 의미에서이다. 2) 철학의 경향에 대하여 쓰일 때에는 '선험적' 혹은 '선험론적'을 택하였다. 예를 들어 'transcendental philosophy'는 일반적인 관례대로 '선험철학'으로 옮겼다. (사실상 '선험철학'은 '관념론'과 거의 같은 의미이다.) 3) 나머지 경우에는 맥락에 따라서 '초월적'과 '선험(론)적'을 적당히 사용하였다. ('초험적인'을 생각해 보았으나 혼란만 가중할 것 같아서 채택하지 않았다.)
3. 스피노자에게서와 마찬가지로 네그리에게서도 'adequation'은 정태적인 '상응'을 뜻하지 않는다.

붙이는 행위와 이름붙여지는 것 사이의 연계관계를 수립하는 명제는 주어와 술어의 동일성에 근거할 때에만 진실일 것이다. 이제 '동일성'이란 두 사물이 공간 속에서 겹쳐지는 것을 의미한다. 공간 속의 동일한 장소에서 하나가 다른 것 위에 놓여지는 것이다. 그러나 '공간 속의 동일한 장소'란 없다. 만일 그런 게 있다면 공간 속의 모든 장소는 시간의 활동으로부터 빼내져야 할 것이다.

‖2.2‖ 이것이 고전적 철학의 전통에서 일어나는 일이다. 이 전통에서 시간은 존재의 부동성(immobility)을 나타내는 동적 이미지이다. 따라서 여기서 시간은 외적 양상(extrinsic modality)이다. 시간은 환상으로서 혹은 척도로서 제시되며, 결코 사건으로서, '여기 이것'으로서 제시되지 않는다.

‖2.3‖ 이러한 시간관은 근대인들의 상식과 충돌한다. 근대의 선험철학은 고전적 전통과 달리 사물과 이름의 적실한 (adequate) 연계관계('동시에')의 파악을 (그 관계를 보장하는) 본래적이고 근원적인 동일성 쪽으로 밀어붙임으로써 시간의 저항성을 중립화하려고 한다. 이는 무한한 변증법적 추론의 과정을 통해서 이루어진다. 이 과정은 무한한 인과관계에 의하여 지탱된다. 그러나 이 또한 외적이다. 사물을 존재로부터 제거하여 무한한 것 속에 익사시키고자 하는 것이다. 파르메니데스의 손에서 실패했던 것을 근대의 선험철학이 인과관계

와 무한한 것이라는 두 개의 에이스 카드를 소매로부터 뽑아 듦으로써 다시 한번 시도한다.

‖2.4‖ 비록 선험철학 중 주관주의적이고 현상학적인 갈래가 내적 감각경험 속에서 시간성을 회복하지만, 이는 단지 무한한 것의 방향을 바꾸었을 뿐이다. 이제 동일성은, 판단에 선행하며 판단을 무한한 것의 형태로 조직하는 토대가 되는 대신에, 그 한계가 정해지지 않은 막연한 과정 — 이 과정을 통해 판단이 펼쳐진다 — 의 힘이라는 형태로 자신을 투사한다.

‖2.5‖ 같은 관점에서 볼 때, 무한하다고 해서 원환적(circular)이 되지 않는 것은 아니다. 이름과 사물이 동일성에의 무한한 참조를 통해서만, 그리하여 분석적 관계들의 무한한 연결을 통해서만 적실하다고 간주된다면 무한을 원의 형상으로 나타내도 아무 문제가 없는 것이다. 그런 다음에 이 동어반복은 곧 확증될 것이다. 혹은 더 정확히 말하자면 더 강화될 것이다. 탈근대에서는, 시간의 종말에 토대를 둔 진리론이라는 극야(polar night)[4]에서는, 이름과 사물 사이의 관계의 원환성이 사건을 결정적으로 덧없고 환상적인 것으로 만든다.

‖2.6‖ 어떤 식으로 생각되든, 이름과 사물의 적실화('동시에')를 공간적 양상에 종속시키는 것은 이름붙여진 사물의

---

4. 백야(white night)와 대조되는 것으로서, 고위도 지역이나 극점 지역에서 겨울철에 오랫동안 해가 뜨지 않고 밤만 계속되는 현상을 말한다.

출현(사건)을 포착하지 못한다. 그것을 제거하고 비우고 무화(無化)할 뿐이다. 고전철학과 근대 선험철학의 관점에서 보았을 때, 즉 분석적 판단이라는 면에서 보았을 때 공간적 조건은 결국 출현(사건)에 외적인 초월적인 것이 되고 만다.

‖3. 1‖ '여기 이것'은 과연 무엇인가? 적실한 이름붙이기라는 '사건' 즉 이름붙이기 행위와 이름붙여진 사물 사이의 진정한 연계관계('동시에')는 무엇인가? 그것은 주어와 술어의 선험적 동일성은 분명 아니다. 이 동일성의 막연한 투사는 더더욱 아니다. 둘 다 두통만 안겨준다. 그러면 무엇인가?

‖3. 2‖ 최초의 리얼리스틱한 접근에서는, 이 '여기 이것'은 '여기 이것'이다. 이 관계 또한 동일성이 아닌가? 아니다. 나는 그것을 사건(event)으로서 인식한다. 그러면 사건이란 무엇인가? 이 최초의 접근에서 나는, 이름붙이는 행동과 이름이 붙여지는 사물이 동시에 창출될 때 이 양자의 진실(적실화)을 사건으로 이해한다. 양자 모두 불려져서 실존하게 된다. 이런 의미에서 이름과 공통된 이름이 사건을 구성한다.

‖3. 3‖ 그런데 최초의 리얼리스틱한 접근이 우리를 동어반복의 감옥에 갇히게 하지는 않는가? 만일 우리가 공통된 이름의 구성을 분석할 때 그리고 동시에 우리 앞에 출현하는 사물에 이름붙이기를 경험할 때, 공통된 이름의 구성이 구체적

경험 자체에서 이루어진다는 것을 인식하지 못한다면 즉 우리의 시간(카이로스)과 사물의 시간이 만나서 매우 구체적인 존재를 (그것이 이름이든 공통된 이름이든) 실존하게 할 때 이루어진다는 것을 인식하지 못한다면 그렇게 될 것이다. 이름에서 (그리고 더욱더 유력하게는 공통된 이름에서) 주어와 술어의 이 구체적 관계는 절대적으로 특이한 것이 된다. 다시 말해서 평상적이거나 반복적이지 않은 것이 된다.

∥3.4∥ 우리는 이름이 (그리고 공통된 이름이) 시간 속에서 발생하게 될 때에는 (그래서 구체적인 사건으로서 나타날 때에는) 육신성(몸의 성격)을 띠게 된다는 것을 보게 될 것이다. 몸이란 시간 속에서 사는 모든 것 즉 이름붙이는 순간 속에 존재하는 어떤 것의 술어이기 때문이다. 스피노자가 '공통된 생각'을 정의했을 때, 라이프니쯔가 '우연한 진리'(contingent truth)의 논리를 구축했을 때, 그럴 때에 진리이론은 육신적 관계들의 맥락에서 작동했던 것이다.

∥3.5∥ 그러나 이 최초의 접근 즉 정의하는 경험들의 집합은 진실한[5] 지식의 사건을 구성하는 '여기 이것'('동시에')의

---

5. [영역자주 8] 'vero'라는 말은 '진실한'(true)과 '현실적인'(real)의 의미를 모두 포함함을 명심해야 한다. 네그리의 설명에는 두 의미 다 들어있다. 나는 맥락에 따라 적절한 것을 골랐다. 비록 하나의 의미가 다른 의미를 배제하는 것으로 생각되어서는 안 되지만 말이다. (의미의 이러한 심층적 통일성을 시야에서 놓치지 않는 것이 특별히 중요한 때에는 이탈리아어 'vero'를 삽입하였다.) 우리는

강렬성(intensity)을 포착하기에 아직 불충분하다. 이 경험들은 지식의 최초 형태로서 일관성을 가지고 있긴 하지만 조용하다. 정태적이라는 말이다. 이와 달리, 공통된 이름(과 '동시에' 그것을 발생시키는 과정)의 그리고 그 몸의 구체적이고 절대적으로 특이한 존재는 끊임없이 움직인다.

‖3.6‖ 지금부터는 이름과 공통된 이름을 까다롭게 구분하지 않을 것이다. 진실한 지식의 사건이 갖는 특징들이 공통된 이름에서 명확하게 출현하여 거기서 '이름' 사건의 특징들을 총합함이 자명하기 때문이다.

‖4.1‖ 시간은 끊임없이 움직인다. 이름붙이기 사건과 이름붙여진 사물의 실존조건들 즉 공통된 이름을 구성하는 조건들은 시간성을 띤다. 우리가 지식과 존재 사이의 관계를 수립하는 것, 그리고 양자의 적실화를 수립하는 것은 시간의 맥락에서다. 지금까지 우리는 시간을 지식의 존재론 속에 끌어들였다. 즉 우리는 (시간적) 실존근거(ratio existendi)가 인식근거(ratio cognoscendi) 내에서 공명하도록 만들었던 것이다. 그러나 우리는 시간이 어떻게 지식과정 속에서 스스로를 수립하는

스피노자의 표현을 빌어서 '진실한 혹은 현실적인'(true *sive* real)이라고 말할 수 있다. 여기서 '혹은'(*sive*)은 스피노자에게서 그렇듯이 두 용어를 분리한다기보다 결합시킨다.

가라는 그리고 시간의 존재론이 지식의 존재론에 어떻게 참여하는가라는 중심적 문제와는 아직 대면하지 않았다.

‖4.2‖ 우리는 (공통된 이름의 구성이라는) 지식의 과정 속으로 '동시에'라는 시간적 규정을 통합하였다. 이름이 수립되는 데 토대가 되는 존재론적 규정이 '여기 이 시간'(hic temporis)임은 직접적 경험에 의하여 입증된다. 그러나 이 직접적 시간경험은 시간을 내적으로 인식하는 단순한 행동인 한에서는 지식을 보장하지 못하며, 지식을 용해할 위험이 있다. 시간에 대한 직접적 통각이란 야생적 상태이기 때문이다.

‖4.3‖ 경험이 시간 속으로 지식이 통합되는 과정의 직접적 목격자인 한에서 우리에게 말해 주는 것은, 시간이 지식을 감싸는 외피 즉 그 외적 양상이 아니며 오히려 공통된 이름의 구성에서 한 역할을 한다는 점이다. 그러나 어떻게 시간과 그 끊임없이 움직이는 양상이 지식을 통합할 수 있는가?

‖4.4‖ 시간경험이 지식의 정의에 통합되는 순간부터 시간은 '흐름'으로 지칭되었다. (긍정적으로는 돌출하는 활력이며 창조력이고, 부정적으로는 운명이고 배설이며 부패이다.) 시간에 대한 인식의 현상학적 형식들이라고 주장되는 이 존재론적 특질들은 사건에 대한 지식을 허용할 수 없는 초월적 흔적을 모든 경우마다 보인다. 그러나 시간은 야생적 상태로 우리 앞에 엄연히 존재한다. 그 모호함과 덧없음이 그러한 상태

자체로 존재하기 때문이다. 시간의 끊임없는 움직임이야말로 진정한 존재론적 소여(datum)이다. 성 아우구스티누스의 시간관이 여기에 장갑처럼 꼭 맞는다.6

‖ 4. 5 ‖ 시간의 끊임없는 움직임을 현실에서의 지식의 존재론적 짜임새로 본다면 무슨 일이 일어날까? 이렇게 하는 것은, 존재의 시간성을, 지식의 시간적 규정들의 순차적 연속을, 의식 속에서 야생적으로 이어지는 '여기 이 시간'들을 지식에 대한 경험의 유일한 짜임새로 보는 것을 의미할 것이다. 그 시간들에 고유한 일관성과 무상함이 모호하게 번갈아 나타나고, 실존을 조명하는 흐름이 단속적(斷續的)으로 이어지는 가운데 말이다. 시간의 존재론이 가진 존재론적 불안정성을 어떻게 진리의 생산으로 변형시킬 것인가?

‖ 5. 1 ‖ 고전적인 시간관에서 카이로스는 시간이 파열되고 열리는 순간을 (즉 그러한 순간의 시간이 갖고 있는 특질을) 뜻한다. 카이로스는 현재이지만 특이하고 열려진 현재이다. 이 특이함은, 카이로스가 진공(the void)을 향하여 자신을

---

6. 성 아우구스티누스의 시간관은 『고백록』(*Confessions*)의 11권에 개진되어 있다. 이 시간관에 따르면 시간은 객관적인 것이 아니라 사물들이 정신(mind)에 남기는 인상들이다. 그리고 과거란 기억이며, 미래는 기대이다. 신은 시간의 외부에 있다는 의미에서 '영원한' 존재로 설정된다.

열 때 그 진공과 관련하여 표현하는 결정(decision)에서 드러난 다. 카이로스는 존재가 그것을 통하여 스스로를 여는 시간의 양상으로서 시간의 임계점에 있는 진공에 의하여 끌어당겨진 다. 그리고 그 진공을 채우기로 결정한다. 카이로스에서 이름 붙이기와 이름붙여진 사물이 '동시에' 실존을 얻는다고, 그리 하여 실재적으로 '여기 이것'이 된다고 말할 수 있는가?

‖5.2‖ 만일 그렇다면 카이로스는 첫째로, 시간의 정의에 서 '흐름'과 '재난'의 요소를 배제하는 시간의 양상을 (그러한 '여기 이 시간'을, 그러한 시간의 지점을) 나타내게 될 것이다. 이는 한 걸음 전진한 것이다. 다음과 같이 말하는 것이 더 낫 겠다. 만일 카이로스가 '가장자리에 있는' 것으로, '면도날 위 에 있는' 것으로, 즉 '궁사가 화살을 쏘는' 순간으로 모호하게 인식된다면, 그렇다면 카이로스는 시간의 끊임없는 움직임(불 안정성) — 바로 우리가 우리의 경험에 붙이기 위해 필요로 했 던 이름 — 이 된다. 그러나 [둘째로] 그렇더라도 우리는, 카이 로스가 또한 화살촉에 의하여 정의되는 시간의 점에 있는 실 재적인 일관성이기도 한 것은 아닌지를 — '장차 올' 시간의 진 공을 내다보고 있는 존재의 행동 즉 시간의 가장자리를 넘어가 는 모험이기도 한 것은 아닌지를 — 자문할 수 있게 될 것이다. 셋째로 우리는 카이로스가 — 단순하게 — 시간성을 경험하는 힘은 아닌지를 자문할 수 있게 될 것이다.

‖5.3‖ 나는 공통된 이름의 실존조건을 한정하고 이름붙이기와 이름붙여진 사물의 적실화를 통합하는 이 '동시에'가 카이로스가 아닌지를 자문한다. 그런 다음에, 끊임없이 움직이는 시간성을 띠는 공통된 이름의 사건은 카이로스의 경험에 의해서 말고는 규정될 수 없는 것이 아닌지를 자문한다. 나는 지식의 시간성이란 것이 별 다른 게 아니라 카이로스라고 불리는, 시간 속의 특정 실존양상에 뿌리박은 것은 아닌가 자문한다.

‖5.4‖ 이름이 이름붙여진 사물을 불러 실존하게 하고 그 사물은 거기에 그 구체성과 특이성[7] 속에서 응하는 그러한 순간을 나는 지금까지 시간의 존재론에서 찾아왔는데, 이제 나는 진실한 지식의 사건은 필경 바로 시간의 끊임없는 움직임이 스스로를 힘으로서 드러내는 바로 그 지점에서 창출되리라는 가설을 세운다.

‖5.5‖ 따라서 나는 나의 가설을 입증하려면, 시간의 가장자리에서 그 너머를 바라보고 있는 바로 그 순간에 카이로스가 힘으로서 나타남을 입증해야 할 것이다. 또한 시선이 가장자리 너머의 진공에 고정된 그 순간에 카이로스가 구성적인 작용을 함을 입증해야 할 것이고, 카이로스가 발생(generation)

---

7. 이 책 「서론」의 각주 9번 참조

을 의미함을 즉, 카이로스가 발생(gignetai)이라는 형태의 존재(einai)임을 입증해야 할 것이다. 그리고 진실한 것(vero)을 안다는 것은, 카이로스의 관점에서 즉 시간의 완료와 '장차 올 것'의 열림 사이에 존재하는 순간의 관점에서 존재를 바라보고 경험하고 표현하고 살아가는 것임을 공통된 이름의 다양한 힘들을 통해서 입증하고 나서야 비로소 나는 이것을 확신하게 될 것이다.

‖ 6. 1 ‖ 첫째, 카이로스는 이름을 확증하는 순간이다. 이름은 카이로스의 망설임(vacillation) 속에서 스스로를 제시하며, 진실한 것이 드러나는 것은 바로 이 망설임을 통해서이기 때문이다. 레오빠르디[8]가 말하듯이, 젊은이가 망설이면서 이름을 전유하는 것은 순식간이다. 마찬가지 방식으로 창안하는 자가 새로운 것에 접근한다. 시인 또한 망설이면서 시구를 정한다. 망설임의 해결, 그 필연적인 결정이 바로 이름의 제시이다. 이는 지식의 기초적인 현상학의 관점에서 확립된다. 그러

---

8. Giacomo Leopardi(1798~1837). 이탈리아 19세기의 시인이며, 학자이기도 하다. 낭만적 입장에서 정신과 육체의 일원성을 갈구하였다. 이탈리아에서 독립적인 사상이 위험했던 시기에 자유주의적 사상을 가졌으며 불가지론자였다. 그의 많은 저작들은 당대 이탈리아의 지배자들을 조롱하였다. *Canti*(1816~37)가 가장 대표적인 시집이며, 정치와 사회를 풍자하는 글들을 모은 저작으로는 *Operette Morali*(1826~27)가 있다.

나 그렇다고 해서 덜 현실적인 것은 아니다.

‖6.2‖ 모든 진리이론은 카이로스 내에서의 이름의 제시에 다름 아닌 이러한 확실성의 번쩍임을 중심으로 하였다. 그러나 마찬가지로 모든 진리이론은 진실한 것의 표시를 이 망설임 시간성 속에 위치시키는 것을 항상 회피해 왔다. 이는 시간을 진지하게 생각하는 것을 거부하는 것이며, 진리를 시간의 존재론에 맡기는 것을 거부하는 것이다. (내적인 시간의식의 현상학이 카이로스의 망설임 속에서 완전하게(*absolute*) 존재론을 발견할 때 이는 이 망설임이 진리(aletheia)의 '드러남'의 전제조건이 되어야 한다고 요구하는 것이었음을 상기하는 것이 유용할 것이다. 그러나 진리의 힘은 뒤에 있는 것도 아니고 깊은 곳에 있는 것도 아니다. 그것은 앞에, 망설임의 위험 속에 있는 것이다.)

‖6.3‖ 둘째, 카이로스라는 이름의 탄생을 존재론적 관점에서 어떻게 파악할 수 있는가? 다음과 같은 식으로이다. 우리는 카이로스가 이름붙이기와 이름이 붙여진 사물 사이에서 망설인다고 말했다. 그러나 이러한 움직임을 보이는 카이로스를 관찰할 때 우리는, 카이로스의 현존이 시간이 존재로 하여금 돌진하여 만나게 하는 진공에 노출되어 있음을 본다. 왜 카이로스는 진공 속으로 돌진하지 않는가? 카이로스는 새로운 존재를 표현하기 때문이다. 바로 여기서 즉 카이로스가 진공에

노출되고 거기서 결정을 할 때 이름이 탄생하는 것이다. 이름의 존재론적 긍정은 카이로스를 통해서는 새로운 존재를 결정하는 것으로밖에 이해될 수 없다. 이런 의미에서 카이로스에서 현존이란 표현이다. 그리고 이름은 표현의 산물이다.

‖6.4‖ 지금까지 우리는 진리를 이름과 사물의 적실화로 보았다. 이제 우리는 어떻게 카이로스 내에서 '표현'에 결정적인 기능을 부여할 수 있는가? 이는 카이로스에 대한 존재론적 인식이 적실화를 발생의 사건으로 제시하기에 가능하다. 이름이 사물을 불러 새로운 특이한 실존을 갖게 하는 것과 마찬가지 방식으로 존재의 가장자리에 있는 사물은 이름붙이기 행동이 존재를 확장해 줄 것을 요구한다. 카이로스는 이제 시위를 벗어난 화살이다.9

‖6.5‖ 이런 의미에서 진실한 것에 대한 우리의 경험은 공

---

9. 이른바 카오스론을 대표하는 물리학자인 프리고진(텍사스 오스틴 대학, 노벨 물리학상 수상자)의 주된 관심 중 하나는 '시간의 화살' 즉 시간의 단방향성(unidirectionality) 혹은 비가역성을 복원하는 것이다. 프리고진에 따르면 시간의 화살에 근본적인 의미를 부여하려는 시도는 오랫동안 객관적 지식의 이상을 표현하는 것으로 받아 들여져 온 뉴턴 물리학의 법칙들에 대한 위협으로 간주되어 저항을 받아왔다고 한다. 예의 법칙들은 시간의 가역성 즉 '과거와 미래의 등가성'을 함축하기 때문이다. 따라서 시간의 비가역성을 물리학에 도입하는 일은 그 동안의 물리학의 성취를 파괴하지 않고서는 이루어질 수가 없는 일이 된다고 한다. 이에 대해서는 Ilya Prigogine, *The End of Certainty : Time, Chaos, and the New Laws of Nature* (New York : The Free Press, 97) 참조. 이 책의 한국어 번역본으로는 이덕환 옮김, 『확실성의 종말』(사이언스북스, 1997)이 있다.

간화된 대상에 대한 관조적이거나 황홀한 '직관'과는 관계가 거의 없다. 이러한 종류의 직관은 무력하게 마련이다. 공간화된 대상이란 없기 때문이다. 오히려 직관은 본질들을 추적하여 찾는다. 직관은 몸이 달아 위와 아래를 번갈아보며 언제나 숨어있는 것을 향하는, 열띤 까막잡기놀이이다. 이는 지식의 더듬는 손이다. 막스 베버가 말하곤 했듯이, 단지 보기만을 원하는 사람은 영화관에 가야 한다.[10]

‖6.6‖ 이제 여기서 스피노자의 '공통된 생각'과 라이프니쯔의 '우연한 진리'가 새로이 조명된다. 그 이름이 카이로스에 의하여 표현될 때 시간적 맥락에서 양자의 육신성을 읽는 것이 가능하기 때문이다. 이 이름들은 삶의 활력으로 가득 차게 된다.

‖7.1‖ 진리이론에 대한 이러한 접근법에서는 우리가 고전 시기 혹은 근대에서 발견한 것과는 달리 공간이 시간성에 종속되게 된다. 공간이 시간에 종속된다고 말한다고 해서 이름의 (그리고 공통된 이름의) 공간적 일관성(consistency)을 부

---

10. *Negri on Negri*에서 네그리는 프랑스 상황주의의 대표자이며 철학적으로는 합리주의자인 드보르(Debord)가 직관을 내세우는 사람들을 염두에 두면서 이런 말을 하곤 했다고 말하고 있다(p. 186 참조). 1920년에 사망한 베버가 이런 말을 하곤 했다는 것은 아마도 네그리의 착각인 듯하다.

정하는 것은 아니다. 오히려 그 일관성을 그 특수성 속에서, 시간의 양상에 종속된 상태에서 정의하고자 하는 것이다. 따라서 이름은 시간의 구성적 성격 내에서 말고는 부여될 수 없는 공간적 일관성을 필연적으로 가지는 것으로 파악된다. 바꾸어 말하자면, 이름의 진리가 현재의 가장자리 너머에서 존재를 구축하는 데 놓여있더라도, 그리고 이름과 사물의 적실화가 발생에서 이루어지더라도, 이는 이름이 가지는 어떤 공간적 형식을 부정하는 것은 아니다. 이름의 진리를 정태적인 장소에서가 아니라 시간이 새로운 존재를 구성하는 데서 정의하려는 것이다. 이 말의 정확한 의미는 무엇인가? 어떻게 그리고 어디서 우리는 시간성의 존재가 점하는 공간을 즉 이름의 진리가 발생하는 장소를 파악할 수 있는가?

‖7.2‖ 이러한 생각들은 지식의 중심적 도구(이자 연산자)인 공통된 이름의 구성에 필수적이다.

‖7.3‖ 이미 보았듯이, 이름의 진리는 카이로스 내에서의 일관적 존속(insistence)에 의해서 말고는 부여될 수 없다. 따라서 이름에는 원래 장소가 없다. 그러나 이름이 말해지고 그 말해진 것을 사람들이 듣는다. 이름은 언어 속에서 산다. 이런 식으로 이름은 특이한 형태의 공간성을 즉 언어적 존재라는 공간성을 드러낸다. 바꾸어 말하자면, 이름은 언어에게서 진리를 구하지 않는다. 이미 카이로스에게서 구했기 때문이다. 그

러나 언어 속에서 이름은 '거(居)할' 장소를 발견한다.

‖7.4‖ 거하는 장소란 항상 공동의 장소(a common place)이다. 카이로스의 경험—즉 우리의 관점에서는 이름의 존재론적 발생의 경험—치고 고립된 장소의 경험인 것은 없다. '이름의 공동 장소'가 의미하는 바는 무엇인가? 우리가 언어라고 부르는 장소에서 이름들이 서로 모임을 의미한다. 이름이 사건이라는 점을 상기한다면, 언어라는 공동장소는 사건들의 집합장소로서 정의될 것이다. (언어와 언어 속에 거하기에 대해서는 나중에 「알마 비너스」에서 더 자세하게 말할 것이다.)

‖7.5‖ 카이로스는 특이성을 의미한다. 그런데 특이성들은 다수적이다. 하나의 특이성 앞에는 항상 다른 특이성이 있다. 그리고 카이로스는 말하자면 다른 카이로스들에서 증식된다. 이름을 말하고 들을 때, 이름이 언어 속에서 살 때, 모든 카이로스는 다른 카이로스들에게로 열린다. 그리고 이 이름붙이기 사건들이 모두 모여서, 서로 마주보고 대화하고 심지어는 충돌하면서, 공통된 이름들을 구성한다. 이름이 공통된 것 속으로 넘쳐흐르는 것은 타자와의 관계에서이다. 여기서 존재는 공존재(mit-Sein, being-with)로서 드러난다.

‖7.6‖ 이는 이름에서 공통된 이름으로 옮겨가는 것, 사물의 이름의 진리를 표시하는 기호에서 다수의 사물들에 공통된 기호로 옮겨가는 것을 가능하게 하는 존재론적 전제이다. 여

기서 공통된 이름은 새로운 공간성의 표현으로서 나타난다. 더 정확하게 말하자면 다수의 카이로스들의 공통적인 영토화로서 나타난다. 이것이 공통된 이름의 첫 번째 정의이다. 그러나 이는 첫 번째 정의일 뿐이다. 즉 단지 공통된 이름의 형식적 구성조건들에 관련된 것일 뿐이다.

‖ 8. 1 ‖ 내가 말하는 '공통된 이름'이란 다수의 사물들에 공통된 것, 따라서 많은 이름들에 공통된 것을 표현하는 이름이다. 그런데 카이로스에서 이름이란 바로 사건이다. 따라서 공통된 이름의 구축은 사건들의 공동체에 참여하게 마련이다. 이 사건들은 현재 속에서, 시간의 가장자리에서, 즉 시간성이 '장차 올 것'(the *to-come*)을 향하여 열리는 곳에서 주어진다. 공통된 이름은 카이로스들의 공동체의 언어적 사건(출현)이다.

‖ 8. 2 ‖ 그런데 카이로스는 정의상 '장차 올 것'으로 확대된다. 공통된 이름의 구성은 따라서 존재의 연장(prolongation) 속에서, 카이로스가 '장차 올 것'에 열리는 사건 속에서, 즉 우리가 '상상력'이라고 부르는 것 속에서 실행되게 된다. 상상은 환상(fantasy)이 아니다. (뒤에서 논의하겠지만, 환상은 기억의 양상이다.)[11] 상상은 언어적 제스처이며, 따라서 공통의 제스

---

11. 네그리는 *Negri on Negri*에서 '기억'에 관하여 이렇게 말하고 있다. "기억은 연속성을 결정[합니다]. 그리고 연속성은 항상 권력의 표현입니다"(p. 41). "실제 현

처이다. '장차 올 것'을 알고 구축하고 힘으로 조직하기 위하여 그 위에 그물을 던지는 제스처이다.

‖8.3‖ 상상력은 카이로스가 가진, 한껏 표현된 바의 힘이다. 힘의 이러한 표현은 토대도 아니고 내부로부터 오는 것도 아니며, 심층으로부터 그리고 멀리서 오는 어떤 것도 아니다. 이 힘은—시간의 백척간두에서—자신을 새로운 존재의 창조자로 인식하는 데 존재한다.

‖8.4‖ 스피노자는 우리에게 상상력에 관해서 말한 바 있

실에서 우리는 기억과 관련하여 존재론적으로 재구축됩니다. 기억이 허위로 만드는 것이 우리의 존재에 의하여 우리에게 물리적이고 정서적 방식으로 복원됩니다. 기억과 대립하는 것은 몸의 환원 불가능하고 밀접한 차원입니다. 몸은 결코 주변적이 아니며, 한계도 아닙니다. 만일 그렇더라도 몸은 스스로를, 경험을 한 어떤 존재로서 제시할 것입니다. 이 조건을 영원이라고 불러야겠다는 생각이 듭니다. 견고하고 환원 불가능한 방식으로 존재를 구축하는 것은 기억이 아니라 몸이기 때문입니다"(p. 83). 네그리는 이 책에서 또한 「기억의 부재를 찬양하며」라는 글을 쓴 적이 있다고 밝히고 있다. 들뢰즈・가따리에게서도 기억은 창조의 원리가 아니라 동일한 것의 반복과 서열화의 원리에 해당한다. *What is Philosophy?* 에서 몇 대목만 예를 들어보자. "낡은 인식을 소환할 뿐인 기억은 개별적으로 겪은 인식으로부터 벗어나기에 충분하지 않다. 현재의 보존요인으로 회상을 덧보태는 저절로 떠오르는 기억도 충분하지 않다. 기억은 예술에서 작은 역할을 한다. (심지어는 그리고 특히 프루스트에서 그렇다.) 모든 예술 작품이 기념비인 것은 사실이다. 그러나 이 기념비는 과거를 기념하는 어떤 것이 아니다. 그것은 현존하는 감각의 블록으로서 그 보존을 오직 스스로에게만 의탁한다…"(p. 167). "창조적 이야기 만들기는 아무리 과장되더라도 기억과 관계가 없으며 환상과도 관계가 없다. 실상 소설가를 포함한 예술가는 개인적으로 겪은 것의 인식적 상태와 감정적 상태변화를 넘어선다. 예술가는 견자(見者)이며, 생성자이다. 예술가는 그림자인데, 어떻게 자기에게 일어난 일이나 자신이 상상한 바를 말할 수 있는가?"(p. 171).

다. 그에게서 상상력은, 망설이는 가운데 지식의 형식들을 연결하고 하나의 형식에서 다른 형식으로 이행하게 하는 지식의 힘으로서 기능한다. 결과적으로 스피노자에게 있어서 상상력이란 존재의 층들을 재구성하는 존재론적 기능을 갖는다.[12] 이런 식으로 상상력은 사랑에 다름 아닌 바의 지식의 절대적 행동을 낳는 윤리적 삶의 전개를 물질의 내부로부터 선취한다. 칸트에서 하이데거로 이르는 근대 철학은 초라하게도 이보다 후퇴하여, 존재론적 상상력을 초월적 상상력으로 즉 존재구축의 시간적 흔적들을 표시하는 도식으로 번역하려 하였다. 초월적인 것을 통하여 상상력은 변증법—그 긍정적인 형태든 부정적인 형태든—속에서 익사하였다. 따라서 우리는 스피노자에게로 되돌아가야 한다. 되돌아가서 상상력 속에서—오성의 종합을 성취하게 하는 경로가 아니라—지식의 위험과 사랑을, 이름의 공동장소들의 구축을, '장차 올 것'의 창조적 탐색을 재발견해야 한다. 존재란 곧 카이로스이기 때문이다.

‖ 8. 5 ‖ 공통된 이름은 따라서 사물들의 공통적 질의 표현이자 동시에 존재가 '장차 올 것'으로 투사되는 구성적 과정으

---

[12] [영역자주9] 상상력의 구성적 성격에 대해서는 A. Negri, *The Savage Anomaly*, trans. M. Hardt (Minneapolis : University of MInnesota Press, 1991, 한국어판 : 안토니오 네그리, 『야만적 별종』, 윤수종 옮김, 푸른숲, 1997)와 Negri, *Lentaq ginestra* (Milan : Mimesis Eterotopia, 2001) 참조.

로 정의될 수 있다. 이는 한편으로는 존재의 다수성의 조감이 며, 다른 한편으로는—'동시에'—'장차 올 것' 속에서 공통적인 것을 구성하는 강력한 카이로스이다. 인식근거는 '장차 올 것'으로 확대되는 구성적 상상력을 통하여 작용근거(ratio fiendi)가 된다.

‖8.6‖ 맑스에게서 '경향'의 구축과 긴밀하게 결합된 '규정적 추상'(determinate abstraction)의 방법론은 공통된 이름의 이러한 정의로 연결된다.[13] 맑스에게서 존재의 규정들은 단 한번만 '추상'(지식)으로 가져와진다. 규정된 존재는 지식을 통해서 생성(becoming)을 향하여, 즉 '경향'의 힘을 향하여 열린다. 이 책에서 나의 의도는 유물론의 존재론적 짜임새로서의 시간성의 차원을 강조하고 존재의 긍정적 힘을 강조하며 생성의 주체화(그러나 이는 앞으로도 아주 한참 동안은 이렇게 지칭되지 않을 것임을 명심해야 할 것이다)를 강조함으로써 프락시스(실천)의 철학, 프락시스의 유물론을 발전시키는 것이다. 카이로스에 의하여 자극된 공통된 이름에 대한 인식은 맑스의 철학적 기획에서 이미 찾아 볼 수 있다. 바로 맑스를 이렇게 참조함으로써 우리는, 행동근거(ratio agendi)로의 또 한번의 이행을 상상력—이것이 인식근거 및 작용근거에 연결되는 것

---

13. 이 책 2장 '측정불가능한 것' 각주 4번 참조

을 우리는 이미 보았다—의 율동을 통하여 모색하게 될 것이다. 상상력은 항상 윤리적이기 때문이다.

‖ 9. 1 ‖ 고전 문헌학자들에 따르면 카이로스는 시간이 진공을 향하여 열리는 것을 의미한 후에는 그 형식을 텔로스(목적)와의 관계에서 결정한다고 한다.14 그러나 주목할 만하게도 카이로스와 텔로스의 관계는 자기목적적(auto-teleological)이다. 카이로스는 자신의 텔로스를 자기자신 속에 담을 수밖에 없기 때문이다. 따라서 정의(定義)가 확장된다. 고전적인 사유에서 카이로스는 포이에시스(poiesis, 창조)와 테크네(technè, 기술)가 시간 속에서 행동의 의식적인 목적들을 통합함으로서 프락시스를 구성하는 지점이었다. 바꾸어 말하자면, 카이로스는 공통된 이름에 실천적 확정성(finality)을 부여한다.

‖ 9. 2 ‖ 『맑스의 위대함』(*La Grandeur de Marx*)의 시기에15

---

14. '텔로스'는 '목적'을 의미하지만 그냥 '텔로스'로 음역할 것이다. '카이로스'가 일반적인 의미의 '시간'과는 다른 차원의 것이듯이 '텔로스'도 일반적으로 '목적'이라는 말이 뜻하는 것과는 다른 것이기 때문이다. 위의 '프락시스'나 '포이에시스,' '테크네'의 경우도 마찬가지이다.
15. [영역자주 10] 네그리는 대화 중에 나에게, 아주 많은 이야기를 달고 있는 신화적인 텍스트를 지칭하는『맑스의 위대함』은 맑스에 대한 집단적 토론과 성찰의 시기를 표시하는 것으로 보아야지 실질적인 텍스트—완료되었든 아니든, 파기되었든 아니면 심지어는 시작되지도 않았든—를 가리키는 것으로 보아서는 안 된다고 설명하였다.

들뢰즈는 공통된 생각(당시의 맥락에서는 코뮨주의)이 에피스테메들의 공동체를 존재론적으로 공통적인 것으로 옮겨놓을 가능성이라고 말한 바 있다. 공통된 이름은 사건들을 공동체의 구축 속에서 통합하는 목적론적 투영(순간의 목적론, 사건의 텔로스)이다. 따라서 그것은 스스로를 힘으로서 표현하며 스스로를 '장차 올' 현실로서 상상하는 사건들의 존재론적 구성이다.

‖9.3‖ 이렇게 앞서간 맑스와 들뢰즈를 참조함으로써 우리는 카이로스의 힘에 대한 온전한 경험으로 인도되게 된다. 카이로스는 시간이 존재의 진공을 향하여 열리는 바로 그 순간에 시간성의 충만함을 관찰하는 힘이며, 이 열림을 혁신으로서 파악하는 힘이다. 공통된 이름은 충만함에서 진공으로 이행하는 데 (즉 카이로스에) 위치하고 있다. 그것은 공통의 상상적 생산행위이다. 그래서 공통된 이름은 (이름붙이기를 이름붙여진 사물에 연결시키는) 순간 속에서 특이하게 실존하는 것을 표시하는 기호일 뿐만이 아니다. 또한 시간의 가장자리를 조감하며 다수성을 찾는 것만도 아니다. 존재를 생산하는 힘 속에 위치하고 있는 공통된 이름은 또한 발생의 텔로스의 구축이다. 우리가 프락시스라고 부르는 것은 바로 이 생산, 즉 바로 이 발생이다.

‖9.4‖ 충만함에서 진공으로의 이행이며 시간의 가장자리

에서 존재를 생산하는 카이로스의 힘은 이제 프락시스의 배경막—더 정확하게 말하자면 연결마디이며 도안(圖案)—이다. 행동근거는 인식근거에 의하여 생산되며 또한 그 반대이기도 하다. 사건 속에서 스스로를 노출해야 한다는 하나의 조건이 붙을 뿐이다. 진실한 것은 그것이 표현될 수 있는 유일한 시간인 카이로스의 순간에 스스로를 인식하고 나서 프락시스 속에 실존이 함축되어 있음을 재발견한다.

‖9. 5‖ 카이로스는 새로운 존재를 생산하기 위하여 스스로를 비우는 그리스도이다. 카이로스는 표현에 의하여 증대된 시간성이다. 카이로스는 공통된 이름의 프락시스이다.

‖9. 6‖ 세계가 해석되는 동시에 그 세계를 변형하는 것이 가능하다.[16] 여기서 에피스테메와 윤리학은 다시 한번 재구성된다. 카이로스는, 아리스토텔레스가 말했듯이, '시간의 덕'(the virtue of time)이기 때문이다.

---

16. 들뢰즈·가따리가 말하는 '비물질적 변형'은 아직 물질적인 변형이 일어나기 전에 이미 일어나고 있는 현실적인 변형을 말한다. 다시 말하자면 해석행위 자체가 변형행위가 되는 것이다. 이에 대해서는 Deleuze, Gilles and Félix Guattari, *A Thousand Plateaus : Capitalism and Schizophrenia*, trans. Brian Massumi, (Minneapolis : University of Minnesota Press, 1987) 4장 참조.

2
측정불가능한 것
The Immeasurable

‖1.1‖ 카이로스가 화살을 쏘는 것과 같다는 것 그리고 그 탄도는 비가역적으로 주어진다는 것—즉 시간은 화살촉의 궤적이라는 점—은 누구나 인정하는 듯하다. 그러나 선험철학은 공통된 이름 또한 시간의 화살을 따른다는 점을 부정한다. 우리는 반대로 바로 이 점을 주장하고자 한다. 그런데 존재론적 힘으로서의 시간이 화살이라면 공통된 이름은 이것과 어떻게 연결되는가? 시간의 화살의 방향에 맞추어 그리고 그 비가역성과의 관계 속에서 이름이 붙여진 사물에 이름붙이기 행동이 상응한다는 것은 무엇을 의미하는가?

‖1.2‖ 지금까지의 논의는, 공통된 이름을 카이로스의 산

물로 정립하는 가운데, 공통된 이름을 존재의 특수한 생산행위로 만드는 순간을 강조하였다. 그러나 '늘-새로운' 현실의 생산에는 시간의 힘 속에 있는 일종의 불안정성(끊임없이 움직이는 것)이 메아리치고 있다는 점을 잊어서는 안 된다(그리고 이를 우리는 종종 강조하였다). 공통된 이름이 (지식에서 일어나는 공통적 생성(becoming)에 대한 분석에서 보았듯이) 조감 및 탐색으로서 나타나는 경우에조차도, 또 상상력의 산물일 때에도, 그 생산의 불안정한 망설임이 계속해서 느껴진다. 불안정성은 진정될 수 없다.

‖1.3‖ 공통된 이름의 창출이 카이로스를 통하여 보여주는 불안정한 상태는 심리적 관점에서 볼 때 훨씬 더 분명하다. 여기서 불안정성은 의식의 순간들을 서로 구분하지 못하는 불가능성으로 나타난다. 이로부터 나오는 결론은, 시간의 화살에 따라 카이로스에 의하여 파열되어 창조적으로 되는 시간성이 외관상으로는 과거와 미래 사이의 지속으로 나타나는 것처럼 보인다는 것이다. 공통된 이름은 카이로스 속에서 그 현실성을 성취하긴 하지만 카이로스의 창조성과 그 비가역적인 힘을 증언하는 데로 돌려지지 않고, '이전'과 '이후'가 일종의 연속적인 직물을 이루는 것을 증언하는 데로 되돌려지는 것이다.

‖1.4‖ 그러나 만일 공통된 이름이 시간의 화살의 촉임을 보이지 않는다면, 그래서 (그 힘을 고려하지 않은) 카이로스의

순간을 '이전'과 '이후'의 일종의 연속성 속에서 고찰한다면, 그리고 카이로스를 지속(duration)의 불안정한 교량으로 만든다면—그렇다면 공통된 이름의 특이성을 결정할 가능성이란 없다. 그리고 공통된 이름과 함께 시간 또한 힘으로서 파악되지 않고 흐름으로서 파악될 것이다. 말하자면 시간은 힘의 화살 외부에 있는 운명으로서 재구성될 것이다. 그러나 이 정의는 카이로스에 대한 경험에 의하여 반박된다.

‖1.5‖ 반면에 만일—고전적 사유에서처럼—순간이 시간의 정의로부터 제거되어 생성(becoming)의 흔들림(존재와 무 사이의 흔들림)에 대한 찰나의 직관에 의해서만 정의 가능한 요소로 간주된다면 이름붙이기 행동과 이름붙여진 사물의 적실화에 의하여 결정되는 모든 경험은 부적실하게 될 것이며 설득력을 잃을 것이다.

‖1.6‖ 만일 우리가 공통된 이름에 시간의 화살의 방향을 부여하고 공통된 이름을 그 특이성을 보존한 채 시간의 비가역성과의 관계 속에 위치시키고자 한다면, 공통된 이름을 시간성의 행동 혹은 프락시스로 파악할 필요가 있다. 이런 식으로만 존재론은 그것을 가로지르는 불안정성을 탈출할 것이며 지식은 망설임을 낳는 모호함에 대한 인식으로부터 탈출하게 될 것이다.

‖2.1‖ 시간의 화살의 관점 즉 그 일관성의 관점에서 보면, 카이로스가 존재론적 비가역성을 담지하는 유일하게 현실적인(vero) 점(點)이다. 카이로스가 전진하는 힘이기 때문이다.

‖2.2‖ 우리가 시간의 화살의 '가역성'을 생각하려 한다면, 카이로스를 거치고 난 다음에 뒤로 돌아가야 한다. 이런 일은 있을 수 없다. 그래서 우리는 제노(Zeno)의 주장[1]의 허위성을 볼 수 있다. 그의 주장은 (전진하는) 카이로스의 힘과 (뒤로 움직이며 그러면서 카이로스를 분할하는) 궤변적 추론이 공존하기를 요구한다. 그러나 마찬가지로 우리는 제노의 주장의 진실한 측면을 파악할 수 있다. 순간만이 존재론적으로 현실적이라는 것을 긍정하면서 '지속-시간'이라는 초월적 관념을 부순 것이 바로 그것이다.

‖2.3‖ 이렇듯, 카이로스에서 이름과 이름붙여진 사물은 동일한 현실로서 나타난다. 양자 모두 시간의 가장자리에서 시간성의 힘에 의하여 표현되는 것이다. 카이로스의 표현은 존재론적 힘이다. 이것이 바로 스피노자의 평행주의(parallelism)가 말하는 바이다. 스피노자에게서 존재는 사물과 생각을 서로 짝을 이루는 형태로 제시하며[2], 코나투스(conatus)[3]가 양자

---

1. 아킬레스와 거북이의 경주에서 아킬레스가 거북이를 따라 잡지 못한다는 것을 궤변적으로 주장한 것.
2. "생각의 순서와 연결은 사물의 순서와 연결과 동일하다"(스피노자, 『윤리학』 II 부,

를 모두 생산한다.

∥2.4∥ 공통된 이름은 따라서 존재를 긍정하는 한 방식이다. 즉 공통된 이름은 존재의 힘이며, 새로운 존재를 구축하는 어떤 것이다. 예를 들어서 만일 우리가 이름과 사물의 적실화에서부터 공통된 이름의 (상상력에 의한) 표현으로 옮겨간다면 우리는 그 창조적 힘을 존재의 가장자리(시간의 비가역적 화살의 촉)에 위치시키는 진정으로 구성적인 작업을 목격하게 된다.

∥2.5∥ 우리는 이 과정 ─ 카이로스의 표현 ─ 을 '진리의 존재론적 프락시스'라고 부른다. 프락시스를 말하는 것은 구축하는 힘(vis), 혹은 사물을 이름으로 변형하고 이름을 사물로 변형하는 힘을 말하는 것이다.

∥2.6∥ 우리는 맑스에게서 '진리의 프락시스'라는 정식화를 발견한다.4 이는 저항의 규정적5 (그리고 경향적) 표현에서

정리 7).
3. 영역자 만다리니는 'desire'라고 옮기고 괄호로 'conatus'를 첨부했다. 그런데 엄밀히 말하자면 '욕망'에 더 상응하는 것은 'conatus'가 아니라 'cupiditas'이다. 양자는 본질적으로 다르다고 할 수는 없으나 그렇다고 해서 동일한 것은 아니다. 'conatus'는 단순히 자신의 존재를 존속시키려는 노력 혹은 성향을 말한다. "모든 사물은 자립적인 한에서는 자신의 존재를 존속시키려고 노력한다"(『윤리학』 Ⅲ부, 정리 6). 'cupiditas'는 의식된 'conatus'이다(『윤리학』 Ⅲ부, 정리 9 주석 참조). 만다리니가 이 차이를 모르는 것은 아닐 터이므로, 아마 독자의 이해의 편의를 위해서 'conatus'를 '욕망' 즉 'desire'로 옮긴 듯하다.
4. [영역자주 11] '진리의 프락시스'라는 개념 ─ 이는 Marx's "1857 Introduction" to

2장 측정불가능한 것 59

출발하여, 프락시스가 구축하는 것의 진리를 확립하는 것을 말한다. 진실한 것(vero)은 투쟁 안에서 반란으로 일어서는 존재를 긍정하는 것으로 나타나게 된다. 맑스 이전에 이미 마끼아벨리가 '진리의 프락시스'를, 정치적인 것을 구성하는 덕(virtus)이 순간에 대한 시간적 포착으로부터 출현하게 만드는 힘으로 간주한 바 있다. 바로 이 이중적 관점에서 우리는 진리의 프락시스를 카이로스의 힘의 펼쳐짐으로 정의하는 것이다.

‖ 3. 1 ‖ 시간에 관하여 말할 때 가장 명백한 것은 시간을 과거, 현재, 미래로 나누는 것이다. 그러나 시간을 카이로스의 시간성의 관점에서 보기 시작하자마자, 과거와 미래는 결코 명백한 것이 아니게 된다. 유일하게 확실한 존재론적 일관성

---

the *Grundrisse*, trans. M. Nicolaus (London : Pelican, 1973), p. 105의 '실천 속의 진리'를 재정식화한 것이다―과 함께 네그리가 맑스로부터 추출하는 방법론을 구성하는 세 요소들 모두가 나왔다(한국어판: 칼 맑스, 『정치경제학 비판 요강』, 김호균 옮김, 백의, 2000). 이 방법론이『그룬트릿세』에 대한 그의 독서인 *Marx Beyond Marx*, trans. H. Cleaver, M. Ryan and M. Viano (New York : Autonomedia, 1991, 한국어판 : 안토니오 네그리, 『맑스를 넘어선 맑스』, 윤수종 옮김, 새길, 1994)의 중심을 이룬다. 다른 두 요소는 '규정적 추상'(determinate abstraction)과 '경향'의 방법인데, 이들은 이미 이 책 1장 '공통된 이름' (8. 6) 에서 네그리가 논의한 바 있다. "'실천 속의 진리'는 이렇듯 범주가 발전하는 과정에서 추상이 응집점을 발견하고 역사적 현실과의 관계의 충만을 획득하는 순간을 말한다"(Negri, *Marx Beyond Marx*, p. 49).

5. 영어로 'determined'라고 되어있다. '규정적'이라는 번역은 크게 만족스럽지는 않다. 이는 "주체적 힘에 의하여 구체적으로 규정되었다"는 의미로 사용된 것이다. 앞에서 말한 '규정적 추상'(determinate abstraction)과 연관된 말이다.

은 시간의 화살의 촉에 있는 까닭에 — 이 촉에서 시간은 마치 이름과 사물이 하나인 양 양자 사이에 자신을 묻는다 — '과거'와 '미래'를 우리의 어휘집에 포함하기 전에 '앞에 오는 것'과 '뒤에 오는 것'의 일관성을 자세히 분석해야 한다. 아마 우리는 보통 이 용어들이 의도하는 것과는 다른 것과 만나게 됨을 발견하게 될 것이다.

‖3. 2‖ 카이로스가 빛을 비추지 않으면, 그리고 시간을 계속적으로 엶으로써 새로운 존재를 구축하는 힘이 빛을 비추지 않으면 과거는 '여기서 끝난(finito, 유한한)' 것처럼 보인다. 다른 한편 미래는 여기서부터 (지금부터) '끝나지 않은(in-finito, 무한한)' 것처럼 보인다. 그러나 이러한 과거와 현재의 첫 번째 정의에는 일관성이 없다. 이미 지나간, 존재의 엄청난 비가역적인 덩어리를 끝났다(유한하다)고 부르거나 아직 존재하지 않은 것을 끝나지 않았다(무한하다)고 부르는 것은 말이 되지 않는다. 이 첫 번째 정의는 (그리고 이 첫 번째 오류는) 과거와 미래를 시간의 화살에 상응하여 고찰하지 않고 동질적인 차원에서 고찰하는 우둔한 경향 덕분에 존속한다. 그럼으로써 시간은 비가역성을 잃고 카이로스는 그 창조력을 잃는다는 것을 보지 못하는 것이다. 이러한 잘못된 관점에서는 시간이 아무 방향에서나 가로지를 수 있는 틈들이 없는 단일한 연장(extension)으로 환원된다. 이는 흔히 경험하는 시간의 화살의

비가역성과 모순된다. 더 나아가 우리가 비판하는 그런 관점에서는 카이로스가 더 이상 그 자체로 존재하지 않는다. 연장으로 이루어진 시간에서는 창조적 사건이 발견될 수 없기 때문이다.

‖ 3. 3 ‖ 시간을 연장으로 생각하는 사고방식에서는 모든 것이, 시간으로부터 모든 존재론적 일관성을 빼앗고 그리하여 과거와 미래로부터 일관성을 빼앗는 초월적 존재의 <권력>에 의존한다. 스피노자주의에 대항하여 신비론자인 굴링크스(Arnold Geulincx)[6]가 이론화했던 '살인자적인 신'을 기억하는 것이 좋을 것이다. 이는 절대적 독재자로 이해된 신으로서 이 신의 품 안에는 잘 질서지워진 세계라는 환상이 들어있다. 이 세계에서는 모든 것이, 공포조차도, 조화를 위해서 필연적이며, 과거와 미래는 절대적인 것의 구성적 행동 내에서 전적으로 불가해하다.

‖ 3. 4 ‖ 카이로스의 관점에서 볼 때, 이미 존재한 존재 그리고 아직 존재하지 않은 존재란 과연 무엇인가? 시간의 화살에 있어서, 카이로스 이전에 존재하는 것 그리고 아직 카이로스가 아닌 것에 우리가 부여하는 이름은 무엇인가?

---

6. 플랑드르(Flanders)의 데까르트주의 철학자(1624~69). 기회원인론(occasionalism)의 창시자들 중 하나이다. 신만이 유일한 능동적 힘이고 유한한 사물들은 우연한 원인을 제공할 뿐이라고 주장하였다.

‖4. 1‖ 많은 사람들이 '미래'(future)라는 이름 속에서 이미 일어난 일의 동일한 반복을 본다. 이 관점에서는 미래가 '계속 존재함'(to persist)을 의미한다. 다른 이들이 미래를 출발조건과 비교하여 도착조건을 변경하는 '전진과정'으로 보더라도, 미래가 자기자신의 긍정적 혹은 부정적—그러나 연속적인—반복이 될 것은 여전히 마찬가지이다(반복이 변주되는 정도에 차이는 있을 수 있겠다). 다른 한편, 미래가 예상되는 모든 형식은 어느 정도로는 통계학적이다. 즉 반복에 대한 연구이며, 모든 예외를 흡수한 상수들의 (혹은 그 척도들의) 연구이다. 미래를 향한 규범적 지침들('당신은 … 해야 한다, 따라서 … 여야 한다'의 형태를 띤 것들) 모두에 대해서도 마찬가지로 말할 수 있다. 이것들은 항상 이미 일어난 것에서 파생된 원리들의 고정화의 결과이다. 따라서 대부분 미래란 앞으로의 지속(duration)이다. 시간의 불안정성은 공간의 연속성에 종속된다.

‖4. 2‖ 앞으로의 지속인 한에서 미래는 테크놀로지들의 바탕을 이루는 비전이다. 엄정과학의 테크놀로지이든, 인간 혹은 규범과학의 테크놀로지이든 그렇다. 이 경우에도, 시간적으로 경험적인 것은 선험적인 공간적 미적분법의 규범들로 환원된다. 테크놀로지의 진전은 미래의 형상을 미리 그려 고정시키는 것을 점점 더 전제하는 데로 옮겨가게 된다. 그러나 이는

현실과 다르다. 그리고 실로, 앞으로 존재하게 될 것에 대한 예견은 카이로스의 프락시스에서 나와서—앞으로 논의하게 될 것처럼—그 도구의 시간성 속에서 구성될 때에만 타당하다.

‖ 4. 3 ‖ 욕망 또한 미래로 투여된다. 우리는 이것을 유토피아라고 부른다. 그러나 욕망은 '장차 올 것'에 모호한 방식으로 투여된다. 실상, 한편으로 욕망은 과거의 공간적 상동성을 제안한다. 다른 한편 욕망은 과거를 욕망의 상상적 표현 속에서 추월한다. 그러나 일반적으로 유토피아는 자신을 '장차 올 것'의 이름으로 제시할 수 없다. 왜냐하면, 욕망은 (공간적 형상의 연속성을 반복하지 않는 때조차도) 여기서 자신을 공간적 거리로서 (비-장소(non-topos)이긴 하지만, 여전히 장소이긴 마찬가지인 것으로서) 제시하기 때문이다.

‖ 4. 4 ‖ 이 모든 경우에 있어서 결여된 것은 앞으로 다가올 것을 수립하는 창조적 순간에 대한 통각(apperception)이다. 우리가 비판하고 있는 (그리고 우리가 보기에 가장 흔한) 관점에서 말하는 '미래'란 신비화되고 잘못된 이름이다. 이와 반대로 우리는 사물과 이름의 적실화가 실험되는 지평에 '장차 올 것'이라는 이름을 부여하며, 스스로를 실현하면서 새로운 존재로서 스스로를 제시하는 상상력의 관점에 '장차 올 것'이라는 이름을 부여한다. '장차 올 것'으로의 이행은 항상 차이화

(전과 달라지는 것)이며, 창조적 도약이다. 반복은 그리고 그와 함께 지속은 '장차 올 것'에 대한 현재의 경험에 의하여 해체된다. 그리고 현실적인 것은 이런 식으로 카이로스를 만드는 가운데 새로운 방식으로 이해된다.

‖4.5‖ 우리는 다가오는 시간을 '장차 올 것'으로 정의하고, '장차 올 것'을 행동 속에서의 존재론적 구성으로 정의할 것이다. 그리고 '장차 올 것'이라는 공통된 이름을 창안의 힘의 표현으로 (즉 카이로스의 힘(vis)으로) 정의할 것이다.

‖4.6‖ 일상적인 삶의 감각은 '다가오고 있는 것'을 '미래'로 정의하기보다 '장차 올 것'으로 정의하는 것이 더 옳음을 확증한다. 다름 아닌 현재를 자유롭게 전유하려는 싸움 속에서 삶은 '장차 올 것'에 스스로를 열며, 욕망은 (무엇보다도 미래를 포함한) 빈, 동질적인 시간[7] — 이 안에서는 모든 것이 균

---

[7]. 「역사철학에 관한 테제」에서 벤야민은 다음과 같이 말한 바 있다. "인류의 역사적 진보라는 개념은 동질적인, 빈 시간(a homogeneous, empty time)을 거쳐서 진행하는 것이라는 생각과 분리될 수 없다. 그러한 진행 개념에 대한 비판이 진보 개념 자체에 대한 모든 비판의 토대가 되어야 한다. (…) 역사는 동질적인, 빈 시간이 아니라 '지금'의 현존으로 채워진 시간(Jetzt-zeit)을 터전으로 하는 구성의 대상이다"(Walter Benjamin, "Theses on the Philosophy of History" in *Illuminations*, trans. Harry Zohn, New York : Schocken Books, 1969, p. 261, 한국어판 : 발터 벤야민, 「역사철학 테제」, 『발터 벤야민의 문예이론』, 반성완 옮김, 민음사, 1992). 네그리는 영어본 *Time for Revolution*의 전반부를 구성하는 *The Constitution of Time*에서 벤야민의 'Jetzt-zeit'를 '척도로서의 시간의 한 형태'라고 비판한다.

질적이다—에 맞서서 프락시스의 창조적 힘을 인식하는 것이다. 만일 삶이 '장차 올 것'에 대한 이 능동적 경험에 기반을 두지 않는다면 삶이라 불릴 수 없다. 테크놀로지와 과학의 경우에도 마찬가지이다. 미래를 지배하도록 만들어진, 공간을 점유한 작은 기계들의 문제가 아니다. 이 기계들은 존재 속에 놓여져서 그 효율성이 프락시스라는 공통된 이름의 활동에 의하여 (카이로스의 힘에 의하여) 혁신된다. 과학과 테크놀로지는 카이로스의 도구들이다. 삶 속에서 탄생하여 삶 속에서 발전하며, 시간의 가장자리에서 '장차 올 것'을 생산한다. (이 모든 것은 나중에 논의할 것이다.)

‖5. 1‖ 마찬가지 방식으로, '과거'라는 이름을 고찰할 때 나는 늘 지나간 시간을 연장(extension)으로 보는 잘못된 생각과 맞닥뜨리는데, 이런 생각은 지속 속에서 팽창되는 죽은, 유한한 시간의 이미지 속에 존재한다. 따라서 나는 왜 대부분의 사람들에게는 '과거'가 파괴와 죽음의 이름일 따름인지를 이해한다. 그렇게 이해될 때 과거는 (사실상) '카이로스-시간'의 적이다. 아리스토텔레스가 '시간은 운동의 수(數)이고 운동은 실존하는 것을 자신의 외부에 놓기 때문에, 시간 자체는 무엇보다도 부패의 원인이다'라고 말한 순간부터[8], 철학자들은 우리로 하여금 이미 존재했던 것과 관련하여 잘못된 생각을 하도

록 유도할 수 있었다. 그런 식으로라면 시간은 — 단순하게 — 부패를 거쳐 종말에 이르는 지속으로 간주되고, 존재로부터 실존을 축출하는 수(數)로 간주될 것이기 때문이다. 이와 반대로 나는 시간을 카이로스로밖에 파악할 수 없다. 결코 부패나 죽음으로 볼 수는 없다. 바꾸어 말해보자. 과거는 보통 물리적 사건들의 파괴의 축적으로서 파악된다. 그러나 시간성이 '파괴'를 그 이름으로 가질 수 있다고 생각하는 것은 무의미하다. 우리가 경험하는 시간성, 우리가 살면서 거쳐가고 있는 시간성은 카이로스의 시간성이며, 그것을 구성하는 창조적 행동의 시간성이기 때문이다. 오직 그것일 뿐이다. 존재와 관련한 진실은, 현재의 직접성 내에서는 '모든 것이 창조되며, 아무것도 파괴되지 않는다'는 것이다.

‖5.2‖ 인간의 '과거'가 인간의 역사를 구성한다고들 한다. 이것을 받아들이면서 '과거'라는 이름을 고찰할 때에, 우리는 보통, 완료된 인간적 사건들의 침전(그것이 질서지워지든 아니든 마찬가지이다)을 따라 확대되는 현존의 연속적인 발생이라는 잘못된 생각과 맞닥뜨린다. 그러나 우리 이전에 일어난 일을 창출한 활력을 그리고 거기에 표현된 카이로스의 단자들의 힘을 — 매 순간 — 회복하지 않고, 그 일을 지나쳐 간 시간

---

8. 이 내용은 아리스토텔레스의 『물리학』(*Physics*), 4권, 10장~14장에 들어있다.

의 침전으로서만 보는 것은 시간성에 대한 우리의 경험에 거슬리는 것이다. 시간성에 대한 우리의 경험은 바로 창조적 힘에 대한 경험이기 때문이다.

‖5.3‖ 사람들은 즐겁게 역사를 만들고(역사서술), 과거를 해석(한다고 말)한다. 우리 이전의 시간이 마치 공동묘지 같은 질서에 따라 축적된 양 잘못 상상하면서 그렇게 한다. 그러나 현재로 과거를 조명하는 식으로 말고는, 과거를 재구축하고 그것이 현재 속에 살아있는 것을 느끼는 식으로 말고는, 선행한 존재 속에 들어갈 수 있는 가능성이란 없다. 바꾸어 말하자면, 역사적 프락시스라는 공통된 이름은 '현재의 계보학'(genealogy of the present)일 수밖에 없다. 즉 '장차 올 것'을 구성하는 것과 마찬가지 방식으로 '이전에 온 것'을 존재하도록 하는 상상력일 수밖에 없다. 우리는 과거를 해석하는 것이 아니라 시험한다.

‖5.4‖ 카이로스가 낳은 혁신이 바로 세계를 창출한다. 말하자면, '이후'에 오는 것을 생산하면서 '이전'에 온 존재를 생산하는 것이다. (이미 있었던 일이든, 앞으로 있게 될 일이든, 삶의 모든 순간은 창조적 행위이다.) 혁신 즉 이름의 창조적 힘은 항상 특이하며 구체적이다. 이 존재와 그것이 띠는 강렬성의 관점에서 볼 때 처음도 없고 마지막도 없으며, 과거도 없고 미래도 없다. 결과적으로 과거에서도 미래에서도 '생

성'(becoming)이란 없다. 오직 이미 있었던 것과 앞으로 있게 될 것에 이름을 붙이는 행위만 있을 뿐이다. '생성'이라는 잘못된 이름을 사용하면 시간성에 대한 감각, 그 살아있는 맥박에 대한 감각을 잃는다. 이 살아있는 맥박은 변형(생성)을 — 이전 혹은 이후라는 — 악무한으로서, 불확정성으로서 파악하지 않고, 차이들의 출현으로서, 카이로스의 구체적 순간들과 그것에 이름을 붙이는 힘의 출현으로서 파악한다.

∥5.5∥ 그 다음으로 우리는 '이전'에 오는 시간에 '영원한'이라는 이름을 붙일 것이다. 영원은 '이전'에 오는 시간이다. 이는 실로 축적된 삶의 힘이며, 비가역적인 불멸의 시간성의 힘이다. 영원은 현재 존재하는 존재(the being that is)의 공통된 이름이다. 모든 카이로스는 이 영원 속에 자리한다.

∥5.6∥ 우리가 말하고 있는 것 — 즉 카이로스는 영원한 것(the eternal) 속에 즉 '이전'에 오는 시간 속에 자리한다는 것 — 은 카이로스를 과거로 밀어버리는 것이 아니라 오히려 영원한 현재를 카이로스의 현재로 만든다. 카이로스의 '이곳'은 영원한 것의 '이곳'과 분리되지 않는다. 시간적 거리를 측정할 수 있는 순서란 없다. 카이로스와 영원한 것의 일종의 동시간성(contemporaneity)을 생각하는 것도 가능하지 않다. 영원한 것은 카이로스가 있는 장소에서의 일관 즉 동시적 일관(a simultaneous consisting)[9]이기 때문이다.[10]

‖ 6. 1 ‖ 영원한 것이라는 공통된 이름은 어떻게 표현될 수 있는가? 우리는 어떤 식으로 영원 속에 있는가? 첫째, 우리는

---

9. [영역자주 12] 'consisting'의 개념은 여기서 (거주(inhabiting)의 양상인) 'insisting'과 (전개되는 존재론의 긍정성과 충만으로서 이해된 바의) 'consistency'를 (동시에) 의미한다. 그리하여 영원과 카이로스는 생산적 연결관계 속에 실존하며, 여기서 후자는 영원한 것 속에서 'insist'하고, 영원한 것의 'consistency'는 항상 새로운 존재를 창조하는 카이로스에 의하여 생산된다.
10. 들뢰즈·가따리는 'consistency'를 이렇게 설명한다. "일관성은 필연적으로 이질적으로 다양한 요소들 사이에 일어난다. 그것이 차이화의 탄생이어서가 아니다. 이전에는 서로 공존하거나 뒤를 잇는 데 만족했던 이질적 다양성들이 그 공존과 뒤잇기의 '공고화'(consolidation)의 결과로 서로 단단히 엮이게 되기 때문이다"(*A Thousand Plateaus*, p. 330). 네그리에게서도 'consist(ency)'는 다음과 같은 의미를 지닌 것으로 이해될 수 있다. ① 특이성들은 각각 특이함을 버리지 않으면서도 단독으로 존재하는 것이 아니라 집단적으로 존재하면서 '공통적인 것'을 형성한다. 즉 '함께 존재한다'. ('consist'는 어원상으로는 '같이 서 있다' — stand together — 의 의미이다.) 들뢰즈·가따리의 경우에 이렇게 함께 존재함이란 수직적 서열에 의한 구조화와는 다른, 수평적 연결망 — 뿌리줄기 — 이기에 'plane of consistency'(일관성의 평면)이라는 말을 'plane of immanence'(내재성의 평면)이라는 말과 함께 자주 사용한다. 네그리라면 아마도 '협동적 연계'라고 했을 테지만, 서열 혹은 수상(樹狀)의 구조화가 없는 내재적 집단성을 뜻한다는 점에서 그 취지는 동일하다. ② 존재란 연속체로서의 물질의 존재가 아니라 사건들의 연속, 출현들의 연속, 카이로스들의 연속이기에 전통적인 과학이 전제하였던 연속성(이는 반복성에 다름 아니다)과는 다른 의미의 이어짐(혹은 상태의 유지)을 뜻하는 개념이 필요하다. 다시 말해서 일련의 사건들을 '꿰는' 식의 이어짐을 뜻하는 개념이 필요하다. 'consist'가 바로 그것이다. 이는 전통적인 물리학에서 말하는 연속성과 다를 뿐만 아니라 탈구조주의의 이데올로그들이 절대화하는 혹은 신비화하는 불연속성과도 다르다. 연속과도 다르고 불연속과도 다른 이어짐이란 엄밀히 말하자면 '영원한 것'의 속성이다. ①과 ②의 의미로 사용된 경우에는 '일관(성)'이라는 단어를 사용하여 옮겼다. ①의 의미는 잘 살리지 못한 셈이지만, 더 좋은 번역어를 찾기까지는 이를 택하기로 했다. 다만 'consist'가 'consist in'과 같은 관용적 패턴으로 사용될 때에는 일반적인 번역('~에 있다')에 따르거나 아니면 그때그때 맥락에 맞추어서 옮겼다.

우리에 선행하는 불멸의 존재에 대하여 '모호한' 방식으로 생각할 수 없다. 즉 마치 그것이 우리가 표현하는 것과 본성상 다르다는 식으로 생각할 수 없다. 영원한 것은 '카이로스-존재'(kairòs-being)와 다르지 않다. 카이로스는 차이이다. 그러나 영원한 것을 연장하는 한에서, 삶으로 겪은 시간의 가장자리에서 영원한 것을 증가시키고 혁신하는 한에서만 그렇다. 만일 영원한 존재가 존재론적으로 타자라면, 이질적 성격을 가진 외피로서 즉 현재의 시간성(표현적 힘을 가진 시간성)을 담는 '그릇'으로서 나타날 것이다. 그러나 이는 이미 있었던 것에 대한 우리의 인식—현재 존재하는 것의 계보학—과 어긋난다. 우리는 영원한 것 속에 있으며, 영원한 것을 존재하는 것의 힘으로서 인식한다.

‖ 6. 2 ‖ 둘째, 우리에 선행하는 불멸의 존재는 '유추적으로' 사고될 수도 없다. 즉 그것이 시초적 토대이며 영원한 시간적 실체이고 우리의 시간경험은 단지 그 흔적을 가지고 있을 뿐이라는 식으로 생각할 수도 없다. 이미 있었던 것에 대한 우리의 관계는 어떤 타자에 대한 관계가 아님을 이미 보았지 않은가. 그러나 이는 관계들의 무한한 연쇄를 거슬러 올라가는 것, 그리하여 마지막에는—이 관계란 무한하기 때문에—우리의 이성이 단지 자신이 어디쯤 있는지를 알기 위해서만 어떤 타자를 정립하게 되는 것도 아니다. 반대로, 영원한 것을 생각하

는 것은 카이로스를 삶의 불멸의 덩어리 속에 위치시키는 것을 의미할 뿐이다. 즉 카이로스의 가호(加護) 아래 스스로를 실현하며 현재의 계보학에 의해서만—카이로스를 통하여—실질적으로 될 수 있는 존재의 덩어리 속에 위치시키는 것을 의미할 뿐이다.

‖6.3‖ 존재론적 관점에서 볼 때 존재의 유추(이는 신학적 사유의 핵심적 절차이다)는 초월적 '변증법'의 '약한' 형태이다. 실상, 변증법은 불연속적인 방식으로 무한에 작용함으로써(이는 세계의 불연속성을 모델로 한다) 존재의 일관성들의 위계—이는 영원한 것, 절대적인 것에서 지양된다—를 산출하는 반면에, 유추적 절차는 무한 및 영원을 유한 및 시간으로부터 즉각적으로 분리함으로써 시간에 약한 일관성을 부여하고('시간은 영원의 동적 이미지이다') 절대적인 것에 존재론적으로 종속된 등급을 세계에 부여한다. 따라서 변증법과 '존재의 유추'(analogia entis)는 같은 수준에서 작동하지만(유추는 정태적 변증법이며 변증법은 운동하는 유추이다), 유추는 절대적인 것의 만족할 줄 모르는 초월적 식욕에 약한 대답들을 준다. 그러면서도 변함없는 것은, 이 두 사고방식 중 어느 것도 가장 단순한 사실 즉 절대적인 것을 확장하는 것은 유한이며, 영원한 것의 힘으로 하여금 숨을 쉴 수 있게 하는 것은 카이로스라는 사실을 받아들이지 못한다는 점이다.

‖6.4‖ 영원한 것 속에 있다는 것은 '생산' 속에 있다는 것을 의미한다. 대다수 철학자들은 시간을 운동과의 관계 속에서 간주해 왔다. 그리고 시간의 정의는 항상 생성(becoming)의 정의에 긴박되어 왔으며 무한에 대한 생각에 긴박되어 왔다. 이 양자가 공간적 양상의 원리를 통해 존재를 이해하는 사고방식을 구성한다. 다른 한편, 경험은 우리로 하여금 영원한 것을 공간의 양상에 맞추어 생각하지 않고 시간의 양상에 맞추어 생각하도록 한다. 무한에 토대를 두는 것이 아니라 카이로스의 현존에 토대를 두도록 한다. 그리하여 영원한 것을 '실존하는 것을 자신의 외부에 두는 운동'으로 보게 하는 것이 아니라 실존을 실존 자체 내에 위치시키는 생산으로 보도록 한다. 이러한 일관성을 토대로 한다면 우리는 영원한 것을 생산하는 진리의 프락시스를 구축할 수 있다.

‖6.5‖ 그렇다면 카이로스는 영원한 것 속에 있다. 카이로스가 바로 창조하는 영원한 것이다(kairòs is the eternal that creates)라고 말하는 것이 더 좋을 것이다. 이 영원한 것은 우리에 선행한다. 그 가장자리에서 우리의 창조활동이 일어나고 존재 즉 영원을 확장하는 활동이 일어나기 때문이다. 카이로스가 여는 모든 것은 영원하다. 그래서 우리는 영원에 대한 책임이 있는 동시에 영원을 생산할 책임이 있다.

∥7.1∥ 만일 '이전'이 영원하고 '이후'는 '장차 올 것'이라면, 시간은—그것을 구성하는 화살은—이 '이전'과 이 '이후' 사이의 생산의 측정불가능성이다.

∥7.2∥ '측정불가능한' 이라는 말을 할 때 우리는 '막연한'(indefinite)을 말하는 것도 아니고 '불확정적인'(indeterminate)을 말하는 것도 아니다. 우리는, 공통된 이름의 구축이 왜 정의되지 않은 앎의 과정을 토대로 할 수 없는지를 이미 보았다. 이름과 사물의 적실화는 '여기 이것'의 표현에 의하여 '동시에' 확립된다는 것이 그 이유였다. 같은 이유로 공통된 이름의 구축은 불확정적일 수도 없다. 카이로스의 표현의 산물은 실로 항상 특이하기 때문이다(haecceitas).[11]

∥7.3∥ 따라서 다음 문제가 더욱 절박해진다. 표현의 존재론—'장차 올 것'의 영원한 창안력을 드러내는 진공을 향하여 카이로스가 스스로를 여는 것—은 어떻게 그 자신을, 측정불가능한 것 속에서의 유한하고 확정적인 생산으로서 형성하는가? 만일 매번 존재의 특질을 ('동시에') 결정하는 카이로스

---

[11]. 'haecceity' 개념을 본격적으로 사용하기 시작한 사람들은 아마도 들뢰즈·가따리일 것이다. 특히 *A Thousand Plateaus* 10장의 한 절인 '헥씨어티의 기억들'(Memories of a Haecceity)에서 이 개념이 집중적으로 다루어진다. 헥씨어티는 인격(person), 주체, 사물, 실체 등과는 매우 다른 개별화의 양태로서, 분자들과 입자들 사이의, 영향을 줄 수 있고 받을 수 있는 능력들 사이의 운동 및 정지의 관계들로 구성된다고 설명된다.

의 창조적 행동이 새로운 것으로의 도약이라면 그리고 이 도약이 측정불가능하다면 이 정의는 당연히 문제삼을 만하다. (그 문제성은 또한 카이로스의 프락시스를 '자기목적적' 활동으로 보고 분석하더라도 줄지 않는다. 이는 단지 문제를 위치이동시키는 역할을 할뿐이다.) 그렇다면 존재가 창조되는 소용돌이치는 '토포스'(topos, 장소)와 이 생산을 스스로 조직하는 '텔로스' 사이의 관계에 대한 (시간의 양태 내에서의) 우리의 이해를 심화하는 것이 중요하다. 이 '심화'는 2부 「알마 비너스」에서만 더 진척될 수 있고 결론에 도달할 수 있을 것이다. 「알마 비너스」에서 우리는 공통된 이름의 공통적 형태를 구성하는 힘을 파악하는 데 노력을 경주해 볼 것이다.

‖7.4‖ 다음 장에서 우리는 존재론적 탐구를 이 측정불가능한 이행 속에서 구축하는 것이 어떻게 가능한지를, 더 정확히 말하자면 그 전제들이 어떻게 보증될 수 있는지를 이해할 필요가 있다. 측정불가능한 것을 서술하는 사람의 위치는 어디인가? 어떤 단계의 사물들이 측정불가능한 것을 정의하는 체계에 상응하는가? 요컨대 유물론의 존재론적 탐구의 지형은 어디인가?

3

유물론적 장
The Materialist Field

‖1.1‖ 문제는 지식의 언표들이 사물들의 상태(혹은 사건들)에 상응하는 장을 정의하는 것이다. 이 정의가 문제임은 공통된 이름의 구성적 관계를 특징짓는 불안정한 흔들림(망설임)에 의해 충분하게 입증된다. 그렇다면 이름들이 스스로를 공통적으로 만들면서 '장차 올 것'의 위험에 자신을 노출시킬 때 공통적 진실들이란 과연 무엇인가? 즉, 이미 있었던 것의 일관성이 카이로스를 통하여 늘 새로운 실험을 향해 자신을 열 때 공통적 진실들이란 과연 무엇인가?

‖1.2‖ 거대한 과학 패러다임들의 위기와 변형을 관찰하는 과학적 변이들의 이론에 의해 문제가 역설적인 방식으로

제기된다. 하나의 과학 패러다임이 깨지고 새 패러다임이 나타날 때 먼저 있던 패러다임에 속하는 언표들은 나중의 패러다임에 속한 것들과는 기준을 달리 한다. 이는 그것이 이미 있었던 것과 관계맺기 때문에 명백하다. 카이로스의 행동에서만, 현재 존재하는 것의 계보학에서만 선행하는 사태가 다시 한번 이해될 수 있게 된다. 그러나 지식의 이러한 역사적 문제성과 그 궁극적인 해결은 이미 있었던 것을 고려하는 것이 아니라 앞으로 있게 될 것을 고려할 때는 덜 분명해진다. 뒤가 아니라 앞을 볼 때에, 존재의 선행하는 차원들과 기준을 달리 하는 것처럼 보이는 것은 혁신 그 자체—앞으로 존재하게 될 것—이다. '존재의 가장자리에서 일어나는 행동'에 의하여 산출되는 새로운 사태가 갖는 새로움은 그 자체로 이전의 그 어느 언표로도 환원될 수 없다. 말하자면 지식은 혁신의 경험에서 그 자기긍정의 측정불가능성을 보이는 것이다. 영원과 혁신 사이에서 자신이 처한 측정불가능성을 보인다고 하는 것이 더 나을지도 모르겠다. 이것이 바로 앎의 불안정성을 나타낸다.

‖ 1. 3 ‖ 논리학자들은 그 어떤 언어기호가 지시하는 것도 확증할 수 있을 정도로 중요성을 가진 사실은 없다고 말한다. 논리학자들은 또한 언어와 사물을 번역하고 그 번역에 규정을 부여하는 유일한 방식은 '존재기호'(existential quantifier)에 의해서라고 한다.[1] (즉 '하나의 이름'이 어떤 사태에 적실하게

되고 하나의 언표체계가 사물들의 상태의 장(場)에 적실하게 되는 식으로 '어떤 것이 존재한다'는 것을 긍정함을 통해서라고 한다.) 따라서 그것이 '실존한다'라고 말하는 것이 필연적이다. 그렇다면 역설적이게도 논리학자들은 카이로스의 진리를 존재론의 형태로 받아들여야 한다. 이 사실은 카이로스의 불안정한 흔들림을 숨기기보다는 훨씬 더 분명하게 한다.

‖1.4‖ 만일 우리가 존재론적 규정을 계속해서 개별 카이로스들의 (카이로스의 단자들의) 상이한 탄도들 내에서만 고려한다면 우리는 카이로스의 불안정한 흔들림을 적극적으로 경험할 가능성을 갖지 못할 것이다. 진실이 그 흔들림 내에서 결정된다는 것을 알더라도 말이다. 따라서 영원과 혁신 사이에 일어나는 시간의 파열에서는 사건들의 집합을 고려하고 그것을 카이로스들의 물질적 장(場)으로 정의하는 것이 필요하다. 이 장은 단성적인(univocal)[2] 존재가 생산적으로 나타나는 유

---

1. 존재기호 '∃'는 논리학에서 p(x)를 만족하는 x가 적어도 하나 존재함을 나타내는 기호이다.
2. 'univocal'은 'equivocal'(모호한)과 대조되는 단어로 일반적으로 '하나의 의미만을 가진' 즉 '착오의 여지가 없이 명확한'의 뜻으로 사용된다. 그런데 여기서 이 용어는 '상이한 사물들에 동일하게 적용되는'의 의미로 사용되었다. 이런 의미에서 'univocal'은 'common'(공통적인)의 동의어이다. 여기서는 새로운 역어를 개발하지 않고 그냥 '소리'(vocal)가 '하나'(uni)라는 것을 직역하여 '단성적인'(單聲的인-)으로 옮겼다. 이 용어가 사용된 예로『철학에서의 표현주의: 스피노자』6장에서 들뢰즈가 스피노자의 평행주의(parallelism)를 설명하는 대목 하나를 들 수 있다. 그는 '속성들'(attributes)은 피조물과 창조주, 산물과 생산자에게

일한 '장소'(그러나 항상 '시간성의 장소')이다. 이 장은 존재의 술어들을 정식화하는 것이 곧 존재를 혁신하는 것이 되는 유물론적 장이다.

‖ 1. 5 ‖ 공통된 이름을 측정불가능한 것 내에서 긍정하기 위해서는, '이것은 여기에 있다'라고 말하는 물질적 능력을 가진, 존재를 술어적으로 산출하는 힘의 늘 새로운 출현을 포착해야 한다. 이는 불안정성을 — 그 '피론주의적'[3] 유혹과 그로부터 나오는 현상학적 의식의 망설임을 — 숨기는 것이 아니라 우리로 하여금 그것에 저항하도록 한다. 유물론적 장은 바로 이 저항의 장이다.

‖ 2. 1 ‖ 존재가 생산되는 유물론적 장은 몸들로 구성된다. 우리는 몸을 시간 속에 있는 (혹은 자신을 시간 속에서 존재하는 것으로 긍정하는) 모든 주체 — 말하자면 이름붙이기를 행하

똑같이 적용되는 단성적 혹은 공통적 형식이라고 설명한다. 그리고 '필연성'의 두 측면으로서 원인의 단성성(신은 그가 자신의 원인인 것과 마찬가지 의미에서 모든 사물들의 원인이다)과 속성들의 단성성(신은 자신의 본질을 구성하는 속성들과 같은 속성들을 통하여 그리고 그 속에서 생산한다)을 든다. Gilles Deleuze, *Expressionism in Philosophy : Spinoza,* trans. Martin Joughin (New York : Zone Books, 1990), pp. 102~3 참조(한국어판: 질 들뢰즈,『스피노자와 표현의 문제』, 이진경 옮김, 인간사랑, 2003).
3. 피론주의(Pyrrhonism)는 그리스 철학자인 피로(Pyrrho)가 창설한 회의주의 철학이다. 이 철학은 현실에 대한 인식의 획득, 확실성, 진리를 부정하며, 현실탐구의 무용성에 대한 인식과 판단정지(epoche)를 통해 행복을 얻을 것을 주장한다.

는 순간에 존재하는 모든 주체—의 속성으로 정의한 바 있다. 몸들의 집합이 바로 세계 즉 존재가 생산되는 유물론적 장이다.

‖2.2‖ 그러나 몸들의 집합을 상이한 개별적 카이로스들(카이로스의 단자들)보다 덜 불안정한 것으로 볼 이유는 없다. 카이로스들의 유물론적 장이 몸들로 구성되어 있다고 해서 지식의 불안정한 흔들림에 변화가 있는 것은 아니다. 반대로 지식의 불안정한 흔들림은 온전하게 측정불가능한 것으로 되돌려진다. 이러한 논리적으로 난감한 상황을 극복하기 위해서는 공통된 이름의 표현인 바의 세계의 생산방식으로 뚫고 들어가야 한다. 이는 다음 장에서 할 일이다. 여기서는, 카이로스의 육신성—즉 몸들로 구성된다는 점—을 세계의 측정불가능한 것 속에서 고찰하는 일에 익숙해지려고 노력하는 것이 중요할 듯하다. 이런 식으로 진행하는 것은, 우리로 하여금 주어와 술어의 몸에서의 통일성을 인식할 수 있게 하는 유물론적 수행(修行)을 채택하기 시작하는 것이다.

‖2.3‖ 분석과 종합의 구분이 최근의 언어비판(그리고 과학적 이해)으로부터 가격을 받고 쓰러진 것은 올바른 일이다. 개념적으로 타당한 연구도 시간에 따라 변하는 다른 (경험적) 긍정들만큼이나 오류를 낼 수 있다는 것이 밝혀진 것이다. 유물론적 장에서 지식을 구축하는 일에 있어서는 이름과 공통된 이름을 시간의 불안정성에 상응하여 고찰한다. 이러한 고찰이

절대적인 의미에서 정확하게 이어지는 사유의 순차적 진행이 존재한다는 환상을 용해시킨다는 것은 매우 분명하지만, 그렇다고 해서 진실함(being true)이 갖는 육신적 강렬성이 카이로스를 긍정하는 일에서 제거되는 것은 아니다. 빠스깔의 '갈대'는 유물론적 장에 대한, 그리고 이 장에서 사는 진리에 대한 최고의 은유이다.

‖2.4‖ 빠스깔의 갈대는 영원한 것의 바람에 나부껴 누우면서도 자신의 허약한 실존을 인식하는 한에서는 지식의 존엄을 긍정한다. 레오빠르디의 빗자루는 '세계라는 극장'(theatrum mundi)에서 동일한 등장인물을 해석하느라고 망설인다. 그러나 이렇게 빠스깔과 레오빠르디를 거론하는 것은 마끼아벨리의 『군주론』이 나타내는 공통적인 패러다임과의 관계 속에서가 아니면 흥미로운 일이 되지 못할 것이다. 『군주론』에서는 세계와 운명에 대한 저항의 존엄이 덕(virtue)의 형태를 띤다. 즉 세계를 구성하는 힘으로 나타난다. 일단 초월적 망상들에서 벗어나면 영원의 그늘 속에서 계속 강력하게 존재하는 것을 제기하는 것 말고는 존재의 일관성을 긍정할 방법은 없다. 이것이, 그리고 이것만이 유물론이다. (경험적인 것을 옹호하거나, 물질을 거대한 초월적 '외피'로 보는 철학들은 분명 유물론이 아니다.) 다른 한편, 스피노자의 '공통된 생각'과 라이프니쯔의 '우연한 진리'도 이런 변화를 겪는다. 실로 분석적

판단과 종합적 판단의 구분을 극복하는 것에 상응하여 이들은 단성적 존재의 생산적 특질을 제안하는 것이다.

‖2.5‖ 유물론적 장은 생산적이다. 그 생산은 살과 욕망을 그리고 카이로스가 표현하는 공통된 이름의 발생을 가로지른다. 우리는 몸으로 존재할 수밖에 없기 때문에 이 생산 속에 있다. 그러나 동시에 우리는 거대한 표현의 힘에 비추어 우리 자신을 측정한다. 우리의 발걸음을 되짚으면서 우리는 다음과 같이 묻는다. 구성적인 물질적 존재에 우리의 존재가 이렇게 몰입되는 것에 대해 성찰하기 위해서 우리는 어디에 위치해야 하는가? 진리의 프락시스와 주체성의 생산을 향하는 카이로스의 힘으로 우리를 계속적으로 되돌려 줄 존재론적 탐구를 수행함으로써 우리 자신을 존재의 육신적 일관성 속에서 인식하는 것이 어떻게 가능한가? 존재론적 탐구를 수행하는 사람은 유물론적 장에서 어디에 위치하는가?

‖3.1‖ 존재론적 장에 대한 탐구의 문제가 제기될 때에 우리가 따를 수 없는 어떤 경로들이 나타남을 명심할 필요가 있다. 이 경로들은 지식의 육신적 장과 이 장 내에서 작동하는 성찰(reflection)을 강력하게 구분하기를 제안한다. 뒤에서 우리는 이 오류들 중 일부를 논의할 것이다. 결과적으로 유물론적 장에 대한 우리의 탐구를 정당화하기 위해서 우리는 한편으로는

자율성을 지닌 성찰을 세계와 대면하도록 하고 다른 한편으로는 그러는 과정에서 성찰이 자신에게 형식을 부여하는 카이로스에 삽입되는 강렬성을 잃지 않도록 보장해야 한다. 그러나 아무리 만전을 기하더라도 성찰을 이렇게 발휘하는 데 성공하기는 어렵다. 지식의 유물론적 장은 항상 불안정하기 때문이다. 성공하려면, 지금까지 우리가 말해 왔고 또 익숙해졌을, 위와 반대되는 수행(修行)에 호소해야 한다. 이 수행은 우리의 머리를 더 높이 올려주어 더 잘 보게 하면서도, 역설적이게도 오로지 유물론적 장에 몸이 몰입되는 것을 통해서만 그렇게 한다.

‖3.2‖ 이러한 관점에서 볼 때, 이름이 카이로스에서 제시된다는 사실만을 통해 이름을 순전하고 단순하게 확증하는 것은 우리로 하여금 유물론적 장 전체에 생산적인 방식으로 자신을 여는 성찰이 이루어지기 위한 조건들을 수립하도록 허용하는 것처럼 보이지 않는다. 여기서 논리학자들의 역설을 다시 한번 살펴보기로 하자. 내가 어떤 것이 여기 있다고 긍정할 때에, 그리하여 하나의 이름을 확증할 때에 나는 내가 여기 있는 이것에 대하여 말하는 것인지 아니면 이 특정의 사물을 제외한 나머지 세계에 대하여 말하고 있는 것인지를 확언할 적절한 기준이 없다는 것이 이들의 말이다. 그렇다면 분명한 것은 '여기'를 장과의 관계 속에 고정하기 위해서는(또한 그 반대를 위해서는), 즉 이름에 의미를 주기 위해서는 '여기'에서

장으로 (또한 그 반대로) 이행하는 방법을 찾아내야 한다는 점이다. 그리고 카이로스를 통한 이름의 확증이라는 경험만으로는 이 목적에 충분하지 않다는 점이다.

‖3.3‖ 주체를 중심으로 하는 철학들은 '여기'라는 의미가 (유물론적 장에서) 갖는 구체적 규정을, 인식하고 성찰하는 앎의 행동 속에 위치시킨다. 그러나 이렇게 주체에 인식론상의 탁월한 위치를 부여하는 것은, 주체를 이렇게 존재론적으로 우월한 것으로 보는 것은 초월적 환상의 산물이며, 카이로스에 대한 존재론적 경험과는 직접적으로 모순된다. 주체성이란 자립적으로 존속하는 어떤 것이 아니기 때문이다. 반대로 주체성은 카이로스에 의하여 산출되며 (앞으로 보겠지만) 카이로스의 단자들의 연관에 의존한다. 주체성은 카이로스 이전에 존재하는 것이 아니라 카이로스 이후에 존재한다. 주체성을 구축하려고 시도하더라도 '여기'에서 유물론적 장으로 이르는 경로들을 통해서 말고는 주체성을 확인해 낼 수 없다. 바로 이 경로 위에서 주체성이 생산되는 것이다. 따라서 주체성에 호소하는 것으로는 유물론적 장내에서 성찰적 인식이 생산되는 위치를 매길 수 없다.

‖3.4‖ 그렇다면 '양식'(good sense)은 카이로스와 지식의 육신적 장이 분리된 상황에서 성찰의 경로를 따를 능력이 있는가? 양식이 사람들 사이에 가장 균등하게 분배되어 있다는

잘 알려진 사실이 없다면 양식은 인식론적 탐구에 유용한 도구가 될 수 있다.[4] 그러나 그것이 바로 그렇게 균등하게 분배되어 있기 때문에 우리는 서로 상응하는 양식을 단 하나도 발견하지 못할 것이다. 더욱이 양식이란 (데까르트의 시대에서 오늘날로 넘어오면서) 점점 그 대중성을 잃은 덕목이다. 양식은 오늘날 부르주아적 여론이 되었으며, 그러한 것으로서 무엇보다도 존재의 진리가 창조되는 조건들인 진공과 측정불가능한 것을 두려워한다.

∥3. 5∥ 따라서 성찰을 카이로스의 유물론적 장내에 위치시키기 위해서는 더 깊이 파고들어야 한다. 그런데 더 깊이 파고드는 것은 더 전진하는 것이다. 우리는 성찰의 장―규정요소들을 역설적으로 거꾸로 세운 논리학자들도, 주체성을 떵떵거리며 채택한 초월주의자들도, 양식의 소심한 아포리아(aporia)

---

4. [영역자주 13] 이는 데까르트의 『방법서설』의 유명한 서두에 대한 반어적 인유(引喩)이다. 데까르트는 이렇게 말했다. "양식은 세상에서 가장 잘 분배되어 있는 것이다. 누구나 자신이 양식을 잘 가지고 있는 것으로 생각하여 다른 모든 점에서 즐겁게 해주기가 가장 어려운 사람들조차도 보통 자신이 이미 가지고 있는 것보다도 더 양식을 원하지 않기 때문이다. 여기서 모든 사람이 틀렸다고 생각하기는 어렵다. 오히려 이는, 잘 판단하는 힘과 진위를 구분하는 힘은―이 힘을 우리는 '양식'이라고 혹은 '이성'이라고 적절하게 부르는 것이다―당연하게도 모든 사람에게 균등하기 때문이다"(*The Philosophical Writings of Descartes Vol 1*, trans. J. Cottingham, R. Stoothoff and D. Murdoch, Cambridge : Cambridge University Press, 1985, p. 111). 또한 A. Negri, *Descartes politico o della ragionevole ideologia* (Milan : Feltrinelli, 1970) 참조.

도 이를 이해하지 못했다―의 정의를 측정불가능한 것의 몸체를 구성하는 과정 속에 위치시켜야 한다.

‖4. 1‖ 유물론적 장에 대한 존재론적 성찰이 카이로스에 의하여 제기된다면, 그리고 이 성찰을 수행하는 것이 몸이라면 우선 영원한 것과 '장차 올 것' 사이에 존재하는 측정불가능성을 받아들여야 한다. 실상, 존재론적 성찰의 육신적 장은 영원하며, 카이로스에 의하여 규정되는 장은 절대적으로 열려있다. 만일 몸이 카이로스의 '담지자'라면 이 관계를 유지하기란 쉽지 않을 것이다. 그러나 실제로는 이 관계가 유지되고 있다. 몸이―유물론적 장의 특이성 속에서 살아가는 규정의 힘인 한에서―마치 측정불가능한 것을 발생시키는 틈으로부터 자양분을 공급받는 듯한 일이 일어나기 때문이다. 앞에서 보았듯이 새로운 존재를 생산하는 열쇠는 존재론적 시간의 틈에 위치하고 있다. 몸은 새로운 존재를 창출함으로써 이 틈에 반응한다. 몸이 영원한 것의 유물론적 장에 몰입되어 있다면 몸은 영원한 것 자체(전적으로 단 하나의 순간에 있어서의 영원한 것 전체)를 그 틈으로 이끌어 가며, 자신을―몸으로서의 자신을―시간의 프락시스의 형태로 검증하면서 영원한 것을 갱생시킨다. 따라서 육신적 성찰의 첫째 규정은 존재의 가장자리('장차 올 것'의 지점)에서 자신을 엶으로써 활성화시키는

존재론적 몰입이다.

‖4.2‖ 따라서 우리는, 몸이 성찰할 때에는 한편으로는 유물론적 장에 몰입된 상태('이전')에서이며, 다른 한편으로 혁신('이후')에 열려져 있다고 말할 수 있다. '이전'이 영원한 것이고 '이후'가 '장차 올 것'이라면 몸은 영원한 것을 '장차 올 것'과 접촉시킴으로써 성찰한다. 이 관계가 측정불가능하기는 하지만 생산이기도 하다는 데는 변함이 없기 때문이다.

‖4.3‖ 공통된 이름의 발생을 분석함으로써 우리는 그것을 표현과 상상력의 관점에서 정의하는 데 이른 바 있다. 우리는 표현을 다수의 사물들에 공통적인 것을 구축하는 경험으로 보았다. 그리고 상상력을 '장차 올 것'을 구축하기 위해 그 위에 그물을 던지는 제스처로 보았다. 이런 식으로 우리는 표현과 상상력이 카이로스의 행동 속에서 공존함을 강조하였다. 만일 우리가 이 힘의 집합을 유물론적 장에서의 몸에 대한 성찰로 되돌린다면 우리는 카이로스에 육신적 형태를 부여하는 것이며 무게와 색을 부여하는 것이다. 다시 말해서 우리는 몸을 카이로스의 육화(肉化)로 보는 것이다. 표현과 상상력은 공통된 이름의 요소들인 까닭에 몸의 요소들이다.

‖4.4‖ 스피노자는 "어느 누구도 아직 몸의 힘을 확정하지 못했다"고 말했다(『윤리학』 III부 정리 2 주석).5 이 네덜란드 철학자는 몸에 생각의 힘을 부여하였으며, 생각과 몸이 공존

할 수 있는 힘을 긍정하였다. 표현과 상상력의 작용 속에서 평행하게 존재하는 것으로서 말이다. 만일 표현이 창조행위를 한다면, '넘어가는 힘'을, 지식의 최고 수준에 이르는 힘을 몸에 부여하는 것은 상상력이다. 스피노자에게서 육신적 경험은 상상력을 통하여 존재의 총체적 과정을 살아간다. 이런 식으로 스피노자는 몸이 항상 적극적(positive)임을 입증한다. 몸은 존재의 긍정적(affirmative) 힘이 띠는 형태이기 때문이다. 존재의 장에서 몸이 갖는 이러한 우선성이 유물론의 핵심이 아니라면 다른 무엇이 핵심이겠는가?

‖4.5‖ 바로 스피노자를 따름으로써 우리는 열정(passion)의 행동의 일관성 — 여기서는 이성과 정서가 결합된다 — 을 성찰에 (그리고 성찰의 대상이 되는 유물론적 장과 성찰이 여는 '장차 올 것'에) 부여할 수 있게 된다. 열정에서는 이성과 정서가 결합된다. 실상 육신적 카이로스란 곧 존재와 몸의 생산을 말하는데, 생산하는 주체가 몸일 때에는 생산은 사랑을 통해서 이루어진다. 사랑은 모든 열정의 아버지이며, 또한 지식이다. 그래서 사랑은 공통된 이름을 통하여 생산하는 이성

---

5. [영역자주 14] 일반적인 영어 번역에서는 '힘'을 언급하지 않고 있다. 비록 "몸이 무엇을 할 수 있는지를 아직 아무도 결정하지 못했다"("no one has yet determined what the body can do" — 컬리(Curley)의 번역)라는 구절이 행동할 수 있는 몸의 '힘'을 함축적으로 지칭하고 있지만 말이다. [이 책의 영역자인 만다리니의 영어 번역은 "No one has yet determined the power of the body"로 되어있다. — 옮긴이]]

그 자체이며, (공통된 이름의 힘을 허용하는 존재론적 조건에 상응하는) 성찰은 항상 사랑에 차있다.

‖4.6‖ 이렇듯 몸을 통하여 그리고 순간 속에서 구축하는 힘을 잃음이 없이 카이로스는 유물론적 장에 자신을 묻는다. 공통된 이름 또한 몸을 통하여, '장차 올 것'에 지식의 그물을 던지는 힘을 잃음이 없이, 유물론적 장 속에 있게 된다. 시간의 가장자리에 위치한 높은 지점까지 올려진 성찰도 유물론적 장을 포착하여 열정으로 조명할 (이는 「알마 비너스」에서 볼 것이다) 능력을 몸을 통하여 갖게 된다.

‖5.1‖ 존재론적 탐구를 수행하는 사람이 어디에 위치하는가 하는 질문에 '장차 올 것'에 스스로를 엶으로써 존재론적 장에 자양분을 공급하고 그 장을 재생시키는 술어적 산출의 힘 속에 위치한다고 지금까지 답한 셈이다. 성찰의 힘은 다음과 같이 제시된다. 그것은 육신적이며, 특이한 육화이다. 그것은, 있었던 것과 있게 될 것 사이에 있으며 바로 그 이유로 성찰의 유물론적 장을 창조하는, 생산의 측정불가능성을 감내한다.

‖5.2‖ 성찰행동은 프락시스이며, 몸들의 생산이다. 그러나 이렇게 유물론적 장을 향하여 여는 일은 실용주의가 아니다. 아니 실용주의이기도 하다. 생산 속에서 자신을 실현하며 실용적 감각의 투사를 통하여 현재 속에서 과거를 갱신하고

생산을 효용으로 채우며 가치를 정서로 채우는 성찰적 행동의 실제(와 이론)이기 때문이다. 그러나 실용주의이기만 한 것은 아니다. 실용주의는 그 가장 풍부한 전통들 — 듀이[6]와 퍼스[7]의 전통 — 에서조차도 진실한 것의 프락시스와 과감히 대면하려 하지 않고 존재의 창조적 힘과 대면하려 하지 않기 때문이다. 이와 반대로 여기서 우리가 정의한 바의 유물론적 장은 시간의 화살에 따라 스스로를 구축하면서 존재해 온 것(사건들의 덩어리, 영원한 것)의 고요함을 깨는 측정불가능한 것을 항상 드러낸다. 그리고 그것을 '장차 올 것'의 모험적인 생산에 맡긴다. 유물론이 혁명적인 것은, '장식 없는' 진리란 존재에의 몰두이기 때문이다. 반면에, 조용한 온건함을 지닌 실용주의는 장식물들을 가지고 있다.

‖5.3‖ 맑스는 불변자본과 가변자본을 구분하였다. 전자

---

6. John Dewey(1859~1952). 미국의 실용주의 철학자로서, 그의 철학은 '도구주의'라고 불린다. 이에 의하면, 인간 활동의 다양한 양태들과 형태들은 다양한 개인적이고 사회적인 문제들을 해결하기 위해 인간이 개발한 도구들이다. 문제가 항상 변하기 때문에 도구들도 항상 변하게 마련이다. 그리고 진리는 초월적이거나 영원한 성격을 갖지 않고, 연구에 참여하는 모든 사람들에 의해서나 검증되고 공유될 수 있는 경험에 기반을 둔다. 듀이는 교육분야에서도 큰 영향을 미쳤는데, 권위적 교육방법을 폐기하고 실험과 연습을 통한 학습을 정립하는 데 기여하였다.
7. Charles Sanders Peirce(1839~1914). 미국의 철학자이자 최초의 실험심리학자이며, 근대적 형태의 의미론(semantics)의 창시자이다. 그는 어떤 생각이 갖는 의미는 그 생각이 낳게 되는 결과들을 검토하는 데서 찾을 수 있다고 보았다. 이 원리가 1878년에 처음 실용주의(pragmatism)라는 이름으로 발표되었다.

는 생산에 의하여 축적되고 그 발전과정에서 보존되는 물질적·기술적 요소들의 집합이다. 후자는 축적된 것(축적 속에 잠재적으로 존재하는 것)을 재생시키며 이것을 새로운 가치화의 토대로 만드는 산 노동이다. 그런데 이 구분은 자본주의적 생산방식에만 관련되는 것이 아니다. 오히려 그것은 유물론적 장 전체 즉 세계와 관련된다. 생산은 시간을 실체로 하는 궤적을 따라서 세계를 구축한다. 죽은 노동 즉 완료된 창조의 시간은 이 과정의 '이전'을 바탕으로 축적을 계속한다. '이후'는 산 노동에 의하여 즉 프락시스를 통하여 진리를 창출하는 몸들의 카이로스에 의하여 나타내어진다. 존재의 가장자리에 있는 산 노동은 세계의 힘이며 이전까지 있었던 것(그리고 한결같은 방식으로 거기에 계속 있는 것)의 힘이다. 또한 창조적 산 노동이 하는 일로부터 생겨날 것에 의해 갱생되는 것의 힘이다. 여기에 유물론의 형이상학의 중심과 토대가 있다. 즉 자본주의적 과정이 세계를 죽은 것으로 만드는 가운데 그 세계를 포섭했다는 것을 인식하는 데, 그러나 또한 산 노동이 카이로스임을, '장차 올 것'의 쉼없는 창조자임을 인식하는 데 있다. 「다중」에서 곧 보겠지만, 산 노동은 세계를 손에 쥐고 공통적인 것 속에서 그 세계를 철저하게 변형하고 혁신한다.

‖5.4‖ 이렇듯 유물론적 장에서는 존재론적 탐구가 전적으로 생산적 동력학 속에 있다. 여기서는 사건에 적실하지 않

은 이름이란 없으며, 시간의 화살 속에서 창조적이지 않은 사건이란 없다. 창조적 유물론의 탄생행동은 '이전'에 왔던 것으로, 이전에 창조했던 것으로 되돌아가서 그것에 삶(생명력)을 부여한다. 성찰은 장차 올 시간에— 즉 매 순간 구축되며 영원한 것을 증대시키고 풍부하게 하는 새로운 존재에—스스로를 열면서 지금까지 있었던 것(그리고 영원히 존재하는 것)을 조감한다(survey). 유물론적 장이란 이 모든 것이다. 그리고 성찰(이는 탐구를 수행하는 사람의 시점(視點)이다)은 우리 이전에 축적된 것과 우리가 장차 올 것을 위해 창조하는 것 사이에 존재하는 측정불가능한 것이 드러나는 곳에서 주어진다. 존재론적 탐구를 수행하는 사람은 산 노동을, 시간성의 새로운 힘을 표현한다.

‖5.5‖ 그러나 왜 우리는 이 장을 유물론적이라고 정의하는 데 열중하는가? 유물론이란 근본적으로, 항상 공간성에 매혹되고 연장(extension)이라는 감옥에 갇혀 있으며 따라서 시간의 유물론 혹은 물질의 시간성을 구성하는 행위와는 거의 관계가 없는 철학 전통이 아닌가? 분명히 마끼아벨리에서 스피노자를 거쳐 맑스에 이르는 근대 철학은 유물론의 새로운 정의를 위한 전제들을 구축하였다. 그런데 이러한 근대의 소수자적 전통을 다시 한번 제시하는 것이 소용이 있는가? 그렇다. 새로운 유물론적 장의 정의를 확립하는 것과 창조적 유물

론의 탄생을 확립하는 것은 우리에게 큰 중요성이 있다. 그것이 당분간은 세계에 대하여 성찰하는 하나의 시점(視點)을 제공할 뿐이지만 말이다. 무엇보다도 이 시점은 카이로스의 구성적 힘과 양립 가능한 것이 아닌가.

‖ 6.1 ‖ 왜 유물론의 역사는 없는가? 사유의 역사에서 유물론이란 항상 그 상대자에 의하여 정의되어 왔는데, 이 상대자는—〈권력〉의 역사에서—항상 유물론에 승리해 왔기 때문이다. 초월과 초월주의는 항상 승자들의 철학이었기 때문에, 따라서 명령하는 자들의 철학이었기 때문에 역사를 갖는다. 패배한 자에게는 공간도 없고 전통도 없으며 그 어떤 지속도 없다. 〈권력〉을 가진 자들의 철학은 항상 유물론의 눈앞에 일련의 재난들을 남긴다. 그러나 이 철학은 유물론으로 하여금 자신을 문제로서 제시하는 것을 허용할 수밖에 없다. 실상, 반란을 일으키는 자들이 문제를 제기한다. 그리고 카이로스는 반란자들을 사랑한다.

‖ 6.2 ‖ 고전 철학에서 물질은 '존재하지 않는다'. 이는 플라톤주의의 유산이 정의하는 바이다. 근대 철학에서 물질은 현상학적 지식의 임계점으로 정의된다. 이는 물질에 관하여 '그것이 존재한다고 해도 그것에 대해서 알 수는 없을 것이다' 라고 말하는 것과 같다. 마지막으로 탈근대적 사유에서는 물

질이 언어 속에서 표현될 수 있는 가능성 자체가 물질에서 제거된다. 이는 물질에 대하여 '물질을 알 수 있다고는 해도 그것이 소통될 수는 없을 것이다'라고 말하는 것과 같다. 과거의 유물론적 궤변은 따라서 왜곡되어 관념론적 형이상학의 역사 서술적 후렴으로 바뀌었다.

‖6.3‖ 그러나 가장 멸시할 일은 유물론이 관념론에 의하여 유물론적 장 자체 내로부터 약탈되고 더럽혀진 것이다. 철학자들은, 이 장으로 하여금 측정불가능한 창조성으로서 살게 하는 대신에, <권력>의 훌륭한 기하학자들의 역할을 맡아 이 장을 구획하고 측정하기 위해 최선을 다했으며 물질로 하여금 그들의 논리의 율동에 맞추어 춤을 추게 만들기 위해 최선을 다했다. 이러한 야만적 행위의 극단적 경우는 유물론이 '변증법적 유물론'으로서 교습되었던 비참한 시기에 일어났다.

‖6.4‖ 유물론은 항상 새로 일어나며 (학술적 종교재판의 관점에서 보자면) 극히 비밀리에, 그리고 (질서유지학의 관점에서 보자면) 전복적인 방식으로 사유의 역사를 뚫고 들어간다. 이렇게 새로이 소생한 유물론은 <권력>의 사유와 계속적으로 단절한다. 바로 마끼아벨리, 스피노자, 맑스가 구현하는 투쟁의 공통적 사유이다. 카이로스로서의 유물론의 역사는 '장차 올 것'에 스스로를 여는 현재의 계보학을 저항과 반란의 역사로 정의한다. 카이로스는 물질의 견고함(hardness)을 모든

초월에, 그리고 모든 사유와 <권력>의 변증법들에 맞세운다.

‖ 6. 5 ‖ 물질의 견고함은 영원한 것과 진공(그 위로 혁신이 뻗어간다) 사이에 존재하는 측정불가능한 것에서 포착된다. 물질은 무도 아니고 현상도 아니며 소통될 수 없는 것도 아니다. 물질의 견고함은 시간이 존재에 관하여 결정을 내리는 곳에서, '이전'과 '이후' 사이에 존재하는 측정불가능한 것에 괘념치 않고 새로운 존재를 창조하기로 결정하는 곳에서 발견된다. 유물론의 역사를 구축할 수 있는 사람은 누구나 측정불가능한 것이 자신의 목소리를 내도록 허용한 사람이다. 측정불가능한 것 내에서 모든 카이로스의 단자들은 생산하기로 결정하는 순간을 맞이한다. 이는 또한 '새로운 천사'(Angelus Novus)가 우리에게 제시되는 곳이다. 이 천사는 폭풍에 날려가면서 뒤를 돌아보는 것이 아니라 앞을 보고 있는 것이다.[8]

---

8. 『새로운 천사』는 뽈 클레(Paul Klee)의 그림이다. 벤야민은 이 그림에 대해 다음과 같이 말한 바 있다. "'새로운 천사'라는 이름이 달린 클레의 그림은 정신없이 바라보고 있는 무언가로부터 막 물러나려는 참인 것처럼 보이는 천사를 보여주고 있다. 그의 눈은 응시하고 있고 그의 입은 열려 있으며 그의 날개는 펼쳐져 있다. 이것이 우리가 그리는 역사의 천사의 모습이다. 그의 얼굴은 과거를 향해 있다. 우리가 일련의 사건들을 인식하는 곳에서 그는 재난에 재난을 덧쌓아서 그의 발 앞에 던지는 단 하나의 파국을 본다. 천사는 머물러서 죽은 자를 일깨우고 부서진 것들을 다시 합하여 온전하게 만들고 싶어한다. 그러나 낙원으로부터 폭풍이 불어오고 있다. 폭풍이 너무나도 격렬하게 그의 날개에 몰아쳐서 천사는 더 이상 날개를 접을 수가 없다. 폭풍은 불가항력적으로 천사를 그가 등을 돌리고 있는 미래로 몰고 간다. 한편 그의 앞에는 파편 더미가 높이 쌓여만 간다. 이 폭풍이 바로 우리가 진보라고 부르는 것이다"(Walter Benjamin, "Theses on

‖6. 6‖ 일반적으로 말하는 물질의 견고함이란 카이로스의 결정으로부터 간청을 받지 않는 영원한 것의 견고함이다. 고전적 유물론과 근대의 유물론은 이 주제에 관하여 견해를 표명할 기회가 있었을 때에 이 정태적인 조건을, 물질의 이러한 불변자본을 강조하여 물질을 존재의 견고함으로서만 정의하였다. 우리는 이제 여기서 더 나아갈 수 있다. 물질이 시간성이라는 것을 알기에 그리고 카이로스의 열려진 경계에서 우리가 부활할 수 있음을 알기에 우리는 존재의 견고함을 이행이라는 구성적 순간 쪽으로 가져간 것이다.

‖6. 7‖ 따라서 유물론의 금압에 대응되는 것은, 존재의 가장자리에서 점점 더 억누를 수 없는 저항과 반란으로서 나타나는 그러한 (물질의) 견고함이다. 이것이 유물론적 장에서 카이로스가 드러내는 것이다. 바꾸어 말하자면, 물질의 견고함이 카이로스를 통하여 저항으로서 나타나는 한에서 유물론적 장은 근본적으로 혁신된 것이다. 저항이, 이전에는 유물론의 한

---

the Philosophy of History," *Illuminations*, ed. Hannah Arendt, trans. Harry Zohn, New York : Schocken Books, 1968, p. 257). 네그리는 벤야민과는 달리 이 천사의 시선이 앞으로 향한 것으로 재해석하고 있다. "그러니 벤야민의 해석에서 이 천사는 뒤를 보고 있습니다. 공산주의 혁명이 파괴와 끔찍한 투쟁의 풍경을 돌아보고 있는 것이지요. '새로운 천사'는 이 새로운 비극적 형상, 불가능한 줄 알면서도 혁명을 계속하기를 바라는 사람들의 상징이었습니다. 오늘날 새로운 천사는 괴물의 정치학, 괴물에 대한 욕망이 되었습니다. 말하자면, 마침내 삶의 모든 힘을, 모든 창조성을 재전유할 수 있다는 희망이지요. 다중은 인간의 미래를 민주적으로 결정해야 합니다"(*Negri on Negri*, pp. 117~8).

계를 구성했던 물질의 견고함을 무기로 만든 것이다. 이런 이유로 저항은 항상 존재의 적극적 긍정이다.

∥7.1∥ 유물론적 장과 존재의 술어 사이에는 아무런 차이가 없다. 성찰의 시점(視點)은 카이로스의 단자들에서 생겨나기 때문이다. 명제들의 존재기호 즉 언표의 존재론적 지표 — 이는 이름과 공통된 이름을 지탱하는 것이다 — 는 이렇듯 유물론적 장에 뿌리를 박고 있다. 물론 이 뿌리박은 상태는 늘 흔들린다. 측정불가능한 것만이 이전에 있었던 것과 현재 있는 것 사이의 연결고리를 창조하기 때문이며, 측정불가능한 것 속에서 카이로스의 단자들은 새로운 존재의 열림을 향하여 간절히 몸을 기울이기 때문이다. 그래서 유물론적 장은 항상 앞을 향하여 투사된다. 이 장은 시간의 화살을 터전으로 하며 그 화살의 촉에서 줄곧 존재한다. 시간의 생산이 바로 존재의 술어이다. 시간의 생산에서만 존재의 매 순간은 일관성을 띠고 존재하기(그리고/ 혹은 갱신·부활되기) 때문이다.

∥7.2∥ 모든 언표(이름, 공통된 이름)는 실용적으로만 확증 가능하다. 이름들의 의미는 카이로스의 존재의 술어적 산출(긍정)에 의해서 지탱되지 않고서는 결정될 수 없다. 이름들이 언표에 부여하는 많은 의미들 중에서 카이로스의 시점에 의하여 자격이 부여되는 것들만이 진실한 것으로 간주될 수

있다는 말이다. 또한 이는, 새로운 존재를 구축하기 위하여 손을 뻗는 것만이 이미 존재한 것을 확증한다는 말이기도 하다. 따라서 유물론적 장에서는 성찰이란 근본적으로 실용적이다. 카이로스는 진실한 것(vero)의 프락시스이기 때문이다.

‖7.3‖ 유물론적 장에서 카이로스가 성찰에 부과하는 실용적 급진주의는 사유를 슬프게 하지 않는다. 즉 실용주의에서 종종 일어나듯이 사유를 효용의 원리로 축소하지 않는다. 반대로 사유는 진리의 탐구(혹은 허위의 비판)에서 더 전진할 수 있게 된다. 이는 카이로스의 단자들의 연합(공동체)에서 이루어진다.

‖7.4‖ 현시대의 철학 — 이는 모든 지식의 확증이 언어를 통과하도록 만든다 — 에서 보이는 언어적 계기의 비범한 중요성은 그 유물론적 토대를 여기서 입증한다. 언어는 결코 단순한 도구가 아니다. 보철이며 진리의 프락시스이기 때문이다. 언어는 소음들로 이루어진 무의미한 표면이 아니라, 카이로스의 단자들의 연합이 일어나는 평면(plane)이며, 존재를 공통적 술어를 통해 산출하는 힘들의 유물론적 직물이다. 버로우즈(Burroughs)[9]가 말하듯이 언어는 미사일을 쏘는 대포가 아니라

---

[9] William Seward Burroughs(1914~97)를 말하는 듯하다. 그는 실험적인 소설들을 쓴 미국의 작가이며, 이른바 '비트 제너레이션'(beat generation)에 속하는 작가들 중 한 명이다. 그의 최고작인 『벌거벗은 점심』(*Naked Lunch*)은 마약중독자의 삶을 초현실적으로 그리고 있다.

우리가 사는 우주선이다. 이 우주선을 타고 우리는 진공 속에서 진리의 탄도를 구축한다. 이에 대해서는 나중에 더 자세히 탐구할 것이다.

∥7.5∥ 유물론적 장에서의 존재론적 탐구의 관점을 정의한 지금까지의 고찰로부터 우리는 사소하다 할 수 없는 결론들을 몇 개 도출할 수 있다. 유물론적 장에서 시간의 가역성을 생각할 수 있는 가능성이다. 이 가능성은 우리가 시간을 (불멸의 시간성의 궤적을 그리는) 화살로서만 간주하지 않고 (이렇게 간주하는 것이 지금까지 우리가 했던 일이다) 카이로스의 단자들의 혹은 사례들의 네트워크로서 또한 간주할 때 발생한다. 우리는 후자가 자율적으로 존재하면서도 자신이 있던 자리에서 모든 방향으로 발전하는 것을 상상할 수 있다. 이런 식으로 우리는 영원한 것의 자유에 대하여 생각할 수 있다. 이는 기하학자들과 물리학자들이 자주 시도하는 어려운 작업이다. 우리는 고대인들이 때대로 그랬듯이 물질을 다시 영원으로 (그 아포리아들과 대안들을 모두 감안하며) 생각하게 된다. 즉 '삶을 부여하는 비너스'(Alma Venus)로 생각하게 된다.

∥7.6∥ 유물론적 장은 영원한 것과 '장차 올 것' 사이에 있는, 생산의 측정불가능성 속에서 창조된 공통적 진리들의 장이다. 그리고 우리는 그 장의 능동적 행위자들이다.

Alma Venus 2

알마 비너스

4 공통적인 것
5 가난
6 사랑

유디스, 신은 궁극적인 억압의 시기에 마침내 말한다네.

— 빠스깔, 『빵세』

4
공통적인 것
The Common

‖1. 1‖ 유물론의 길잡이 불빛은 물질의 영원성이다. 영원한 것은 유물론적 시간경험의 공통된 이름이다. 윤리적 관점에서 볼 때 유물론이 직면한 문제는 특이성으로 하여금 영원한 것에 대한 책임을 갖도록 하는 것이다. 유물론적 전통의 이러한 진실들은 카이로스의 경험에서 확인된다.

‖2. 1‖ 유물론적 전통에서 영원한 것에 할당될 수 있는 다른 많은 의미들 중에서 종종 무한한 것(the infinite)이라는 이름이 동의어로 사용된 경우가 발견된다. 그렇다면 물질은 무한한가? 우리는 다음과 같은 경우에만 즉 유물론적 생산과 영

원한 것의 과정이 무한한 만큼 (양자의 동의어관계를 깨고) 무한한 것을 영원한 것 아래 포섭할 때에만 물질의 무한성을 인정할 수 있다. 그러나 모든 생산은 특이하고 유한하다. 영원한 것의 과정은 오늘은 덜하고 내일은 더할 수 있는 것이다. 이러한 유한성과 이러한 특이성은 영원한 것과 그 힘의 현존이 그것들을 담당할 때에만 '무한하다'라고 불릴 수 있다. 영원한 것의 이름 바깥에서는 무한한 것이란 시간적 초월의 관념에 불과할 것이며, 그러한 것으로서 유물론의 (즉 유물론적 생산의) 특질이 될 수 없다.

‖2.2‖ 무한한 것이 모호한 이름인 만큼, 즉 영원한 것에 포섭될 때만 파악 가능한 만큼, 이 이름을 사용하지 않는 것이 좋을 것이다.

‖2.3‖ 윤리적 경험은 무한한 것과는 아무런 관계가 없다. 윤리적 경험은 영원한 것의 현존 속에서 확립된다.

‖3.1‖ 비록 선험철학은 무한한 것을 그 모든 작업들의 토대로 삼았지만 실제로는 그것에 거의 주의를 기울이지 않았다. 특별한 경우에만 입는 옷처럼, 무한한 것이라는 개념은 시, 신학, 신비주의 그리고 모든 혼란된 추론에 유용하다. 선험철학은 일상복으로는 막연한 것(the indefinite)이라는 개념을 입는다. 막연한 것이란 무엇인가? 그것은 측정 가능한 무한한 것이

다. 그러나 영원한 것, 영원한 물질은 측정불가능하다. 영원한 것은 항상 '장차 올 것'과 대면하는데, 이 관계 자체가 측정불가능하기 때문이다. 따라서 막연한 것이란 환상이다. 그런데 막연한 것은 내재성의 척도로서 초월을 도입할 때 효과적인 환상이 된다. 이 경우에 환상은 초월적 신비화가 된다. 이는 현재를 영원한 것이 아니라 무한한 것에 종속시키고자 하는, 그래서 특이한 것을 척도에 종속시키고자 하는, 지속적으로 반복되는 시도들이다.

∥3. 2∥ 유물론에서 윤리적 경험은 항상 측정불가능한 것과 대면하며 영원한 것을 '장차 올 것'을 향하여 여는 일과 대면한다.

∥4. 1∥ 물질의 영원성은 시간적 강렬성으로서, 혁신적 현존으로서 나타난다. 그리고 영원한 시간의 온전한 현재는 특이성이다. '특이한'과 '영원한'이란 형용어는 바꾸어 쓸 수 있다. 그 관계는 동어반복적이다. 일어난 모든 것은 영원하다. 지금 여기서 영원하다. 영원한 것은 특이한 현재이다.

∥4. 2∥ 유물론에서 윤리적 경험은 현재에 대한 책임이다.

∥5. 1∥ 카이로스는 우리에게 환원 불가능한 특이성으로서 나타난다. 그럼에도 불구하고, 영원한 것의 생산에서 우리는

카이로스의 단자들이 서로 연결되어 공통적인 사건들 — 이는 공통된 이름으로 전환되게 된다 — 이 되는 것을 보았다. 즉 우리는 공통적인 것 속에 함입되어 있는 것이다. 카이로스란, 시간의 화살이 지시하는 진공에 자신을 노출하여 '장차 올 것'을 구축하는, 서로 엮이고 연결된 단자들의 미세한 분진(粉塵)이기 때문이다. 이런 이유로 특이한 것은 공통적인 것의 경험이다.

‖5.2‖ 이 공통적인 것은 본질이나 혹은 어떤 미리 생각된 개념으로 환원될 수 없다. 미리 전제된 '가장 공통적인 것,' 칸트적 의미에서 가장 공통적인 요소란 없다. 이것을 단순한 맥락연관으로 이해하지 않는다면 말이다. (콜리[1]에게 '공통적'이란 말의 주된 의미는 '맥락 속에서 연관된'에 상응하는데, 이는 유물론적 전통이 헤라클리투스를 통하여 우리에게 전해 준 것이다.) 카이로스의 단자들은 영원한 것의 가장자리에서 스스로를 드러내면서 삶을 생산하고 재생산한다는 점에서 공통적이다. 공통적인 것을 창출하는 것은, 측정불가능한 '장차 올 것'이다.

‖5.3‖ 공통적인 것은 특이성이 영원한 것을 생산하면서

---

1. Giorgio Colli(1917~79). 이탈리아의 고대 철학사가이며 문헌학자. 동료인 몬띠나리(Mazzino Montinari)와 함께 니체에 관한 저작들을 낸 바 있으며, 『그리스의 지혜』(*Greek Wisdom*)가 가장 대표적인 저작이다.

취하는 형태이다. 세계(인간과 그 주위세계)의 생산은 특이성을 구성하는 요소들을 더욱더 공통적으로 만든다. 따라서 공통적인 것의 경험은 목적론적 과정의 표징이다. 그런데 무슨 목적론인가?

‖5.4‖ 유물론에서 윤리란 존재의 혁신으로서의 현재에 대하여 책임을 갖는 것이다. 그런데 만일 혁신이 공통적이라면 윤리는 공통적인 것에 대한 책임이다. 그리고 만일 공통적인 것이 목적론적이라면, 유물론적 윤리는 목적론과 대면해야 한다. 그런데 어떤 목적론인가?

‖6.1‖ '목적론'이란 이름은 공통적인 것에 적합한 한에서 유물론에 적합한 이름이다. 유물론적 목적론은 출발점 혹은 종착점이 되는 목적인(final cause)을 알지 못한다. 유물론에서 목적이란 물질의 영원성이, 다시 말해서 세계의 지평이, 그 어떤 공리(公理)적 제한도 없이 점진적으로 스스로를 구성해 나가는 형태이다. 여기서 '스스로를 구성한다'함은 현재가 특이한 공통적 형상들을 통하여 스스로를 형성하고 확립하고 혁신하는 것을 의미한다. 또한 "점진적으로"란 말은 시간의 화살에 의하여 정해지는 방향에 맞춘다는 의미이다. 시간은 앞으로 진행한다. 시간의 역행은 시간에 달려있는 것이 아니라 인간의 시간활동(시간의 고정, 순간들의 축적, 기억)에 달려있다.

결과적으로 삶의 특이한 지평은 점점 더, 시간 속에서 존재가 취하는 공통적 형태가 된다. 그것은 공통적인 것의 실제에서 실현된 모든 시간이다.

‖6. 2‖ 시간의 화살의 방향을 따르는 윤리학은 공통적인 것을 목적론적인 것으로 정립한다. 다시 말해서 물질이 점점 더 공통적으로 된다고 본다.

‖7. 1‖ 유물론이 공통적인 것을 정의하면서 목적론적 진행을 따른다면, 이는 형이상학적 전통이 말하는 방향과 반대로 나아감을 의미한다. 헤겔주의의 마지막 화신들에게까지 영향을 미치는 플라톤과 아리스토텔레스의 형이상학에서는 목적론이 앞으로 진행해 나아가는 것이 아니다. 실상 이 형이상학은 아르케2를 전제하는데, 이는 자신이 미리 정한 서열 속에 활동하는 존재를 위치시키는 쪽으로 작용한다. 형이상학적 전통에서 목적론적 허구를 가장 명확하게 입증하는 것은, 아르케가 '시작하다'와 '명령하다'라는 의미를 동시에 가지고 있다는 점이다. 이런 식으로 목적론은 원칙을 명령에 종속시키고

---

2. [영역자주 15] 아르케의 개념은 플라톤과 아리스토텔레스에게서 철학적 논의 속으로 들어온 것 같다. 그리스에서 그것은 토대인 동시에 원리이며 시작을 의미한다. 그러나 "발단이라는 더 오래된 의미를 지배의 의미와 명시적으로 결합시키는 것은 아리스토텔레스이다"(R. Schürmann, *Heidegger on Being and Acting : from Principles to Anarchy,* Indiana : Indiana University Press, 1990, p. 97).

그럼으로써 발전 이전에 한계를 정하고 생산 이전에 질서를 정하는 이론적 실천이 된다. 고전적 형이상학의 전통은 근대 초월주의(선험철학)의 절차들에서 확인을 받는다. 헤겔의 <정신>(Geist)이란 플라톤과 아리스토텔레스가 부는 피리의 율동에 맞추어 춤을 추는 복장도착자(transvestite)이다. 모든 복장도착자가 원본을 희화화한다고 할 때 여기서 원본은 국가이다. 다시 말해서 공통적인 것의 발전이 대면하는 가장 명시적이고 격렬한 한계이다.

‖ 7. 2 ‖ 유물론에서 윤리학은 공통적인 것의 한계없는 생산에 자신을 세운다.

‖ 8. 1 ‖ 유물론에서 텔로스는 공통적 실존의 산물이다. 따라서 미리 구성된 가치가 아니라 영원한 것의 영속적이며 점진적인 생산이다. 아이가 성인으로 성숙하듯이, 삶이 다하면 탄생의 결과로 죽음이 따르듯이 말이다. 성인이 아이보다 더 큰 가치를 나타내지 않듯이 죽음도 삶의 가치의 부정이 아니다. 반대로 모든 것은 영원하다. 나는 존재한다—이것으로 그만이다. 이것이, 그리고 이것만이 영원한 것의 구체적 현존재(Da-sein)이다.

‖ 8. 2 ‖ 인간의 움직임과 그의 주변세계(Umwelt)에 의해서 생산되는 공통적인 것은 가치가 아니라 운명(destiny)이다. 운

명이란 단어는 모든 예정(豫定)으로부터만이 아니라 우연의 맹목성으로부터도 떼어내어져야 한다. 그래서 공통적인 것의 구성적 관점에서 다시 정의되어야 한다. 우리는 일반적 다중으로 간주된 〈인간〉(Man)의 행동들의 집합을 '운명'이라고 부를 것이다. 인간에 의해 계속적으로 개조되고 또 그러는 가운데 공통적인 것의 실존에 영향을 미치는 환경적 조건들 말고는 이 집합에 미리 전제되는 것은 아무것도 없다. 윤리적 관점에서 볼 때 '운명'은 〈인간〉이 스스로를 물질적으로 구성하는 한에서 〈인간〉의 공통된 이름이다.

‖ 8. 3 ‖ 〈인간〉은 '켄타우로스'(자연과 섞여있는 인간)의 운명에서 시작하여 '인간-인간'(프락시스를 통하여 구축된 인간)의 운명에 도달하고 다시 '기계-인간'(생산 속에서 변형되며 자신의 존재를 인위적으로 발전시키는 인간)에 도달한다. 본성이 계속해서 변화하여 두 번째, 세 번째, n 번째에 이르게 되는 것이다. 각각의 시기에 공통적인 것은 점진적으로 상이한 형태들을 취하게 된다. 다르지만 형이상학적이지는 않으며, 가치론적(axiological)이지도 않고, 역사주의적이지도 않으며, 종말론적이지도 않다. '켄타우로스되기,' '인간-인간되기,' '기계-인간되기'는 삶에서 죽음으로 진행해 나아가는 것처럼 그렇게 진행해 나아간다.

‖ 9. 1 ‖ 데모크리토스에서 에피쿠로스까지, 루크레티우스에서 조르다노 브루노3까지, 스피노자에서 니체까지, 레오빠르디에서 들뢰즈까지, 횔덜린에서 디노 깜빠나4까지, 삶과 죽음 사이에서 공통적인 것을 이렇게 생산하는 것은 영원의 표시로 간주되었다. 다시 한번 말하건대, 이 표시는 가치론적인 것이 아니다. 반대로 그것은 생산의 시간 속에서의 존재론적 강렬성을 나타낸다. 만일 시간이 생산의 실제에 부과하는 방향이 점점 더 공통적이 된다면 이는 특이성의 경험이 영원을 더욱더 강하게 끌어안음을 의미한다. 영원은 생산의 실제에 의하여 보상을 받으며, 공통적인 것은 그것이 시간을 영원으

---

3. Giordano Bruno(1548~1600). 이탈리아의 철학자. 젊은 시절에 도미니크 수도회에 들어갔으나 이단으로 몰리자 도망쳤다. 이후 한 곳에 자리잡지 못하고 툴루즈, 파리, 옥스퍼드 비텐베르크 등 여러 곳을 전전하며 잠깐씩 가르쳤다. 결국 이탈리아 종교재판에서 이단으로 선고를 받고 투옥되었다가 화형을 당했다. 브루노는 모든 독단주의를 배격하였다. 그는 세계에 대한 인식이 시공간 속에서 사람이 처한 위치에 따라 상대적으로 다르며, 따라서 위치들의 수만큼 세계를 보는 시각의 수가 존재할 수 있다고 보았다. 따라서 그는 절대적 진리가 존재할 수 없다고 보았다. 그는 세계는 존재의 개별적인 요소들로 구성되어 있다고 보았으며 이 요소들의 관계는 고정된 법칙의 지배를 받는다고 보았다. '단자들'이라고 불리는 이 요소들을 각각이 궁극적이고 환원 불가능하며, 범신론적인 무한원리, 혹은 원인, 혹은 신성에 기반을 두었다. 그의 철학은 스피노자와 라이프니쯔의 철학에 큰 영향을 미쳤다. (*The Columbia Encyclopedia*, Sixth Edition. 2001 참조.)
4. Dino Campana(1885~1932). 이탈리아의 상징주의 시인. 유랑생활을 하며 미적 진리를 추구하였으며, 모든 관습을 거부하였다. 씨빌라 알레라모(Sibilla Aleramo, 1876~1960)와의 2년간의 열정적 사랑으로도 유명하며, 대표작으로 『오르페우스에 바치는 노래』(*Canti Orfici*)가 있다.

로서 드러내는 한에서 시간에 관하여 결정한다.

∥9. 2∥ 세계는 실제적이기만 하고 활력은 결여된 배경이 아니라 활동들의 연관이며, 카이로스의 교직(交織)이다. 매 순간 세계는 공통적인 것이 팽창하는 운동 속에서 그 전체가 다시 창조된다. 이런 맥락에서 운명을 거쳐가는 인간의 프락시스는 이미 구성된 것으로서 나타내어질 수 없다. 오히려 그것은 능동적으로 구성한다. 즉 더욱더 공통적인 맥락을 구성하는 것이다.

∥9. 3∥ 이런 운동 속에서, 공통적인 것이 스스로를 더욱더 구축하면 할수록 세계는 더욱더 측정불가능하게 된다.

∥9. 4∥ 만일 유물론에서 윤리적 경험이 언제나 측정불가능한 것과 대면하고 있다면, 저항은 '척도 외부'에서 벌어지는 행동이며 구성적 힘은 '척도 너머'에 있는 행동이다.

∥10. 1∥ 유물론적 전통의 목적론에서 영원과 실존 사이의 관계는 항상 적실하고도 충분한 방식으로 설명되어 왔다. 그러나 유물론은 영원성을 혁신의 시간과 대면시킬 때에, 즉 영원한 것이 존재의 가장자리에서 '장차 올 것'과 대면하는 때에 아포리아에 부딪힌다.

∥10. 2∥ 유물론이 경험하는 위기는 윤리의 지형에서 표면에 부상한다. 실제적으로 영원한 것은 현재 속에서 이루어지

는 특이한 행동의 측정불가능성과 대면하고 있다. 그리고 영원한 것이 이 측정불가능성을 봉쇄하지 못하고 있다. 그런데 정말로 봉쇄해야만 하는가?

‖ 10. 3 ‖ 이미 말한 것으로부터 분명한 것은, '실제적으로'라고 말할 때 우리는 '현재'를 말하고 있다는 점이다. 형이상학적 '실제성'의 모호성은 이런 식으로 해소된다. 그리고 의미는 '완전하게' 공통된 이름에 주어진다. 여기서, 지금, 이름의 시간인 동시에 사건의 시간 속에 공통된 이름이 실존하기 때문에 '완전하게'이다. 그리고 이것은 필연적이다.

‖ 11. 1 ‖ 고전적 유물론에서 혁신이라는 주제는 중심적 위치에 있으면서도 해결되지 못했다. 데모크리토스에서 에피쿠로스까지 원자론적 세계관은 영원[5] 속에 몰입되어 있었다. 자유란 우주라는 은유와의 관계에서만 작용하는 삶의 움직임이었다. 자유는 이렇게 희석되는 가운데 소멸되었으며, 혁신은 이해 불가능하게 되었다. 루크레티우스에게서만 자유는 이 의미없는 은유를 깨고 원자들의 물리적 집합에서 자율적으로 행동하는 것을 지향한다. 말하자면 영원을 찢는 것을 지향한다. 그럼에도 불구하고 루크레티우스는 그의 클리나멘(clinamen,

---

5. 여기서의 영원은 네그리가 말하는 영원과는 다른 개념이다. 혁신과 분리된, 변함없는 본질의 영원이다.

편위)을 은밀하게 속삭이는 방식으로만 제기한다. 세계를 갱신하도록 허용하는, 특이한 것 그리고 그와 함께 자유의 의미를 파악하도록 허용하는 미세한 편차인 클리나멘으로부터 오는 파열의 거센 힘을 말소하려는 듯이 말이다. 소나기처럼 쏟아지는 원자들을 아주 작은, 그러나 그럼에도 불구하고 엄청난 힘을 가진, 벌겋게 달아오른 빛이 가로지른다. 이것에 의해 시가 고양되고 철학은 겸손해지며 문제가 제기된다. 근대는 이 문제를 해결되지 않은 채로 이어받게 된다.

∥ 12. 1 ∥ 스피노자에게서만 문제가 변형된다. 스피노자에게서 유물론의 존재론은 클리나멘과 접촉하지 않으며, 욕망에 의하여 새로이 충전되어 수립된다. 세계 구성의 리듬은, 스스로를 신성한 것으로 구성하기 위하여 이 세계에 펼쳐지는 살아있는 힘에 의하여 — 여러 형태들이 혼효된 가운데 — 유지된다. 이 과정에서 자유가 스스로를 구축하며 자신의 연속성을 살아있는 힘(vis viva)의 절대적인 생산적 내재성 속에서 해석한다. 살아있는 힘은 물리적인 코나투스에서 인간의 큐피디타스로[6] 그리고 다시 신에 대한 아모르(amor, 사랑)로[7] 펼쳐져

---

6. 이 책 2장 '측정불가능한 것' 각주 3번 참조
7. "신에 대한 이러한 사랑은 우리가 이성의 인도 아래 찾을 수 있는 최고의 선이다"(『윤리학』 V 부, 정리 20 증명).

간다. 윤리학은 인간 세계를 해석하고 신성한 세계로 자신을 승화하기 전에 물리적 세계 자체를 구성하는 것이다. 영원은 현재로서 경험되며 공통적인 것은 전부 존재론의 발전 속으로 되돌려진다. 몸의 구성은 공통적이다. 큐피디타스의 대상은 공통적이다. 공통적인 것은 열정 즉 세계와 신성을 움직이고 구성하는 힘의 관점에서 본 존재론이다.

‖ 13. 1 ‖ 혁신의 문제는 고전적 유물론에서 스피노자적 유물론으로 옮겨가면서 강력한 전위(轉位)를 겪는다. 이 문제는 이제 삶의 과정에서 일어나는 편위(일탈)로 간주되지 않고 영원의 지평 안에서 제기된다. 절대적 내재성은 삶의 역동성으로서 삶에 그 힘을 부여한다. 특이성이 존재의 바다에서 형태를 갖추기 시작한다. 유물론적 목적론의 전반적 역동성 속에서 특이성이 자신을 드러낸다고 말해도 좋다. 그런데 이러한 전위는 그것이 아무리 근본적인 것일지라도 혁신의 문제를 풀기에 과연 충분한 것인가? 영원에 자유의 형태를 부여하는 데 욕망의 물리학이 충분한가? 세계에 혁신의 불연속성을 각인하는 것이 유물론의 아포리아와 공통적인 것의 위기를 넘기기에 충분한가? 스피노자의 금욕주의는 내재성을 유물론적 담론이 놓이는 고유한 평면으로서 부과하는 강력한 칙령, 삶의 힘을 세우는 강력한 칙령을 생각나게 한다. 이런 식으로 공통적인

것은 긍정되는 것이다. 그럼에도 불구하고 우리는, 이렇게 말하고 나서, 스피노자의 금욕주의는 공통적인 것의 진전에 대해서는 온전한 설명을 제공하지 못한다는 말을 덧붙일 수밖에 없다. 그가 형성하는 지복의 형상은 지복의 개념을 건드리기는 하지만, 욕망의 생산과 분리되어 있기에 그것을 적실하게 만들고 있지는 못하기 때문이다.[8] 루크레티우스의 원자들의 난류에서 움직이는 클리나멘의 경우에서 이미 보았듯이, 스피노자에게서 우리는 존재론적 경험의 연속성 내에서 일어나는 일련의 미세한 질적 비약들을 목격한다. 이 비약들은 단일한 유물론적 형이상학의 틀을 물리학, 윤리학, 목적론으로 나눔으로써 그 틀과 결별하려고 시도한다. 그러나 전통적 유물론의 필연성의 무자비한 손아귀 안에서는 스피노자가 가한 이러한 변경은 (전적으로 의미없는 것은 아니지만) 여전히 너무 조심스러운 것이다. 그래서, 다시 한번 말하자면, 공통적인 것의 진전에 즉 영원과 혁신의 통일성에 창조적 의미가 주어질 수 없

---

[8] "지복은 덕의 보상이 아니라 덕 그 자체이다. 또한 우리는 우리의 욕망을 제한하기 때문에 지복을 즐거워하는 것이 아니라 지복을 즐거워하기 때문에 욕망을 제한하는 것이다"(『윤리학』 V 부, 정리 42). 네그리는 금욕주의의 제한성을 지적하지만, 그 장점을 무시하는 것은 아니다. *Negri on Negri*에서 그는 이렇게 말한다. "금욕주의는 항상 나를 매료시켰습니다. 그것은 대상의 내화된 구축입니다. 반면에 신비주의는 대상으로부터 멀어지는 것으로서, 부정적 신학이고 주변에 관한 이론이지요. 금욕주의는 구성하는 상태이며, 감각과 상상력의 변형이고 몸과 이성의 변형입니다. 잘 살기 위해서 그리고 공통적인 것을 구축하기 위해서는 금욕주의가 항상 필요합니다"(p. 158).

었다. 영원과 마찬가지 방식으로 자유를 창출하는 것, 공통적인 것으로 하여금 밋밋한 결과가 아니라 세계의 구축／재구축의 능동적 열쇠가 되게 하는 것—바로 이것이 문제이기 때문이다. 더욱이, 가치론적 요소가 이 내재성의 철학들 속으로 은밀하게 재도입되게 된다. 고전적 목적론과 관념론적 목적론은 무한 개념을 통해 그 선험론적 독을 유물론적 절차의 근본성에다가 토해내는 것이다. 그리하여 영원한 것은 여전히 가치라는 '외적' 규정에 의하여 파손된다.

‖14. 1‖ 근대에, 즉 '인간-인간'의 등장과 함께 가치론적 초월이 가장 강력한 형태의 유물론적 목적론에 침투하기도 하였다. 이는 그 당시에 공통적인 것의 존재론들의 진보가 이루어진 상황에 의하여 설명될 수 있다. 경험과 공통적인 것의 관계는 자신이 위치한 바로 그 지형 즉 프락시스의 지형에서 실로 모순적이었다. 초월을 다시 경험 속으로 집어넣으려는 시도가 있었긴 하지만, 이러한 복구의 시도는 (이는 혁명적인 방식으로, 즉 개방적인 방식으로 이루어졌다) 막연한 것—이것이 항상 금욕주의의 프락시스를 특징짓는다—이 지니는 지탱할 수 없는 무게에 의하여 제한되었다. 따라서 여전히 초월적이었다. 따라서 내재성의 짜임새는 공통적이 될 수 없었다. 공통적인 것의 고정화를 통한 것은 아니었지만 말이다. 철학은

공통적인 것을 원했으나 바로 이런 욕구로 인하여 공통적인 것을 초월적인 것으로 만들었다. 그리하여 공통적인 것의 경험과 유물론의 목적론적 긴장 사이에 틈 혹은 더 나쁘게는 대립이 형성되었다.

‖14.2‖ 바로 이 긴장 안에서 하나의 아포리아가 만들어졌다. 형이상학적 전통이 근대에 사회철학과 정치철학의 핵심부에서 개인주의와 국가에 대한 사유의 형태로 다시 부과한 불균형이 바로 그것이다. 개인이란 특이한 것의 아포리아일 뿐이고, 국가는 공통적인 것의 신비화일 뿐이다.

‖15.1‖ 탈근대 즉 1968년 혁명과 함께 시작한 시대이며 우리가 살고 있는 이 시대에 들어와서 근대에 대한 윤리적이며 금욕적인 환상은 종말에 도달한 듯 하다. 그리고 이와 함께 초월과 명령이라는 형이상학적 어리석음도 종말에 도달한 듯하다. 이제 공통적인 것이 그 정의의 온전한 의미에서 등장할 수 있게 된다.

‖16.1‖ 존재는 이제 전적으로 공통적으로 되었다. 우리는 공통적인 것 속에서 살고 있는 것이다. 경험적으로 우리는 이에 대한 분명한 증거를 가지고 있다. 공통적 존재는 '언어적 존재,' '주체성의 생산으로서의 존재,' '삶정치적 존재'라는 세

규정 아래 등장한다. 이 세 규정은 서로 절대적으로 등가적이다. 그래서 이 셋이 논의되는 순서는 전적으로 서술의 편리를 위한 것이다.

‖ 16. 2 ‖ 언어는 공통적이다. 인간과 자연 그리고 인간과 인간 사이의 관계에서 도구는 완전히 변형되었다. 우리는 자연을 변형할 (그리고 켄타우로스를 길들일) 도구, 혹은 역사적 세계와 관련하여 우리를 자리매김할, 그리하여 '인간-인간'의 수행(修行)을 완벽하게 할 도구를 더 이상 필요로 하지 않는다. 우리는 언어만을 필요로 한다. 언어가 바로 도구다. 더 정확히 말하자면, 공통적으로 쓰이는 한에서의 두뇌가 바로 도구다. 도구가 뇌에 내재되게 되면서 형이상학적 토대의 환상은 제거된다. 유일한 도구가 언어일 때 우리는 더 이상 별도의 도구라는 것에 대하여 이야기할 수 없다. 지금까지는 행위자와는 다른 어떤 것이었던 도구는 이제 서로 덧붙여 합해지는 일단의 보철들(prostheses)에 자리를 내주게 된다. 그리고 이렇게 축적되는 가운데 그 생산적 힘은 증가된다. 이 생산적 힘은 공통적이다. 언어는 공통적인 것에서만 그리고 공통적인 것으로부터만 탄생하고 발전한다. 모든 생산되는 것은 공통적인 것을 통하여 생산된다. 모든 상품은 써비스가 되었으며[9] 모든

---

9. 모든 상품 생산이 공통적인 것을 위한 생산이 되었기 때문이다.

써비스는 관계들이 되었고, 모든 관계들은 두뇌들이 되었으며, 모든 두뇌들은 공통적인 것의 일부를 구성한다. 언어는 더 이상 표현의 형식일 뿐인 것이 아니다. 언어는 인간적인 것과 그 환경을 생산하는 유일한 형식이다. 이렇듯 언어는 공통적 존재의 존재양태이다.

‖ 16. 3 ‖ 공통적인 것은 곧 생산이다. 그리고 생산되는 모든 것은 공통적인 것과의 관계 속으로 되돌려져야 한다. 그런데 생산은 언어적 행동들의 다중, 카이로스의 단자들의 다중으로 구성된다. 이는 존재의 가장자리에서 스스로를 노출하는 까닭에 공통된 이름 안에서 새로운 존재를 구성한다. 주체성의 생산은 특이한 혁신들의 네트워크에 의미를 부여한다. 주체성의 경험은, 만일 존재가 언어라면 언어적 생산은 언어의 생산하는 힘 — 즉 생산력의 생산 — 에 다름 아님을 인식하는 데 그 핵심이 있다. 그런데 생산력이 카이로스의 단자들의 관계들 및 행동들의 네트워크로부터, 그것들이 진공을 향하여 자신을 던지는 바로 그 순간에, 나온다면 생산의 담당이라는 계기에 상응하는 순간이 있게 마련이다. 이것이 주체성이다. 주체성은 생산력의 생산에 책임을 진다. 따라서 생산력이란 주체적인 것에 다름 아니다. 따라서 주체성은 존재의 혁신을 창출하는 언어적 행동들을 한데 모은다. 주체성은 생산의 운동을 정지시키지 않는다. 그 진행속도를 늦추는 가운데 생산

의 운동을 생산력의 발휘로서 제시한다. 이러한 생각은 우리로 하여금 주체성은 공통적 경험의 담당자라고 말할 수 있게 한다. 즉 주체성은 언어적 생산의 행위자를 표시하는 혹은 좀 더 정확하게 말하자면 그 행위자에 이름을 붙이는 공통적 생산력의 담지자라고 말할 수 있게 한다. 따라서 주체성은 우리가 언어라고 정의하는 '외부' 앞에 놓여져 있는 내부가 아니다. 그것은 언어처럼 또 하나의 공통적 존재양태에 다름 아니다. 주체성의 생산 즉 욕구, 어펙트(affect), 욕망, 행동, 테크네(techné)의 생산은 언어를 통하여 이루어진다. 아니, 언어가 주체성인 것과 마찬가지 방식으로 그것 또한 언어라고 말하는 것이 나을 것 같다. 생산관계들의 이러한 밀집체는 항상 운동하는 상태에 있으며, 이 공통적 운동은 영원하다. 그러나 그것은 영원한 것을 혁신하는 주체성들 안에 항상 각인된다.

‖ 16. 4 ‖ 삶을 공통적으로 만드는 것이 공통적 존재의 세 번째 양태이다. 이는 지금까지 말했던 것의 귀결이다. 동어반복이라고 해도 좋다. 공통적 존재는 동어반복적이다. 그런데 이는 강력하다는 점에서, 그리고 언어와 주체성 생산이—그것들이 공통적인 것의 양태들인 한에서—언어적 행동들의 다중과 삶의 생산을 함께 재구성함을 보여준다는 점에서 기묘한 동어반복이다. 이 재구성(다른 각도에서 보았을 때는 생산적 동어반복)의 산물이 폴리스(polis), 즉 정치적인 것이다. 그런

데 공통적 존재는 정치적인 것을 그러한 강렬성으로 충전하는 한편, 그것을 언어적 행동들 및 주체성 생산의 다중으로 재정의한다. 삶과 정치—근대의 초월적 사고방식의 훈육적 테크놀로지에 의해 분리된 낡은 물신들로서의 삶과 정치—는 여기서 서로 구별 불가능하게 된다. 정치적 도메인은 더 이상 없다. 공통된 이름의 존재를 생산하는 가운데 재구성되는 것 말고는 자연 혹은 생산의 도메인도 따로 없듯이 말이다. 따라서 정치적인 것은 언어로부터 그리고 주체성의 생산으로부터 구별될 수 없는 존재양태로서 나타난다. 그리고 세계는 바로 이러한 집합(ensemble)이 된다. 그것은 삶정치적이다.[10]

‖ 16. 5 ‖ '인간-기계'의 운명이 등장하는 것은 이러한 조건에서이다. 공통된 이름에 모아지는 다중으로서의 인간을 생산하는 것은 자연적인 것과 역사적 주변세계(Umwelt)를 생산

---

10. 네그리는 *Negri on Negri*에서 '삶정치'를 이렇게 설명한다. "삶정치는 말 그대로 권력과 삶의 상호교직을 의미합니다. 권력이 삶에 자신을 각인시키기로 택했다는 사실, 삶을 특권적인 각인의 표면으로 만들었다는 사실은 새로운 것이 아닙니다. 푸꼬가 '삶권력'이라고 부른 것이 바로 그것입니다. 그는 18세기 말에 일어난 이 '삶권력'의 탄생을 서술하였습니다. 그러나 삶권력에 대한 저항이 존재합니다. 삶이 권력에 저항한다고 말하는 것은 삶이 자신의 힘을 긍정함을 의미합니다. 즉 삶이 가진 창조, 창안, 생산, 주체화의 능력을 긍정함을 의미하죠. 이것이 바로 우리가 '삶정치적'이라고 부르는 것입니다. 삶이 권력의 내부로부터 권력에 저항하는 것이죠—삶을 포위한 권력의 내부에서 말입니다. 이런 관점에서 볼 때 철학의 역사 전체는 사실상 삶권력의 편에 서 있습니다. 몇몇 예외가 있긴 하지만요"(p. 64).

하는 것과 구별 불가능하게 된다. 폴리스는 따라서 아르케가 아니라 삶정치적 생산이다. 세계는 언어적·주체적 보철들의 목적론에 의하여 충전된다. 이것이 우리가 기계라고 부르는 것이다. 즉 인간의 본성에 부착되는 인공물들—삶정치적 인공물들—을 철저하게 물질적으로 생산함으로써 이루어지는 세계의 생산이다. 지금 영원은 기계적(machinic)[11] 힘에 의하여 펼쳐진다. 공통적인 것은 스스로를 기계로서, 삶정치적 기계로서 조직한다.

∥16. 6∥ 그런데 이런 식으로 우리는 유물론의 전통적 아포리아들을 그리고 그로부터 나오는 공통적인 것의 위기를 극복한 것인가? 어떤 점에서는 그렇다고 할 수 있다. 그러나 나중에, 공통적인 것에 대한 이 현상학적 접근이 완료된 이후에, 우리는 그 아포리아들과 위기로 되돌아가서 지금까지는 과정의 물질성을 간신히 건들기만 했던 입증작업을 재개해야 할 것이다. 당분간은 다음과 같은 점을 즉 만일 생산이 소통이라

---

11. '기계적'은 'mechanical'의 역어로 오해되기 쉽다. 그러나 현재로서는 'machinic'의 마땅한 번역어가 없기에 일단 '기계적'을 택했다. 그리고 'mechanical'은 '기계론적'으로 옮겼다. 네그리의 'machinic'은 명백하게 들뢰즈·가따리의 기계 개념을 이어받는다. 기계 개념에 대한 집중적 설명이 들어있는 글로는 Félix Guattari, "Machinic Heterogenesis," *Chaosmosis : An Ethico-aesthetic Paradigm,* trans. Paul Bains and Julian Pefanis (Bloomington and Indiana polis : Indiana University Press, 1995) 참조. 이 책은 『카오스모제』(윤수종 옮김, 동문선, 2003)라는 이름으로 번역되어 있다.

면 자연과 인공물들의 세계는 다시 주체성 생산과의 관계로 전적으로 되돌려져야 하며 주체성이 삶정치적인 것 속에서 생산을 행한다는 점을 명심하는 것으로 충분하다.

‖ 17. 1 ‖ 물질적 존재의 이러한 양태들을 통하여 우리는 이제 물질적 지평이 공통적 지평의 형태로 스스로를 점진적으로 구성하는 것을 볼 수 있게 되었다. 이 전진과정의 텔로스는 공통적인 것 자체를 구성하는 운동의 외부에 있는 것이 아니다. 그것은 물질적 행동의 공통된 이름일 뿐이다. 이 텔로스는 시간이 물질적 존재에 불필요한 차원이라면 생기지 않았을 것이다. 그런데 시간의 차원이 필요한 만큼 행동이 시간 속에서 띠는 내재적 확정성(finality)이 실현되는 것 또한 필요하다. 우리는 그것이 실현되었다는 사실이, 따라서 살아있는 구성적 힘은 그 공통적 표현을 형식의 면에서 달성하는 데 이르렀다는 사실이 진실임을 확증한다.

‖ 17. 2 ‖ 공통적인 것의 이러한 전진과정을 추적하면서 우리는 우리가 영원과 혁신이 결합되게 되는 결정적인 전환점에 이른 것은 아닌가 하고 자문하였다. (이렇게 양자가 결합되는 일은 이전의 유물론적 사유에서는 이루어진 적이 없는 성취이다.) 또한 우리는 우리가 실로 이러한 결합의 형식적 조건들을 눈앞에 목격하고 있음을 인정하였다. 그러나 공통적인 것의

표현의 형식적 조건들이 현실적이 되기 위해서는 윤리적·정치적 지형에서 시험을 거쳐야 한다. 즉 시간의 가장자리에서 확증되어야 하는 것이다.

‖ 18. 1 ‖ 1968년 이후의 사유에서 즉 탈근대의 사유에서 다양한 형태로 표현되는 바의 공통적인 유물론적 텔로스의 조건들이라는 문제틀로 다시 한번 돌아가 보자. 이 조건들은 윤리와 정치의 지형에서 제시되는 문제들을 충족시키는가?

‖ 18. 2 ‖ 소통을 존재의 전일적인 지평으로 삼는 탈근대적 철학자들은 공통적인 것의 현실성을 선언한다. 그러나 그들의 주장을 긍정적으로 받아들이기는 어렵다. 그들은 완료된 목적론을 전제하는 것에 불과하기 때문이다. 그들은 현재 맞닥뜨린 존재의 가장자리에서 그들의 탐색을 멈추며 더 나아가지 않는다. 그 결과는 존재론적 영역의 고갈이고 역사의 종말이며 서술의 잡식성 동어반복이다. 만일 공통적인 것이 이 조건들에 굴복한다면 그것은 공통적인 것의 종말로 나타날 것이다.

‖ 18. 3 ‖ 어떤 탈근대적 저자들은 출현하고 있는 모델의 주변부에서 구멍이 난 곳을 찾는다. 그러나 그 주변부는 초월의 문턱 즉 거의 초월에 해당하는 내재성이며, 유물론적 리얼리즘이 신비주의에 고개를 숙이게 마련인 모호한 장소이다. 어떤 이들은 끊임없이 이 주변부를 읽는다(데리다). 다른 이들

은 마치 그것이 마침내 포착된 부정적인 것의 힘을 모으는 곳인 양 그것을 응시한다(아감벤[12]). 공통적인 것에 대한 이러한 사유는 (레비나스에게서처럼) 타자를 기다리는 갈망 속에서 신비주의로 귀결한다.

‖ 18. 4 ‖ 마지막으로 이러한 완료된 목적론을 특이한 힘으로 이루어진 천 개의 고원 위에 투사함으로써 그 목적론을 가로지르려고 한 철학자들이 있다. 세계성의 육체적·정신적 긴장이 방출된 것은 이들에게서다. 그러나 비록 이 접근법이 영원과 혁신으로 하여금 계보학적 리듬에 따라 접합되도록 허용하지만, 그럼에도 불구하고 그것은 공통적인 것을 출구가 없

---

12. Giorgio Agamben(1942~). 이탈리아 베로나 대학의 미학 교수. 하이데거, 비트겐쉬타인, 벤야민으로부터 영향을 받은 언어관을 가지고 있다. 대표적 저작으로는 『다가오는 공동체』(*The Coming Community*, 1993), 『호모 싸체르』(*Homo Sacer*, 1998) 등이 있다. 네그리는 아감벤의 새 책인 『배제의 상태』(현재 이탈리아어본만 있다)에 대한 짧은 서평 「구원의 잘 익은 과일」("The Ripe Fruit of Redemption")에서 아감벤에게 두 측면이 있음을 지적한다. 그 하나는 모든 것을 균등한 부정성(죽음)이라는 공허한 게임에 종속시키는 측면이다. 다른 하나는 스피노자적이고 들뢰즈적인 측면으로서, 삶정치적인 것을 열렬한 유토피아적 열망으로 가로지르고 그 내적인 적대를 파악하는 측면이다. 후자의 경우에는 헤겔식의 변증법을 확연하게 극복하며, 심지어는 벤야민보다 더 나아간다고 한다. 또한 '배제의 상태'를 통과하면서 넘어가기에 어떻게 내재성이 리얼리스틱하고 혁명적인 것이 될 수 있는지를 보여준다고 한다. 그리하여 『배제의 상태』는 삶정치적인 관점을 참되고 가능한 경험으로 바꿈으로써 탈구조주의자들과 탈근대적 철학이 지금까지 별 소득없이 윤곽만 더듬은 문제를 해명하고 있다고 한다. (네그리의 짧은 서평 「구원의 잘 익은 과일」 영어본은 http://www.generation-online.org/t/negriagamben.htm 에서 볼 수 있다.)

는 원의 형태로 제시한다. 존재의 가장자리는 파손되며, 지속 (duration)이 다시 등장할 기회를 갖는다(들뢰즈·가따리).

‖ 18. 5 ‖ 이렇듯 이들 각각은 공통적인 것에 대한 탈근대적 경험의 흐드러진 풍요로움을 해석하려고 하지만, 어떤 식으로든 그것에 갇힌 채로 남게 된다. 이런 식으로 물질의 영원성은 목적론에 의해서 가로질러지지만, 혁신의 가시성과 윤리적·정치적 입장들 자체는 제거된다. 우리는 데모크리토스와 에피쿠로스의 장엄함으로 돌아간 것이다.

‖ 19. 1 ‖ 우리는 여기서 물질의 영원성에 대한 이론들로 하여금 혁신의 이론들과 충돌하게 만드는 '아포리아적' 요소를 (즉 혁신을 아포리아적으로 만드는 요소를) 파악한다. 이 요소는 세계의 측정불가능성이다. 유물론은 항상 세계의 측정불가능한 것에 대한 이론이었지만, 유물론적 경험은 항상 측정불가능한 것의 차원을 충족시키는 데 실패해 왔다. 유물론의 갱신은 따라서, 혁신을 통해서 영원한 것이 측정불가능한 것을 내다본다는 인식을 포함해야 한다.

‖ 19. 2 ‖ 공통적인 것에 대해서는 어떠한가? 그것 또한 측정불가능한 열어젖힘으로 이해된다는 조건에서 점점 더 공통적으로 된다. 영원한 것의 측정불가능성만이 공통적인 것을 구성하며, 공통적인 것의 구성으로 향하는 전진과정을 보장

한다. 측정불가능한 것은 바로, 유물론적 목적론이 모든 특이한 현재에(at each singular present) 여는 문턱 너머에 있다.

‖ 19. 3 ‖ 윤리적인 경험은 해방이다. 창조적 소통이며, 공통적 주체성의 생산이고, '장차 올 것'의 측정불가능성 속에서 삶정치적 시간성을 구성하는 것이기 때문이다.

‖ 20. 1 ‖ 세계의 측정불가능성 속에서 혁신과 영원한 것은 사랑에 의하여 표현된다. 영원한 것과 혁신을 (공통적인 것의 목적론에 제시되는) 특이한 문턱들의 다중 속에서 결합시키는 것은 사랑이다.

‖ 20. 2 ‖ 이제 왜 영원한 것이 무한한 것과 같지 않은지 분명해진다. 실로 사랑은 무한하지 않고 영원하다. 척도가 아니라 측정불가능한 것이며, 개별적인 것이 아니라 특이한 것이고, 보편적인 것이 아니라 공통된 것이며, 시간성을 채우는 물질이 아니라 시간의 화살 그 자체이다.

‖ 20. 3 ‖ 삶을 부여하는 비너스 유물론적 논의가 시작한 바로 그곳에서 사랑은 다시 논의되어야 한다.

5
가난
Poverty

‖ 1. 1 ‖ 공통적인 것의 현상학을 거쳐가는 길에 있어서 사랑보다 먼저 오는 또 하나의 경험—현재에 뿌리박고 있으며, 측정불가능한 것에 노출된 것—이 있으니 가난이 바로 그것이다. 이제 이 경험에 대해 성찰해야 한다.

‖ 1. 2 ‖ 측정불가능한 것에 가장 많이 노출된 사람들은 빈자(貧者)들이다. 빈자는 존재의 가장자리에서 아무런 대안없이 벌거벗은 모습으로 우리 앞에 나타난다. 그러나 가난을 정의하는 곤궁, 무지, 질병은 몸의 궁핍한 상태에 대한 경험, 궁핍한 삶정치의 상황, 무언가를 바라는 영혼의 성향—이 세 가지가 한데 모여 화살의 호형(弧形)을 이룬다—과 함께, 시간

을 구성하는 화살이 더욱 힘있게 쏘아질 지점을 이룬다.

‖ 1. 3 ‖ 그러나 이는, 절대적 벌거벗음의 상태에 우월한 가치화의 특권을 부여하는 것을 목표로 하는 '부정의 변증법'이 특징적으로 구사하는 손쉬운 수사적 게임은 아닌가? 우리가 앞서서 변증법과의 관련을 모두 끊지 않았더라면, 그리하여 존재의 가장자리에 놓여있고 '장차 올 것'에 의미를 부여하는 유일한 힘을 나타내는 주체성(유물론의 관점에서 이해된 것)을 강조하지 않았더라면 틀림없이 그랬을 것이다. 가난한 사람은 고통으로 구성된 어떤 존재가 아니라 완전한 의미에서 삶정치적 주체이다. 그는 실존적 떨림도 아니고 고통스런 변증법적 차이화도 아니다. 그는 존재의 힘의 벌거벗은 영원이다.

‖ 1. 4 ‖ 가난하지 않으면 철학을 할 수 없다. 가난이란 삶정치적 질문이 절대적인 방식으로 제기되는 측정불가능한 장소이기 때문이다. 바로 여기서 벌거벗은 몸은 존재의 가장자리에서 이루어지는 혁신의 경험으로 수렴된다. 그리고 언어는 공통적인 것에 대한 절실한 인식에 의한 혼종화를 향하여 열린다. 요컨대 바로 여기서, 영원한 것과 '장차 올 것' 사이에서 측정불가능하게 되는 삶정치적인 것이 정의되는 것이다. 휴머니즘적 사유에서는 무지가 철학적 물음묻기의 토대를 이루었다면, 이제 삶정치적인 것에서는 가난이 그 토대를 이룬다. 우리로 하여금 세상을 보고 놀라게 하는 '강력한 가난'이 휴머니

스트들의 '학식있는 무지'에 상응하는 것이다.

∥2.1∥ 측정불가능한 것에 노출된 벌거벗은 빈자는 생산의 탈근대적 아포리아를 부수며, 공통적인 것의 유물론적 목적론에 의미를 부여한다. 가난은 진공 속에서 몸을 돌릴 수 없기에 앞으로 나아갈 따름이며, 이때 앞으로 나아감은 함께 나아감을 의미한다. 가난으로부터 출발하지 않는다면 그것은 출발하는 것이 아니다. 말하자면, 가난이 아닌 상태에서는 존재의 생산이 일어날 수도 있고 안 일어날 수도 있다는 것이다. 그 생산을 지탱하고 추동하는 힘이 필연적이지 않기 때문이다. 실로 목적론적 과정이란 가난에 의해서 정립되지 않는다면 주어질 수 없다(그리고 공통적인 것의 목적론도 그렇다). 가난이 시간의 화살의 측정불가능한 생산을 매 순간 (카이로스가 삶 정치적인 사건이 되는 바로 그곳에서) 필연적으로 가동하기 때문이다. 따라서 가난의 힘이 주어지지 않는다면 물질적 존재의 목적론도 없으며, 결과적으로 영원한 존재 자체가 생산되지 않을 것이다.

∥2.2∥ 우리가 보았듯이, 공통된 이름이 다중의 사건이라면 공통적인 것은 다중의 생산물이다. 그러나 가난이 공통적 존재의 목적론적 과정 내에서 다중을 여는 토포스(topos, 장소이자 발동기)로 나타나는 때에만 공통적인 것의 모든 (탈근대

적) 동어반복들이 용해된다. 이런 식으로 빈자 다중의 공통적 '행동들'은 필연적으로 영원한 것의 측정불가능성을 도입하며 이 측정불가능한 생성에 공통적인 것의 봉인을 새긴다. 이것이 우리가 '빈자는 공통적인 것 중 공통적인 것이다'라고 말할 때 의미하는 바이다.

‖2.3‖ 인간적인 것이라는 공통된 이름을 줄곧 나타내 온 것은 부(富) — 이는 언제나 '양(量)이 표시된 것'(quantitate signata)이다 — 가 아니라 가난이다. 예수에서 성 프란시스[1]까지, 재침례교도들에서 급진적 공화주의자들까지, 공산주의자들에서 제3세계 투사들까지, 궁핍하고 바보같고 불행한 자들이 (착취당하는 자들, 배제된 자들, 억압받는 자들이) 바로 영원한 것의 표시를 달고 존재하는 사람들이다. 그들의 저항과 그들의 투쟁은 영원한 것을 '장차 올 것'의 측정불가능성을 향하여 열어놓았다. 유물론의 목적론과 윤리는 항상 이 가난이라는 이름의 벌거벗은 그러나 강력한 공동체와 연관되어 왔다.

‖2.4‖ 태어난 자는 벌거벗고 가난한 존재이다. 새로운 생명의 발생은 공통적인 것의 사건이다.

‖3.1‖ 초월주의적 가치론은 이러한 가난을 축출한다. (마

---

1. 성 프란시스(Saint Francis)는 가난한 사람들의 성자이다.

찬가지로 정치적인 것의 역사에서도 가난은 추방된다.) 빈자라는 이름은 부의 규정들에 의해서 즉 서열과 한계를 전제함으로써 정의된다.

‖3.2‖ 고대의 문명과 철학에서 빈자는 노예였다. 사람이 켄타우로스였던 곳에서 노예는 짐을 나르는 짐승이었다. 즉 인류로부터 제외된 '유사(類似)동물'이었다. 플라톤과 아리스토텔레스의 철학의 가장 심오한 진리는 빈자를 이렇게 제외하는 데서 발견되는데, 그들은 노예를 미리 전제된 자연의 서열 속에 고정시켰던 것이다. 존재론적인 아르케가 노예를 미리 결정하며 삶의 필연적인 합리성 안에 위치시킨다. 공통적인 것의 목적론은 가장 기본적인 수준에서 깨져서 노예를 인간으로부터 축출하고 따라서 공통적인 것으로부터 축출한다. 그러나 노예는 인간에게 가까이 다가갈 수 있고 인간을 낳을 수 있으며 공통적인 것을 재생산해야 하는 그러한 짐승이다. 그럼에도 불구하고 노예는 켄타우로스보다는 (고귀한 혈통(gens)을 통하여, 생물학적 유전형질의 우수성(eugenia)을 통하여 도시를 건설한 인간보다는) 열등한 짐승이다. 공통적인 것을 재생산하는 노예는 강제적으로 공통적인 것으로부터 제외된다. 자연의 서열이 이러한 제외를 존재론적으로 정당화하는 근거를 제공하는 것이다.

‖3.3‖ 근대의 사유는 빈자를 착취의 관점에서 파악한다.

'인간-인간'의 공동체는 생산에 바쳐진 공동체이다. 따라서 처한 위치들의 서열이 재부과되는 것은 생산과의 관계에서이다. 인간 개념이 내재화되면서 새로운 형태의 종속이 일어난다. 착취가 바로 인간이 생산한 '제2의 자연'[2] 내에서 인간을 노예화하는 것이다. 그러나 공통적인 것이 더 강화되면 될수록 타자를 위한 생산에 투여되는 운명을 가진 요소들 중 하나는 더욱 격하게 축소되는 것으로 보인다. 공통적인 것의 목적론은 그 최대의 효력을 보이기 시작하는 순간에 방해를 받는 것이다. '인간-인간'의 공동체는 인간에 의한 인간의 공통적 착취가 된다.

‖3.4‖ 근대에는 공통적인 것에 대한 형식적인 생각이 그 현실적 파열을 위한 토대로 작용한다. 빈자가 생산적으로 사용되고 정치적으로 종속되는 까닭에 '인간의 권리'를 원리로 하는 세계는 선언됨과 동시에 파괴된다.

‖3.5‖ 노예에게는 자연적 척도가 부과된다. 프롤레타리아에게는 노동착취의 척도가 부과된다. 빈자가 행하는 영원한

---

2. [영역자주 16] 네그리는 레오빠르디에 관한 그의 저서인 *Lenta ginestra*에서 '제2의 자연'이라는 문제의식을 발전시킨다. 거기서 네그리는 루카치의 헤겔 읽기를 따라 '제2의 자연'의 세계는 환상들의 집합인데 이 환상들은 무언가 실체적인 것을 나타내는 실재적 환상들이라고 주장한다. "'제2의 자연'은 신비화이다. 그런데 파괴적 신비화이며(제1의 자연을 파괴하여 우리는 그것을 더 이상 찾지 못한다) 효과적인 신비화이다(우리는 그 속에서 살며 그것을 재생산한다)"(같은 책 p. 57, 주석 9 — 영역자의 영역). 또한 Negri, *The Savage Anomaly* 참조.

것의 실천이 갖는 측정불가능성에 대립하여 어디에나 척도가 존재한다. 공통적인 것에는 서열이 대립하고, 창조성이라는 존재근거에는 부라는 존재근거가 대립한다. 바꾸어 말하자면, 궁핍은 노동을 통한 착취가 자신에게 부과되도록 허용해야 하고, 무지는 오성의 규칙들에 굴복해야 하며, 슬픔은 인간이 죽음을 향하는 존재임을 드러내야 한다는 것이다. '경제적인,' '인간적인,' '도덕적인,' '종교적인' — 이것들은 초월적인 것이 가난에 부과하는 척도들이다.

‖3.6‖ 빈자는 살기 위해서 이미 죽음을 극복한 사람이다. 따라서 가난이라는 개념은 죽음이라는 개념을 배제한다. 빈자는 죽음을 뒤로 떨쳐버린 사람이다. 공통적인 것은 이러한 깨달음에 의하여 고양된다.

‖4.1‖ 빈자가 공통적인 것을 더 많이 생산하면 할수록 빈자를 공통적인 것에서 배제하려는 초월주의적 움직임은 더 폭력적이 된다. 켄타우로스의 시대에서 '인간-인간'의 시대로 넘어오면서 프롤레타리아가 노예제로부터 해방됨에 따라 이 폭력성의 정도는 더욱 증가하였다. 착취되는 프롤레타리아가 생산 속으로 삽입되고 다시 그 생산에 의하여 결정되는 정도가 높아지면 질수록 그들은 (노예와는 달리) 더욱더 소비영역으로 흡수되며, 그들이 겪어야 하는 폭력성은 그것 때문에 더

욱 커진다.

‖4. 2‖ 그렇다면 우리는 빈자를 폭력의 산물이라고 정의할 수 있는가? 단순히 폭력에 의하여 정의되는 벌거벗은 존재라고? 아니다. 이 정의는 폭력이 공통적인 것 '내'에서 행사된다는 사실을 간과하기 때문이다. 이 공통적인 것을 창조하는 존재가 바로 착취되는 프롤레타리아이다. 착취와 <권력>의 밑바닥에 자리잡고 있는 존재는 벌거벗고 있지 않다. 공통적인 것의 생산성을 갖춘 강력한 존재이다. 다시 한번 우리는 가난의 경험이 존재의 생산에 대한 변증법적 관념들로부터— 심지어 부정의 변증법에 입각한 것들로부터도— 얼마나 멀리 우리를 데려왔는지를 확인할 수 있다.

‖4. 3‖ 폴리스의 시민들이 노예에게 행사하는 폭력 그리고 근대의 자본가들이 노동자에게 행사하는 폭력은 빈자들이 가지고 있는 능력— 시간의 측정불가능성을 향하여 자신을 열 수 있는 능력—의 부정이다. 이 폭력은 영원한 것에 대한 질시이다.

‖4. 4‖ 반대로, 빈자의 폭력은 영원한 것의 긍정이다.

‖5. 1‖ 자신들이 공통적인 것을 생산하면서도 그로부터 배제되는 빈자들은 유물론적 목적론의 동력이다. 빈자 다중만이 과감히 현재의 한계를 넘어 돌진하면서 공통적인 것의 표

지(標識) 아래서 세계를 구축할 수 있기 때문이다.

∥5.2∥ 초월적인 것의 이데올로기(및 역사서술)에서 지워진 것은 바로 이것이다. 초월적인 것의 이데올로기는 자신을 공통적인 것의 '부정적' 목적론으로 제시하는 역사철학―이는 변호론과 종말론(내세론)의 두 가지 형태를 띤다―을 수립한다. 역사의 합리성을 변호하는 초월적 목적론은 세계를 생산하는 빈자 다중의 존재 자체를 부정한다. 한편, 초월적 목적론의 종말론적 형태는 이 근본적인 운명의 인식을 '시간의 종말'까지 지연시킨다.

∥5.3∥ 그러나 '다른 역사'가 있다. 이는 공통적인 것의 목적론적 구성과 융합되며, 여기서는 빈자가 목적론의 엔진이 된다. 존재론적 관점에서 볼 때 역사의 행로는 직선으로 전개된다. 물론 빈자 다중이 역사에 부과하는 혁신적 도약들에 의하여 단절되지만 말이다. 이 단절은 세계의 '질서'를 부수고 삶을 시간의 한계 너머로 내보낸다. 그리하여 공통적인 것의 모색과 재구축을 통하여 삶을 근본적으로 측정불가능한 것으로 만든다. 이 '다른 역사'는 존재론적 측면에서 보자면 시간의 화살에 영원한 것이 전제되어 있다고 보며, 역사적 측면에서 보자면 영원한 것과 시간의 화살의 새로운 마디결합을 제공한다. 그러나 이 '다른 역사'는 카이로스의 순간들로부터만 파악된다.

‖5.4‖ 빈자가 전진하기 시작하고 위계들과 척도들, 부와 지배를 파괴하기 시작할 때, 바로 그때 이 '다른 역사'는 자신의 표시를 남긴다. 빈자의 역사는 항상 혁명적이다. 영원한 것은 (즉 생산하는 존재는) 노동의 거부이며, 오성의 거부이고, 한계의 거부이기 때문이다.

‖6.1‖ 우리가 살고 있는 이 시기에 가난의 경험은 '외부'를 인식하지 못하는 차원의 공통적인 것 안에서 형성된다. 이 차원은 공간적 균열이나 시간의 정지가 더 이상 일어나지 않는 밀집한 차원이다. 탈근대에서 빈자는 배제되기는 되지만 이 배제는 세계의 생산 '내부에서' 일어난다.

‖6.2‖ 배제된 자들이란 공통적인 것의 일관성의 각도에서 보면 논리적 역설이고, 언어공동체의 각도에서 보면 병리학적 요인일 뿐이며, 삶정치적 생산성의 각도에서 보면 물질적으로 불가능한 것이다. 따라서 탈근대에서 가난이 세상의 분개를 일으키는 경험이 되는 최초의 특징들이 (표면적 현상학의 눈에) 나타난다. 현재 빈자는 역사적으로 나타난 빈자들 중에서도 가장 가난한 사람들이다. 공통적인 것 속에 — 삶, 언어, 생산, 소비의 공통적인 것 속에 — 가장 많이 통합된 사람들이기 때문이다. 빈자는 삶정치적인 것 내부 — 바로 여기서 빈자는 생산하고 또한 그 주체성이 생산된다 — 에서 배제된다.

‖ 6. 3 ‖ 탈근대기에 가난은 공통적인 것의 강렬한 영역 내에서 공간적으로 그리고/혹은 시간적으로 정의된다. 만일 가난의 표면적 모습들일 뿐인 질병, 실업, 비참이 극히 긴밀한 삶정치적 관계의 상호의존성 속에 위치한다면 폭력적인 탈근대적 배제의 내용은 엄청나다. 공통적인 것의 긴장을 그 심장부에서 깨기 때문이다.

‖ 6. 4 ‖ 그러나 모든 실존이 관계이고 모든 생산행동이 언어인 삶정치적 사회에서는 공통적인 것의 긴장이 특이성들의 네트워크의 결속성을 통하여 발휘된다. 결과적으로 공통적인 것의 긴장의 파열은 어디에서나 나타나는 무한히 이어지는 결과들을 낳는다. 바꾸어 말하자면 탈근대적 네트워크에서는 특이성의 효과가 풍부하게 나타나기 때문에 — 이 효과는 공통적인 것의 핵인 주체성의 생산에 의하여 유발된다 — 배제는 다양한 삶정치적 결과를 낳으며, 이 결과들 모두는 세상의 분개를 일으키는 것들이 된다.

‖ 7. 1 ‖ 이 분개는 존재론적인 것이다. 가난은 항상 지상의 소금이었다. 그런데 탈근대에서 가난은 곧바로 공통적인 것을 조명한다. 즉 고생과 고통의 짐을 지우며 주체성을 생산하는 힘을 조명한다.

‖ 7. 2 ‖ 이러한 부정적 측면이 공통적인 것의 생산이 갖는

물질적 목적론과 갈등을 일으키는 데서 우리는 달콤하고 환상적 유토피아들 — 언어를 통한 탈근대적 생산의 발전은 재화 및 서비스가 순수하게 유통되고 언어가 점차로 더 완벽해지는 세계를 창출하리라는 생각들 — 이 사라지는 것을 본다. 예의 갈등은 이러한 환상들로 인하여 우리가 믿게 되는 것과 대면하여 존재론적이 된다. 이 갈등은 위기의 효과들을 창출하는데, 이 효과들은 외관들의 허무한 사라짐을 탄핵하고[3] (영원한 것의 측면에서만이 아니라 특이성의 고통에서) 그 철저한 탈신비화를 선언한다. 그러나 또한 이 위기의 효과들은 가능한 창조적 의미들을 공통적인 것에 다양하게 제공할 수 있다.

‖8.1‖ 따라서 내 물음은 이러하다. 탈근대의 시기에서는 — 가난에 대한 존재론적 분개를 통하여 — 공통적인 것의 위기의 의미를 어떻게 파악할 수 있는가? 외부가 없는 경험의 내부에서 어떻게 공통적인 것의 위기로부터 빠져나오는 탈주선을 그릴 수 있는가?

‖8.2‖ 이 물음에 답하기 위해서 우리는 탈근대적 가난의 경험을 더 심층적으로 분석해야 한다. 즉 반발과 반격과 폭력을 찾아내는 동시에 그것들이 (가난의 경험과 그 경험이 함축

---

3. 세상의 삶은 덧없이 무상한 것이고 마침내 사라지는 일시적인 것이라는 논리로 가난과 같은 부정적 측면을 합리화하는 것을 비판하는 것을 말하는 듯하다.

하는 역설 속에서) 해방·고양시키는 생산의 효과들과 의미구축의 효과들을 찾아내야 한다. 우리는 가난의 '토포스' 내부로부터 (즉 공통적인 것의 토포스로서의 가난의 내부에서) 그렇게 하려고 해야 한다. '장차 올 것'이 생산되는 곳은 바로 여기이기 때문이다. 만일 이 경험이 주체성의 생산을 공통적인 것의 목적론에 연결시키는 데 아직 불충분하더라도 우리는 우리의 탐구의 다음 단계―사랑을 거쳐가는 단계―를 위한 토대를 더욱 공고히 한 셈은 될 것이다.

‖9.1‖ 가난의 경험은 시간의 가장자리에서, 영원한 것의 혁신에서 주어진다. 따라서 그것은 측정불가능한 것의 실천이다. 이 실천은 '척도의 외부'로서 즉 저항으로서 나타난다. 혹은 '척도 너머'로서 즉 구성적 힘으로서 나타난다. 어떤 경우든 그 실천은 삶으로 하여금 한계, 척도, 부(富)라는 공리체계의 지배로부터 탈출하도록 함으로써 삶에 윤리적 의미를 부여한다.

‖9.2‖ 탈근대의 시기에는 즉 공통적인 것의 목적론이 절대적으로 내재적인 시기에는 이 가난의 실천들이 완전하게 우리 앞에 놓여있다. 이 실천들은 탈근대 시기에만 즉 유물론적 목적론이 공통적인 것의 동어반복을 단절하는 가운데 재탄생하는 순간에만 명확하게 인식될 수 있다.

‖ 10. 1 ‖ 탈근대에서 '저항'의 개념은 얼마나 많이 변했는가! 그리고 저항의 실제도 얼마나 변형되었는가! 만일 우리가 저항을 근대의 범주들 및 경험들에 맞추어 확인해 내려고 한다면 우리는 저항을 이해할 수 없게 될 것이다. 근대에서 저항이란 착취에 저항하는 힘들— 이 힘들은 '의식의 획득'을 통하여 주체적으로 규정된다— 의 축적이었다. 탈근대에서는 이런 일이 없다. 저항은 특이한 저항행위들의 확산으로서 나타난다. 만일 저항이 축적된다면 그것은 외연적으로 즉 유통, 이동성(mobility), 탈주, 탈출, 도피 등을 통해서 축적되는 것이다. 확산의 방식으로 저항하며 비참과 〈권력〉의 점점 더 옥죄는 족쇄를 풀고 탈출하는 다중이 바로 핵심이다. 여기에는 집단적 '의식의 획득'이 필요없다. 반란의 감각은 한 지역에 특유한 것이며 모든 의식을 가로지르고 그것을 당당한 것으로 만든다. 모든 특이성에 인류의 특질처럼 부착되어 있는 공통적인 것의 효과는 바로 여기에 있다. 따라서 반란이란 서로 무관하게 일어나는 사건도 아니고 획일적이지도 않다. 반대로 그것은 공통적인 것의 전 영역을 가로지르며, 특이성들의 행위들이 억제할 수 없이 폭발하는 형태로 스스로의 긴장을 해소한다. 이런 식으로 우리는 다중의 저항을 정의할 수 있다.

‖ 10. 2 ‖ 따라서 우선 가난이 저항으로서 주어진다. 모든

가난의 경험은 살려는 욕구의 억압에 대한 저항의 경험이기도 하다. '저항'은 여기서 자신을 공통적인 것으로서 그리고 배제에 대립하는 것으로서 긍정하는 것으로 이해되어야 한다. 즉 벌거벗은 가난의 상태에서 적에 대항하여 일어서는 '자기가치화'로 이해되어야 한다.

‖10.3‖ 거대한 문화혁명이 진행되고 있다. 몸들의 자유로운 표현과 즐거움, 자율, 언어의 혼종화와 재구축, 새롭고 특이하며 이동성 있는 생산방식의 창출—이 모든 것은 어디에서나 지속적으로 출현하고 있다. 초월적인 왜곡은 몸매관리운동과 유행(패션)을 몸들에 대립시킨다. 표준화된 정보들과 검열을 언어에 대립시킨다. 세계에 대한 절대적 명령을 생산을 조직하는 새로운 방식들에 대립시킨다. 그리고 경직되게 정의된 국경들과 전지구적 관광을 국경없는 움직임에 대립시킨다.

‖10.4‖ 바꾸어 말하자면, 저항이 창조와 유통의 새로운 공간들을 창조하기 때문에 결과적으로 새롭게 책정된 척도들이 그것들을 통제하여 자신의 지배 아래 두려고 하고 새로운 기업들이 그것들을 착취하는 것이다. 이런 식으로 기생(寄生)적 초월주의에 기반을 둔 세계시장이 구축된다. 또한 이런 식으로 미래가 '장차 올 것'에 대립되어지고 통계가 카이로스에 대립되어지며 반복이 차이에 대립되어지는 것이다.

‖10.5‖ 그러나 가난이 부과하는 도약은 비가역적이다. 탈

근대 시기에서 생산은 (주체성에서 출발하는, 주체성을 통한, 주체성을 위한) 주체성의 생산으로 되는데, 여기서 주체성은 저항하는 특이성 내에서 형성된다. 가난한 사람의 저항은 삶의 새로운 주체적 형식들을 생산하며, 그 시장들을 확장하고, 새로운 상호연관들과 표현적 기계들을 끊임없이 충전하며, 새로운 언어적 공간들을 창조한다. 이런 이유로 우리는 그것이 생산한다고 완전한 의미에서 말할 수 있다. 탈근대 시기에 일어나는 바처럼 가난은 공통적인 것으로부터의 배제로 특징지어지는데, 이때 저항은 공통적인 것의 재긍정이 되며 배제의 공간 속에서―그리고 그것에 대항하여―활동한다. 저항은 배제가 공통적인 것에 부과하는 한계의 불확정적인(indeterminate) 부정이다. 그것은 무량(apeiron)[4]이며, 배제와 척도가 부과하는 한계(peras)에 대항하는 것이다. 그것은 공통적인 것의 폐쇄에 대항하고 그 목적론의 왜곡에 대항하는 절대적 열림이다.

‖ 11. 1 ‖ 둘째로, 가난은 특이성으로서 주어진다. 빈자의 저항에 의하여 표현되는 모든 긍정이 (그것이 아직 불확정적일 때조차도) 특이함은 명백하기 때문이다. 빈자의 표현이 항상 특이한 것은 저항과 ('장차 올 것'의 가장자리에서 일어나

---

4. 'aperion'은 우주의 광대무변함을 일컫는 그리스 철학자 아낙시만더의 용어이다.

는) 새로운 열림의 교직―이 교직이 빈자의 존재론적 형상을 구성한다―은 항상 측정불가능하기 때문이다. 배제에 대한 저항이 갖는 '척도 외부'의 속성을 새로운 공통적인 것을 구성하는 힘이 갖는 '척도 너머'의 속성과 연관시키는 것은 바로 특이성이다.

‖ 11. 2 ‖ 초월적 사유는 질서를 제공하기 위해서는 배제가 필연적임을 긍정하며, 측정불가능한 것으로부터 공통적인 것이 철회되지 않는다면 존재를 질서정연한 방식으로 처리하는 것이 불가능함을 긍정한다. 그러나 공통적인 것은 측정불가능한 것이다. 그래서 특이성은 측정불가능한 것의 힘인 것이다.

‖ 11. 3 ‖ 탈근대의 철학자들은 특이성이 세계 질서―이는 초월적 이데올로기에 의하여 전제된다―의 심장부에서 일으키는 위기를 밝혀내기 위해서 그리고 그 질서의 주장들을 뒤집는 지레점(leverage point)을 포착하기 위하여 세계의 주변부들을 보았으며 거기서 외부 혹은 '벌거벗은 삶'을 발견했다고 믿는 어리석음을 저질렀다. 그들의 생각은 틀렸다. 위기의 계기는 탈근대의 공통적인 것의 몸체 속에, 즉 가난이―표현적 무량의 형태로―모든 질서와 모든 한계에 맞서서 저항하는 곳에, 그리고―동시에―모든 표현의 '원천'으로서, 가난하지만 강력한 특이성으로서 나타나는 곳에 뿌리를 두고 있다.

‖ 11. 4 ‖ 특이한 것의 정의의 최고 형태는 가난이라는 공

통된 이름에서, 이 '외부'를 인정하지 않은 공통된 이름에서 발견된다.

‖ 12. 1 ‖ 따라서 이런 식으로 가난이라는 공통된 이름은 생산력으로서 제시된다. 오늘날 탈근대적 사유에게는 생산이란 것이, 다중을 교직·형성하고 세계를 생산·재생산하는 특이한 행동들의—삶정치적인 것에서의—가치화가 아니고 무엇이란 말인가? 혹은 다른 말로 하자면, 어펙트, 언어 및 소통의 관계들—이는 각각 전적으로 특이하면서도 그 교직에 의하여 주체성을 형성하기 시작한다—의 가치화가 아니고 무엇이란 말인가? 그리고 실존의, 저항 및 표현의 공통적 특이성으로서 이해된 바의 빈자에게서가 아니라면 어디서 이 '특이성의 생성'(generation)[5]이 발견될 수 있을 것인가? 지상의 소금

---

5. 'generation'은 'becoming'과 마찬가지로 '생성'으로 옮겨질 수 있다. 그러나 양자는 엄밀하게 보자면 다른 개념이다. 특히 네그리는 'becoming'을 제한적으로 사용한다. 앞에서 보았듯이 (2장 '측정불가능한 것' 5. 4 참조) 그것은 "악무한으로서의, 불확정성으로서의 변형"이다. 이에 반해서 'generation'은 확연한 차이의 발생이며 특이성의 발생이다. (여기에는 생식을 통한 새로운 생명체의 발생도 포함된다.) 따라서 양자를 구분하기 위해서 'becoming'은 맥락에 따라 '생성' 혹은 '전화(轉化),' 혹은 '～되기'로 옮겼다(영어를 병기한 경우도 있다). 이 경우의 '생성'은 자동사적 의미이다(～가 ～로 생성됨). 'generation'은 맥락에 따라 '발생' 혹은 '특이성의 생성' 혹은 '특이한 생성'으로 옮겼다(역시 영어를 병기하기도 했다). 다만 'generation'은 타동사적 의미이므로(～를 생성함) '생성'이 타동사적 의미로 읽히는 것이 맥락상 분명한 경우에는 그냥 '생성'으로 옮겼다.

이 찾아질 수 있는 곳은 마법적인 탈근대적 영역에 속하는 어떤 성좌(星座)에서가 아니다. 가난이 바로 지상의 소금이다. 가난은 모든 부의 특이한 가능성이기 때문에 부와 반대되는 것이다.

‖ 12. 2 ‖ 우리는 살면서 아름다움이 다중의 즐거움임을 경험한다. 아름다움이란 상상력이며, 빈자가 시간의 가장자리를 넘겨다보는 절대적으로 특이한 순간에 일어나는 모든 부의 표현이다. 미적 즐거움은 항상 측정불가능한 것의 인식에 놓여 있으며, 예술적 창작물 중에서 다중으로서의 빈자의 즐거움이 아닌 것은 (아닐 수 있는 것은) 없다. 따라서 <권력>의 척도가 지은 본격적인 사원들인 박물관들을 멀리 해야 하듯이 <권력을 가진 자>가 척도의 신성함을 기리며 세운 기념비들도 파괴되어야 한다. 아름다운 것은 주체성의 특이한 생성이다.

‖ 13. 1 ‖ 마지막으로, 저항과 특이성은 가난에서 세 번째 힘―존재에 의미를 부여하는, 즉 존재의 공통적 의미들을 구축하는 능력―을 발견한다. 이런 식으로 가난은 공통적인 것의 목적론에서 일어나는 행동―매 순간 저항과 특이성의 봉인으로 공통적인 것의 구성을 표시하며 그리하여 특이성의 생성과 혁신을 산출하는 행동―으로 경험된다. 가난은 공통적 사건들을 구축함으로써 존재에 목적론적 의미를 부여한다.

‖ 13. 2 ‖ 언어에 의미를 부여하고 의미의 유통과정에서 혁신을 행하는 것 — 이는 가난만이 가져올 수 있는 선물들이다. 모든 한계는 <권력>과 비참을 제거·무효화하고 (삶에 대한 욕구의 표현인) 가난에 승리를 가져올 단일한 목적론적 필연성에 의하여 특징지어지는 배치(disposotifs)에 의하여 극복된다. 따라서 우리는 공통적인 것에 그 온전한 생산력을 돌려주어야 하며 모든 배제들을 눌러야 한다. 역사적 과정(이런 유형의 목적론적 환상을 여전히 존중한다면)의 유일한 합리성(이런 종류의 물신을 여전히 사용하자면)은 가난이다!

‖ 13. 3 ‖ 공통적 존재의 심장은 가난이라는 율동에 맞추어 뛰며 가난의 이름으로 뛴다. 그것이 가진 힘 덕분에 가난은 공통적인 것의 몸체에 피를 순환시키는 심장 속으로 들어간다. 바꾸어 말하자면 저항과 긍정의 형상인 빈자는 공통적인 것에 의미를 부여하는 것을 핵심으로 하는 힘에 스스로를 연다.

‖ 13. 4 ‖ 따라서 바로 여기가 윤리학이 태어나는 곳임을 우리는 인정해야 할 듯하다.

‖ 13. 5 ‖ 그래서 현재라는 시점에서 힘의 여러 선들이 측정불가능한 것을 가로지르는데, 이 선들은 시간의 가장자리에서 창조적인 배치를 그리는, 그리고 그러면서 영원을 투사하는 힘의 선들이기도 하다.

‖ 14. 1 ‖ 지금까지의 것을 원리상으로 확정을 한 다음의 문제는, 공통적 존재를 생산하는 열쇠를 — 가난이라는 관점에서 보았을 때 — 공통적인 것의 목적론 내부로부터 어떤 방식으로 손에 쥘 수 있는가이다. 가난이 저항의 형상과 힘을 가졌음을 인정하는 것으로부터 이 힘이 의미의 규정들을 선형(線形)으로 곧바로 구성할 수 있다는 결론이 자동적으로 도출되는 것은 아님을 주의깊은 비판가라면 항상 지적할 수 있을 것이다. 같은 이유로, 가난 속에서 특이성의 표징과 생산의 불확정적 힘의 표징을 인식하는 사람도 그것만을 근거로 해서는 가난을 다시 선형으로 공통적인 것과 관계지을 수 없다. 신이 몰래 돕지 않는다면, 혹은 가난의 신학들에서처럼 무언가 때 아닌 것 — 공통적인 것의 존재론을 조명하(고 구원하)는 것 — 이 극히 발본적으로 등장하는 것을 전제하지 않는다면 말이다. 그러나 우리는 모든 이러한 조명들은 환상적이라고 생각한다.

‖ 14. 2 ‖ 존재론적 탐구는 따라서 더욱 진전되어야 한다. 우리가 줄 대답은 우리가 맞닥뜨린 어려움 — 이는 여전히 혁신의 공통적 배치와 영원한 것의 공통적 배치를 가시화하는 데서의 어려움이다 — 을 극복하기에 불충분한 것으로 판명되리라고 생각할 수는 있지만, 분석은 우리로 하여금 적어도 더 포괄적인 씨나리오를 대략적으로 그려낼 수 있게 해줄 것이다.

‖14.3‖ 유물론의 지형에서는 우리가 제기하는 문제들에 대한 결론적 대답이란, '삶을 부여하는 비너스'라는 주제를 다시 한번 취하여 사랑의 힘에 대한 더 깊은 성찰을 함으로써만 제공된다. 그러나 가난의 경험은 혁신과 영원한 것의 존재론적 재구성이 이루어지는 '장소'를 우리에게 보여준다.

‖15.1‖ 만일 몸이 가난의 '장소'라면 가난의 상태에서는 몸의 힘이 측정불가능한 것에 노출된다. 가난의 상태에서 몸은 자신이 구축하는 공통적인 것으로부터의 배제에 의하여 영향을 받기 때문이다. 그럼에도 불구하고 가난의 상태에 있는 바로 그 몸은 자신이 행동할 수 있음을 보여준다. 즉 우리가 보았듯이 저항을 표현하고 특이성을 정의하며 의미를 부여할 수 있음을 보여준다. 몸이 가난한 상태가 더 심할수록 더욱 더 그러하다.

‖15.2‖ <몸>은 삶정치적인 것 내부에서 측정불가능한 것에 자신을 열면서 그것에 영향을 받는다. 그러나 이렇게 영향을 받는 것 자체가 힘이다. 몸이 어펙트(affect)를 표현하는 힘이라면 몸이 자신이 특이성의 생산관계들에 의하여 '영향을 받음'(being affected)을, 즉 어펙트를 겪음(undergo affect)을 보여줄 때 오히려 그 힘이 증대함을 알게 되는 것이다.[6] 이는 가난의 박차가 더 세게 가해질수록 더욱 더 그러하다.

‖ 15. 3 ‖ 스피노자는 르네상스기에 이루어진 몸들의 혁명의 경험을 갈무리하면서 '어느 누구도 아직 몸의 힘을 확정하지 못했다'고 말했다.7 새로운 과학과 예술에 의하여 고양된 이 혁명은 빈자들의 몸이 누리는 즐거움에, <권력>에 맞선 그들의 웃음에, 에로스의 자유로운 축제에, 투쟁 속에서의 몸들의 생산적 각성에 그 기원을 두고 있다. 이는 저 '다른 역사'로의 이행을 알리는 신호이다. 근대에는 초월적 훈육이 이 '다른 역사'를 더 이상 봉쇄하지 못할 것이며 단지 신비화하거나 흉내낼 수 있을 뿐이다.

‖ 15. 4 ‖ 우리의 분석의 탈근대적 맥락에서는 몸의 힘이란 것이 지식의 힘이기도 하다. 우리가 이미 충분히 보았듯이, 이

---

6. '어펙트'의 의미는 스피노자에게로 소급한다. 스피노자는 몸에 어떤 변화가 일어났고 그로 인하여 몸의 능동적 행동능력이 증가하거나 감소하거나, 도움받거나 저지받을 때, 그 몸의 변화를 그에 대한 생각과 함께 '어펙트'(라틴어로 affectus)라고 한다(『윤리학』 III 부, 정의 3 참조). 들뢰즈·가따리는 스피노자의 '어펙트' 개념을 더욱 탐구하고 발전시킨다. 그리하여 *What Is Philosophy?*에 오면 '어펙트'는 '인간의 비인간적 생성'(nonhuman becomings of man)라는 규정을 얻게 된다. (여기서 '비인간적'이라는 말은 네그리의 '측정불가능한 것에의 노출'과 통한다.) 스피노자에게서 나와서 들뢰즈·가따리를 거치는 이러한 일련의 맥락을 바탕으로 사용되는 개념으로서의 'affectus'에 대해서는 그 일반적인 영어 번역어인 'emotion' 혹은 'feeling'보다 일반적으로 명사로 잘 쓰이지 않는 'affect'라는 단어가 자주 그대로 사용된다. ('affect'는 '영향을 미치다'라는 동사로 주로 사용된다.) 이에 맞추어 나는 '정서' 혹은 '감정'으로 옮겼을 경우 의미가 희석될 가능성을 피하기 위해서 '어펙트'라고 음역하였다.

7. [영역자주 17] *Ethics*, III 부, 정리 2 주석, in Spinoza, *The Ethics and Other Works*. 또한 앞의 영역자주 14를 보라.

5장 가난 151

성은 공통적이 됨으로써, 도구를 통합함으로써 점점 더 육신적으로 된다. 마찬가지로 몸은 점점 더 지성적으로 된다. 어펙트와 지식은 (공통적인 것의 가장 공통적인 형태인) 언어 속에 함입되어 몸 속에서 그리고 모든 초월적 구분들에 맞서서 스스로를 재구성한다. 바꾸어 말하자면, 어펙트는 삶의 생산을 가로지르는 지식의 공통적 힘을 통합한다. 그리고 열정과 이성은 생산적 언어 속에 함께 거주한다. 공통적 지성이 (즉 '일반지성'이)[8] 에로스를 발견한 것이며, 사랑이 곧 지성적으로 된 것이다.

‖ 15. 5 ‖ '일반지성'을 말할 때 우리는 탈근대 시기의 생산조건에 관하여 말하는 셈이다. 이 시기에는 지적인 생산력과 어펙트적인 생산력이 헤게모니를 쥐며 세계의 가치화의 주된 원천이 된다. 일반지성은 기계적인 생산력으로서, 일반지성의 공통적 사건이 일어나는 토포스를 형성하는 육신적 특이성들의 다중에 의하여 구성된다. 일반지성의 발생과 함께 우리는 '인간-기계'의 시기에 접어든다.

‖ 15. 6 ‖ 가난이 일반지성이 나타내는 몸들의 새로운 혁명과 만날 때 빈자는 기계(도구 혹은 언어)가 몸들의 생산력을 증대시키는 한에서 기계를 욕망한다. 빈자가 기계를 증오하고

---

8. [영역자주 18] 'Fragment on Machines' in Marx, *Grundrisse*, pp. 690~712 참조. 또한 P. Virio, "Notes on the 'General Intellect'"(1996) 참조.

기계에 대항한 것, 빈자가 때때로 러드 장군(General Ludd)[9]임을 선언하였던 것은, 기계의 자본주의적 사용이 빈자의 몸들의 공통적 생산성을 궁핍하게 하고 파괴했기 때문이다. 그러나 몸이 언어를 통하여 생산기계를 재전유하는 '인간-기계'의 시대에서는 기계적 욕망이 새로운 삶, 새로움 몸, 새로운 기계를 가난으로부터 만들어내고자 하는 욕망과 융합된다.

‖ 15. 7 ‖ 따라서 몸의 가난이 가장 극단적인 폭력을 겪는 삶정치적 탈근대에서 시간의 가장자리에 있는 빈자의 힘은 ─그 무엇에도 구애를 받지 않고─ 척도 너머로 자신을 투사한다. 마치 측정불가능한 것이 빈자들의 몸 내부에서 열리는 듯하다. 이러한 생산의 배후에 선형(線形)의 전제는 없다. 그리고 그 과정을 선형의 움직임이 특징짓는 일도 없다. 바로 여기서 우리는 가난을 인식한다. 빈자의 행동하는 힘은 그것이 육신적인 만큼 어펙트의 표현인 동시에 외부로부터 영향을 받음의 표현이며, 노동자인 동시에 기계임의 표현이고, 고통 속에 사는 동시에 즐거움 속에서 살아감의 표현이며, '인간-기계' 즉 기계적 몸의 생산인 동시에 재생산임의 표현이다. 그리하여 탈근대 시기에서는 공통적인 것의 목적론적 움직임의

---

9. 1811년에서 1816년 사이에 잉글랜드의 산업 중심지들에서 봉기했던 일단의 노동자들인 '러다이트들'(Luddites)은 '네드 러드'(Ned Ludd) 혹은 '러드 장군'이라는 신화적 인물의 이름으로 기계들을 부수었다.

'장소'가 빈자의 몸 내부로 위치될 수 있다.

‖ 16. 1 ‖ 만일 가난이 공통적인 것의 목적론적 움직임의 '장소'를 나타낸다면, 만일 저항만 중요한 것이 아니라 가난이 저항을 통하여 특이성으로서 파도처럼 일어나는 것이 중요하다면, 그리고 만일 가난이 의미의 구축(構築)을 통하여 공통적인 구성적 힘으로서 나타난다면—그렇다면 우리는 또한 공통된 이름을 그 존재론적 물질화(즉 유물론적 목적론의 가동)로 이끄는 배치의 책임성이 놓여있는 자리를 가난이라는 '장소'에서 확인해 낼 수 있는가? 우리는 다시 한번 공통적 존재의 구성적 목적론을 이번에는 '아래'로부터, 즉 공통적인 것에 대한 초월주의적 입장—그 가장 최근의 사례는 포스트모더니즘에서 발견된다—과는 반대되는 관점에서 취할 수 있는가?

‖ 16. 2 ‖ 이 물음에 답하기 위하여 우리는 도구(tool)의 새로운 성격에 의하여, 언어의 구성적 성격에 의하여, 삶정치적 물질성(탈근대 시기의 공통적인 것은 이를 통하여 실현되게 되었다)에 의하여 특징지어지는 과정에 대한 분석으로 되돌아갈 것이다. 이 탈근대적 생산은 그 카오스적 선형성(linearity), 강력하고도 영원한 난기류(turbulence)의 측면에서 유물론의 물리학이 갖는 특징들을 반복했다. 이 과정에 배경이 되는 것은 영원이었다. 그러나 우리가 보았듯이 공통적인 것은 전진

하고 혁신한다. 클리나멘을 핵심으로 하는 유물론적 물리학은, 그리고 이에 뒤이은 근대적 금욕주의는 둘 다 이러한 혁신을 설명할 수 없었다. 따라서 공통적인 것은 요소들의 영원한 응집의 산물로서, 물질의 거대한 소나기로서 나타난다. 아니 선형을 띠는 구축과정으로, 윤리적 힘의 건축술로 나타난다고 하는 것이 더 좋을 것이다. 마지막으로, 탈근대의 시기에 와서 공통적인 것은 다중의 특이한 배치의 산물이 된다. 상상적인 산물이다. 그러나 이 모든 경우들에 있어서 여전히 불명료한 것은 (역설적이게도 이는 우리가 존재론적 물질성에 접근하면 할수록 더욱 그렇다) 늘 움직이는 요소 즉 즉 혁신이다. 우리는 이것을 가난 속에서 찾기 시작하면서 비로소 파악하기 시작한다.

‖ 16. 3 ‖ 그러나 만일 그것이 가난 속에 위치된다면 우리는 정말로 유물론의 아포리아와 공통적인 것의 위기가 해결되었다고 말할 수 있는가? 이 운동의 원환적 성격이 마침내 혁신의 경로를 통하여 확실하게 깨졌다고 말할 수 있는가? 혁신은 내재성의 평면(a plane of immanence)에서 표현된다고 말할 수 있는가? 영원한 것이 마침내 창조적 클리나멘을 찾았다고 말할 수 있는가? 그리고 의미 ─ 물리적 운동의 타성에 의하여 특징지어지는 의미 혹은 선형(線形)의 열정과 관련된 윤리적 의미가 아니라, 혁신과 관련된 창조적 의미 ─ 는 마침내 공통

적인 것으로 되돌아간 것인가?

‖ 16. 4 ‖ 만일 그렇다면 가난의 힘은 그 자체로 (완전하게) 모든 사물의 가능성일 뿐만 아니라 그 구체적 실현일 것이다. 즉 삶정치적인 것의 결정, 측정불가능한 육체적 혁신일 것이다. 그러나 우리는 이런 결론을 지을 수 없다. 우리의 전제들이 아직 충분히 발전되지 않았기 때문이다. 실제로, 저항, 특이성 그리고 의미의 생산은 아직 우리가 (용어의 온전한 의미에서) '주체성'이라고 부르는, 행동의 자율적인 담당자를 창출하지 못한다. 지금까지 우리는 단지 건드리기만 했을 뿐이다.

‖ 17. 1 ‖ 우리는 더 조심스러워야 한다. 공통적인 것의 혁신─이는 가난이라는 '아래'로부터 생기는 유물론적 목적론을 통하여 수행된다─의 인식론적·존재론적 조건은 이미 구성된 것처럼 보이기 때문이다. 그러나 만일 우리가 이 초기적 규정에서 멈춘다면, 탈근대적 사유의 물리적·원환적 목적론과 가난의 힘(척도를 '넘어'가는 이 힘)의 대결은 여전히 구조적으로 고정된 입장들의 대결─이는 따라서 필연적으로 변증법적 해결을 요구하게 되어있다─로 나타날 위험이 있다.

‖ 17. 2 ‖ 이것이 우리가 이미 여러 번 강조했듯이 가장 조심스럽고 비판적이며 주의깊은 탈근대적 논자들에서 일어나는 일이다. 그들은 운동을 포착하기 위하여 구조적 변증법을

구축할 수밖에 없는데, 이 변증법은 몰래 주변(margin)을 회복하거나 아니면 공허한 타자성을 총체성 안에 삽입하는 것이다.

‖17.3‖ 우리의 생각은 이와 다르다. 가난에 대한 우리의 강조는 우리로 하여금 가난을 그 어떤 종합으로도 포섭될 수 없는 힘으로서 파악할 수 있게 한다. 그럼에도 불구하고 이 시초적 입장은 아직 불충분하다. 내재성의 평면을 향하여 힘이 열리는 것을 육신적(즉 삶정치적)으로 만들 뿐만 아니라 창조적으로 만드는 무언가가 현재까지는 결여되어 있기 때문이다. 이것이 보완되지 않는다면 우리의 논의는 다시 한번 위기에 처하게 된다. 이 위기는 가난이라는 공통된 이름의 인식론적·존재론적 일관성에 영향을 미칠 뿐만 아니라 공통적인 것 자체에서 자신의 방향을 정할 가능성에도 영향을 미친다.

‖17.4‖ 그런데 이 위기는 현실적인 것인가 외관상으로만 그런 것인가? 이것을 극복하기 위해서 (만일 극복이 가능하다면) 우리는 어떤 다른 이행들을 필요로 하는가? 물론 모든 구조주의적 일탈과 모든 변증법적 지름길은 피하면서 말이다.

‖18.1‖ 확실한 것은 이 위기는 더 이상, '공통적인 것'에 대한 논의의 결말 부분에서 그랬듯이, 공통의 시간이 측정불가능한 것으로 열리는 것에 대한 인식을 둘러싸고 진행되지 않는다는 점이다. 여기서 위기는 가난으로부터 (육신적 특이

화의 '장소'인, 그리고 동시에 공통적인 것의 '장소'인) 힘 그 자체로 이전된다.

‖ 18. 2 ‖ 시간의 한계점에 자신을 위치시킴으로써, 충만과 진공 사이에 자신을 위치시킴으로써, 영원한 것과 혁신 사이에 자신을 위치시킴으로써 가난은 사랑을 요구한다.

6

사랑
Love

‖ 1. 1 ‖ 가난과 사랑은 서로 긴밀하게 연결되어 있음이 당연하다. 에로스가 비참의 아들이어서가 아니다. (그리고 동물성과 고전적 켄타우로스에 구현된 덕 사이의 긴장[1]의 경우에는 부의 아들이어서도 아니다.) 반대로 가난은 처음부터, 가능한 것들의 총체가 갖는 힘이 특이하게 생성되는 장소를 존재론적으로 나타내기 때문이다. 우리가 가난의 힘을 경험한 후, 저항이 여는 파열을 통하여 그리고 동시에 그것이 공통적인 것에 부여하는 의미를 통하여 가난의 힘이 놓인 장소를 확정하였을 때 우리는—그런 식으로 하여—가난을 모든 가능한

---

1. 이 책 5장 '가난' 3. 2 참조

'장차 올 것'과의 창조적이고 파괴될 수 없는 관계에 노출시킨 것이다. 또한 우리는 이 관계란 불확실하고 모험적임을 지적한 것이기도 하며 그것이 다시 탈근대적 동어반복의 무의미함으로 흘러갈 수 있음을 지적한 것이기도 하다. 따라서 우리는 다시 한번 존재론적으로 구성적인 장소인 가난에 대한 경험을 분석해야 한다. 그러나 어떻게 이 일을 할 것인가? 사랑이라는 공통된 이름이 우리의 안내자가 될 것이다.

‖ 1. 2 ‖ 사랑이 공통적인 것을 구성하는 프락시스라는 점은 고대 이후 줄곧 진실이었다. 사랑은 공통적인 것의 욕망, 물리학과 윤리학을 가로지르는 욕망(cupiditas)이다. 스피노자도 그렇게 말했다. 욕망은 그 뿌리를 존재의 영원성에 내리고 있음을 알기에 우리는 이제 사랑의 경험이 존재의 혁신의 동력학을 구성함을 입증해야 한다. 더 나아가 사랑이 가난과 공통적인 것의 관계를 재창안하며 그 절대적 목적론을 드러냄을 또한 입증해야 한다. 즉, 만일 가난이 공통적 행동의 목적론을 재구현한다면, 사랑은 가난을 주체로 만든다.

‖ 2. 1 ‖ 가난 없이는 사랑도 없다. 가난에 대해서 말하는 것은 어떤 면에서는 사랑에 대해서 말하는 것이다. 이는 가장 초보적인 현상학이 보기에도 명백한 듯하다. 사랑의 가동(稼動)은 가난과 함께 시작하기 때문이다. 가난한 사람은 사랑의

주체이다. 그가 절대적으로 벌거벗었거나 아니면 비참에 짓눌린 경우에조차 (그리고 무엇보다도 그런 경우에) 그렇다. 빈자는 사랑을 현실적인 것으로 만든다.

‖2.2‖ 기독교 철학이 저지른 최대의 악행은 가난을 사랑의 주체로 보지 않고 대상으로 본 데 있다. 예수의 신비주의와 신학이 이 명제를 전복하여, 모든 빈자에게서 예수의 형상을 발견하게끔 만든 것은 물론 사실이다. 그러나 통상적으로 기독교의 의기양양한 전통과 역사에서 빈자의 대상으로서의 지위를 긍정하는 것이 지배적이다. 빈자라는 이름 자체가 동정(同情)에 의하여 쓸모없는 것으로 전락하고 만다. 우리의 생각은 이와 반대이다. 크로체의 말을 빌자면 "기독교적이 아니라고 주장할 수가 없는" 지배적인 철학들이 지지하는 바와는 반대로, 빈자의 육신성 즉 그 직접적 현실성은 사랑에서 주체로서의 규정을 부여받는다. 사랑은 가난으로부터 활력을 받고 나서 다시 가난을 공통적인 것과 관계짓는다.

‖2.3‖ 가난의 경험은 우리를 공통적인 것의 구성으로 안내한다. 사랑의 경험은 공통적인 것을 구축하는 활동이다. 만일 공통적인 것이 사랑의 육화(incarnation)라면, 가난은 이 관계의 육신적 토대를 제공한다.

‖2.4‖ 이러한 관점에서 우리는 가난과 사랑의 관계는 사랑의 힘이 가난의 장소로 영속적으로 회귀하는 것으로 형상화

된다고 한 점의 의심도 없이 말할 수 있다. 이 회귀는 삶의 원자들의 낙하라는 물리적·윤리적 맥락 속에 스스로를 들여앉히는, 그러면서 그 낙하의 선형성(linearity)을 깨고 공통적인 것을 특이하게 생성하는 창조적 회귀이다. 이는 클리나멘의 형상이지만 주체적 형태를 띤 클리나멘이며, 영원한 우주의 카오스이지만 주체성으로 되돌려진 카오스이다.

∥2.5∥ 공통적인 것은 가난과 사랑의 창조적 관계로부터 탄생할 때에 활력을 띠며, 주체적 규정을 부여받는다. 바로 그렇기 때문에, 공통적인 것의 욕망을 양성하기 위해서는 가난해야 하거나 아니면 스스로를 가난하게 만들어야 한다. 그리고 만일 공통적인 것을 구축하고 싶다면 사랑해야 한다.

∥3.1∥ 유물론에서 사랑은 존재를 구축하는 존재론적 힘이다. 그러나 존재는 주어지는 것이 아니라 구축되는 생산물이다. 우리는 앞에서, 시간의 화살이 '장차 올 것'의 진공 속으로 뛰어들 때에 이러한 존재의 구축이 일어남을 카이로스의 관점에서 본 바 있다. 더 나아가 우리는 또한 사랑이 영원한 것과 '장차 올 것'의 관계를 측정불가능하게 만드는 효과를 가짐을 보았다. 존재론적 관점에서 볼 때 우리는 '눈앞에 엄연히 현존하는 존재'를 대면하고 있다. 그런데 이 존재는 인공물의 특질을 가진 것으로서, 항상 '장차 올 것'의 측정불가능성에

노출된 공통적인 것이 갖는 모순적 규정으로서 존재한다. 유물론적 목적론은 존재의 예측 불가능한 구축의 역사를 보여주며, 이를 통하여 공통적인 것의 예측 불가능한 구축의 역사를 보여준다. 이렇게 보여줄 수밖에 없다. 구축물이며 인공물이기 때문이다. (삶정치적인 것에서는 자연과 인공물이 호환 가능한 이름으로 사용된다는 사실이 문제의 본질을 바꾸는 것은 아니다.) 그런데 모든 구축되는 것은 예측 불가능한 것, 즉 자신을 진공에 노출시켜야 할 필연성으로부터 탄생하는 것이다. 다중은 바로 이 필연성에 의하여 공통적이 된다.

‖3. 2‖ 그렇다면 사랑이 존재구축의 동력학에서 열쇠가 됨을 어떻게 입증할 수 있는가? 우리는 이미 이 물음에 답한 셈이다. 가난과 사랑은 공통적인 것이라는 공통된 이름을 구축하기 때문에 양자는 결과적으로 공통적인 것을 불러 존재하게 한다고 말이다. 그러나 만일 그렇다고 할지라도 ('만일'이 아니라 실로 그렇다) 우리는 사랑이 발휘할 수 있는 존재론적 구축의 힘 전체를 조명하기 위해서 우리의 설명을 심화시켜야 한다. 이 작업을 완전하게 수행하기 위해서 우리는 이 힘을 존재론적 매개변수들의 구성이라는 맥락에서 파악해야 한다. 다시 말하자면 세계의 시간적·공간적 차원들의 생산이라는 맥락에서 파악해야 한다.

‖ 4. 1. ‖ 세계의 경험의 근본을 이루는 첫 번째 차원은 시간이다. 따라서 사랑은 세계의 시간적 구축이 되어야 한다. 이제, 존재는 결론없이 전진하는 시간의 화살에 상응하여 구축되어야 한다. 그러나 시간성은 사랑에 의하여 지탱되지 않고서는 자신을 영원한 것으로부터 해방시켜 생산을 향하여 열 수 없다. 즉 영원한 것을 '장차 올 것'에 구성적으로 엶으로써 증대시킬 수 없다. 영원한 것을 증대시키는 것, 존재를 혁신하는 것은 바로 '특이성의 생성'이다.

‖ 4. 2 ‖ 우리가 '특이성의 생성'으로 의미하는 바는 무엇인가? '특이성의 생성'은 처음부터 시간의 가닥을 좇는 사랑이며, 그리하여 공통적인 것에서 그 직물을 짜는 사랑이다. 생성을 통하여 사랑은 시간을 공통적인 것 속에 투사함으로써 시간에 주체적 규정을 부여한다. 고독한 사랑은 없다. 사랑은 존재의 도구, 언어, 정치를 공통적인 것 속에 구축한다. 그리고 생성을 하는 가운데 존재를 창조한다. 즉 영원한 것을 갱신한다. 그러나 공통적인 것 속에서 생성은 가난에 의하여 특징지어지기 때문에 항상 특이하다. 공통적 존재는 특이한 실존들의 다중으로부터 시작하여 생성된다. 그리고 공통적인 것의 영원성은 특이성들이 별처럼 빛나는 하늘이다. 사랑은 이 공통적 하늘의 별들을 계속적으로 비춘다.

‖ 4. 3 ‖ '삶을 부여하는 비너스'에게 보내는 루크레티우스

의 찬가는 더 이상 한밤의 처절한 노래—세계의 맹목적 영원성을 반복하는 원자들의 돌풍이 일으키는 우주의 난기류의 승리를 나타내는 노래—처럼 울리지 않는다. 그 찬가는 움직이지 않는 하늘의 애처로운 혜성이 아니다. 그렇다. 여기서 '삶을 부여하는 비너스'에게 보내는 찬가는 전적으로 창조적인 어떤 것으로서, 영원한 것의 계속적인 창조를 노래하는 찬가이다. 특이성의 생성은 환원 불가능하다. 부패와 파괴를 필연적인 보완물로 간주하는 끔찍한 동화는 단지 움직이지 않는 세계의—합해서 영이 되는 우주의, 사랑이 박탈된 존재의—환상일 뿐이다. 이에 반해서 존재는 일단 생성되면 더 이상 죽음을 향하지 않으며, 생성은 영원히 계속된다. 무와 죽음은 사랑 이전의 일이다. 존재의 생성이 생기기 이전의 일이다. 생성 이후에 존재는 공통적인 것 속에서 그리고 영원 속에서 갱신된다.

‖4.4‖ 사랑은 이렇듯 시간의 화살을 껴안아 그 화살을 창조적으로 만든다. 그리고 '장차 올 것'을 생성하는 긴장 속에서 시간의 화살의 탄도를 연장한다. 시간은 사랑의 자식이다. 생성만이 '장차 올 것'의 시간성을 연장하기 때문이다. 영원한 것의 시간은 생성을 통하여, '장차 올 것'의 내부에서 측정불가능하게 된다.

‖ 5. 1 ‖ 세계의 경험의 근본을 이루는 두 번째 차원은 공간이다. 따라서 사랑은 세계의 공간적 구성이 되어야 한다. 그러나 우리가 카이로스의 관점에서 누차 강조하였듯이 공간적 존재는 공통적인 것 속에서 만들어지고 또 만들어진다. 공간이 부름을 받아 실존하게 되는 것은 오직 사랑이 공간이라는 공통된 이름을 구축하는 때뿐이다. 아니면, 공간이 공통적인 것을 구성하는 한에서만 사랑이 공간을 구축한다고 하는 게 더 정확하겠다. 그러면 왜 사랑은 공간을 구축하는가? 사랑은 공통적인 것을 찾기 때문이다. 공통적인 것의 영원성(즉 이미 생성된 것)과 공통적인 것의 '장차 올 것'(즉 시간의 가장자리에서 구성될 것)을 구하기 때문이다. 공간은 사랑에 의해 생산된 존재를 구성하는 경험의 축적이, 영원과 '장차 올 것' 사이에서 측정불가능하게 된 시간성 내에 투사된 것이다. 이 구성적 경험은 시간성을 띤 다중에 고유한 것이다. 즉 시간의 존재론적인 주체적 규정들이—가난에 의해 촉발되어—스스로를 존재의 가장자리 너머로 확대하는 경우, 그 규정들에 고유한 것이다. 공간은 이 경험으로부터 생긴다. 이 지점에서부터 시간의 화살이, 사랑에 의하여 추동되어, 공간의 양상 속에 공통적인 것을 영속적으로 구축하기 위하여 자신을 진공 속으로 투사하면서 존재를 구성한다.

‖ 5. 2 ‖ 시간 속에서는 특이성의 생성(즉 영원한 것의 가공

할 혁신)에 해당하는 것이 바로 공간 속에서는 협동이다. 협동은 다수성들 사이에서 스스로를 공통적으로 만듦으로써 진행하는 사랑이다. 결과적으로 협동은 증가된 사랑의 힘이다. 협동은 공통적인 것에 의하여 구성된 공간이며 따라서 그 생산성이 증가된 것이다. 생산성이란 공통적인 것이 갖는 점점 더 공통적이 되는 능력에 다름 아니다. 협동은 공간의 공통적 생성이다. 그리고 특이성들의 협동은 그 어떤 특이한 실존보다 더 생산적이다. 존재에 의미를 부여하려는 (특이성들의) 다중의 노력을 공동적으로 표현하기 때문이다. 그러나 이 노력은 만일 협동이 사랑의 힘이 아니라면 존재할 수 없다. 즉 공통적인 것의 가난한 특이성이 자신의 힘의 표현으로서 새로운 것을 탐구하지 않는다면 존재할 수 없다.

∥6.1∥ 사랑이라는 공통된 이름은 진정한 의미에서 구성적인 존재론적 힘이다. 시간과 공간을 구성하고, 공통적 존재의 적실한 표현을 구성하며 무엇보다도 삶정치적인 것의 토대를 수립한다.

∥6.2∥ 만일 생성과 협동 즉 사랑이 영원한 것을 증대한다면—영원한 것이 더 생산적이 되도록 만든다고 말하는 것이 더 나을 것이다—영원과 혁신 사이에 놓인 유물론의 딜레마는 해결된다. 영원한 것이 더 강력해질 수 있다는 사실이 영원

한 것을 고전적 형이상학의 역설에서 벗어나게 해준다. (고전적 형이상학은 영원한 것에 대해서 말할 때마다 존재 전반의 불변성에 대하여 말했던 것이다.) 그러나 이 딜레마를 해결했다는 것은 또한 공통적인 것이 삶정치적 생산이라는 깨달음에 도달했음을 의미한다. 바꾸어 말하자면 사랑의 모든 시간적·공간적 힘은, 존재의 가장자리를 향해 달려가고 또 그 가장자리를 넘어가는 가운데, 공통적인 것을 다중의 저항과 힘을 (마치 자연스런 맥락에서 그러는 것처럼) 한데 모으는 중요한 장력으로 만든다.

‖6.3‖ 카이로스의 인식론의 관점에서는 이것은 또한, 삶정치적으로 공통적인 것에서는 지식의 힘이 지성과 어펙트의 교직에 의하여, 두뇌와 몸의 교직에 의하여 정의됨을 의미한다. 이 교직은 가난의 현상학에 의하여 고지되는 사랑의 존재론에서 구체적으로 된다.

‖6.4‖ 삶정치적 힘으로서의 사랑은 절대적 내재성의 이름이다. 그러나 이때 내재성은 생성하는 내재성이다. 사랑의 구성적 힘이 갖는 삶정치적 형상에 대하여 강조하는 것은 고대 유물론의 수수께끼를 풀기 위한 요소들을 제안하는 것을 의미할 뿐만 아니라 근대 유물론의 수수께끼를, 그리고 더 중요하게는 스피노자의 유물론의 수수께끼를 해결하기 위한 것이기도 하다. 사랑이 존재론적 과정에 내재해 있다는 것이 스

피노자에게서 구성과 생산의 관점에서 정식화된 것이 분명하기 때문이다. 그러나 그 구성적 프락시스에 있어서는 구성의 논리를 삶정치적 인식론에서 한데 모음으로써 특이한 생성의 잠재력을 펼칠 능력이 없었다. 스피노자주의는 근대 합리론의 난점들에 의해, '인간-인간'의 이데올로기가 가진 난점들에 의해 금압(禁壓)되어서 신비주의에 호소하였으며, 신비주의를 통하여 존재의 부동성(不動性)이라는 항상 반복되는 낡은 범신론적 환상이 다시 출현하였다.

‖6.5‖ 가난에 의하여 산출된 사랑만이 삶정치적인 것 속에 공통적인 것을 구성한다. 즉 구성적 프락시스의 과정을 다시 그 물질적 발로 서 있게 되돌려 놓는다. 따라서 절대적 내재성은 스스로를 '절대적 민주주의'로 제시하는 데ㅡ이는 아직은 고전적 전통에 의하여 처방된 정부들의 유형학의 반복일 뿐이다ㅡ그치는 것이 아니라 공통적인 것의 모든 새로운 덕(virtus)과 관계를 맺은 다중과 다중이 가진 모든 삶의 힘들의 구성적 프락시스로 제시하는 데로 나아간다. 이 덕이 발전될 때 정치적인 것은 삶의 형태들로 용해되며 그리하여 우리는 여기서 삶정치적인 것의 그물코들과 실천들을 통하여 존재론을 되돌아 볼 수 있게 되는 것이다. 이 그물코들을 빠져 나가는 것은 없다.

‖ 7. 1 ‖ 삶정치적인 것에서는 명령으로서 이해된 바의 정치라는 이름은 사라진다. 그리고 만일 정치가 자신을 다시 명령으로서 제시한다면 이는 폭력적인 신비화의 문제일 뿐이다. 삶의 형태들의 자기통치(self-government)가 공통적인 것의 목적론에 유일하게 가능한 지평이 된다. 만일 구성적 프락시스가 공통의 언어를 통하여 그리고 공통적인 것의 삶정치적 프락시스를 통하여 진행된다면, 우리가 존재를 구성하는 동시에 공통적인 것을 살고 구축하는 것은 바로 이 진행과정 내에서이다. 사랑에 의하여 가로질러지는 삶정치적인 것 속에서는 정치 또한 삶의 생산 및 재생산과 함께 공통적이 된다. 이러한 '살아있는 삶'(vita activa)의 과제들이 우리의 일상적인 관심사의 특수성을 이룬다는 것을 누가 의심할 것인가? 정치란 현재를 생산하는 힘인 사랑에 의하여 가로질러지는 일상적인 과제이기 때문이다. 정치는 영원한 것을 생성해야 할 일상적인 책무에 다름 아니다. '생산적이고 정치적인 것'이라는 공통된 이름에서 우리는 공통적 존재를 이해하는 열쇠들 중의 하나를 발견한다. 명령으로서의 정치는 따라서 공통적인 것으로부터 존재를 폭력적으로 박탈하는, 존재의 신비화이다.

‖ 7. 2 ‖ <권력>을 정의하는 데 있어서의 모든 지름길, 모든 신비, 모든 물신화는 따라서 존재의 공통적 구축에 대한 간단한 통찰에 의하여 일소된다. 이런 식으로 정치적인 것의 자

율성이라는 냉소적인 우화들, 마끼아벨리주의의 왜곡, 국가이성의 속류성은 삶정치적인 것의 파괴적 비판을 받게 되고 그 결과로 신망을 모두 잃게 된다. 이들의 주위에 거대하고 호화스러운 도구화가 작용하여 이들의 폭력적이고 기생(寄生)적인 성격을 숨기고 있음에도 불구하고 그렇게 된다. 실재적인 것은 완고하다(the real is stubborn). 실재적인 것은 도구화가 노리는 것과는 다른 경로를 택한다. 말하자면 공통적인 것의 목적론적 프락시스 내에서, 가난을 공통적인 것으로 향하게 하는 사랑이 가로지르는 바의 경로를 택한다.

‖7.3‖ 공통적인 것의 유물론적 목적론은 여기서 실천적 힘으로서 드러난다. 그 확정성(finality)은 '살아있는 삶' 속에서 그 재생산조건들을 구축할 필요성에 의존하며, 따라서 특이성들을 공통적인 것의 구축을 염두에 두면서 활성화할 필요성에 의존하기 때문이다. 공통적인 것의 구축에 바로 특이성들 자체의 확정성이 놓여있다. 따라서 정치란 이러한 삶의 생산을 공통적으로 옮겨 쓴 것(transcription, 轉寫)이 아니고 무엇이며, 이 물질적 확정성들의 해석이 아니고 무엇이란 말인가? 우리는 나중에, 삶정치적인 것이라는 주제를 목적론적 실체의 관점에서만이 아니라 실천적 카이로스의 관점에서—즉 시간의 화살을 날리는 특이성들의 결정(decision)의 관점에서—다룰 때, 이 논점을 다시 논할 것이다.

‖ 8. 1 ‖ 이제 여러 군데서 거론했던 점으로, 즉 공통적인 것의 혁명은 탈근대를 전제한다는 점으로 돌아가 보자. 유물론적 비판(공통적인 것의 목적론)은 탈근대 시기에서 공통적인 것이라는 공통된 이름이 종종 일그러지고 신비화된 형태로, 그럼에도 불구하고 강하고 효과적인 형태로 출현함을 발견한다. 이것을 해명하기 위해서 공통적인 것에 대한 (일반적인) 탈근대적 인식을 공통적인 것에 대한 근대의 정의와 비교해 보자. 근대는 공통적인 것을 공적 공간(public space)으로서, 즉 개인적 관심들(interests, 이익들)의 문화적인 그리고/혹은 사회학적인 그리고/혹은 초월적인 집합으로서 구성한다. 이렇게 구성되는 공통적인 것은 개인들의 관심들의 초월적인 (일반적이고 추상적인) 형태로서 이해되지 특이성들의 '살아있는 삶'의 산물로서 이해되지 않는다. 또한 명심해야 할 것은 근대에서는 관심들이 사회적 형태를 띨 경우에만 개인적이지 않다는 점이다. 근대는 개인적 관심들을 그에 상응하는 인간학을 기반으로 하여 정식화하기 때문에 이런 식으로 표현한다. 인간과 시민, 사회와 시장은 동일한 계보학 즉 개인성의 계보학에서 도출된다. 이에 반해 포스트모더니즘은 그것이 우리시대의 철학이고 공통적인 것에 대한 일반명적(一般名的) 인식인 만큼 근대의 계보학을 거부하며 오히려 시민성(인간)과 시장(사회)을 부단한 상호-유통의 관계에 놓아 거의 등가적인 동어반

복으로 파악하는데, 역사의 진보성이 결정적으로 희석되고 예언적 운명이 배제되어 '역사의 종말'이 운위될 정도까지 이른 상황을 배경으로 그렇게 한다. 포스트모더니즘은 근대의 범주들을 철저하게 탈실체화한다. 그 결과로 사적인 것(개인적인 것)과 공적인 것(노동, 언어, 삶(bio)의 일반적 규범의 사법적 추상 혹은 사회-제도적 구체화)이라는 범주들은 이제 시간과 공간 속에서 교체 가능한 기능들로서 제시된다. 포스트모더니즘은 이렇듯 노동의 조직화, 시장의 구조, 세계의 질서에 일어난 변이를 정확하게 기록하며, 그것을 우리로 하여금 이론 속에 포섭할 수 있게 한다. 현재까지 변이에 대한 인식은 일반명적이기는 하나 공통적이었다. 그런데 또한 이 지점에서부터 관점들이 갈라지기 시작하기도 한다. <권력>의 소지자들은 (그 헤게모니를 찬미하는 철학자들과 마찬가지로) 세계에 대한 인식으로부터, 생산관계들과 삶의 형태들을 완전히 뒤집어엎은 이 혁명으로부터 적절한 귀결들을 끌어내지 않는다. 변이에 대한 이 인식이 근대 철학의 이데올로기로부터 벗어나도록 하긴 했지만 <권력>의 관점은 상황을 평가하는 데서 이 이데올로기들을 되풀이한다. 일어난 변이의 위에 그리고 그것에 거슬러서 초월적인 것(사적인 것, 자본주의적 전유 등)의 근대적 척도를 세우기 때문이다. 변이는 공통적인 것이 개인적인 관심들의 추상이 아니라 특이한 욕구들의 유통임을 드러내고,

공적인 것이 사법적인 범주가 아니라 삶정치적인 것임을 드러
내며, 정치(법, 정부 등)가 삶 위에 있는 것이 아니라 삶 내부
에 있음을 드러낸다. <권력>에 고취된 탈근대 철학은 이 모든
것을 고려하지 않는다. 옛날의 척도들을 새로운 측정불가능한
것에 더 잘 맞추려고 하는 경우에나 그럴 뿐이다. 놀랍게도,
<권력>에 고취된 탈근대 철학은 여기서 (다른 영역들은 말할
것도 없고, 정치사상의 범주들 및 사법적 관행의 범주들과의
관계에서) 맑스가 '주식회사'의 출현을 예언적으로 분석하면
서 말한 것²과 같은 종류의 '자본의 공산주의'를 실현하는 것
같다. 그러나 탈근대 시기에 얻어진 공통적인 것에 대한 일반
명적 인식에도 불구하고 또 다른 관점이 출현하는데, 우리가
탈근대 철학을 비판적으로 분석하는 경우에는 바로 이것을 참
조하는 것이다. 이 관점은 <권력>이 특이성과 공통적인 것 사
이의 새로운 관계에 대해서 시도하는 신비화를 비판한다. 그
리고 혁명적 변이에 혁명적 귀결들이 수반될 필요성을 강조하
는 것이다.

‖ 9. 1 ‖ 따라서 사랑이 어떻게 존재를 구축하는지를 알기

---

2. [영역자주 19] K. Marx, *Capital Vol. 3* (London : Lawrence & Wishart, 1984), 특히
   V부와 27장 참조(한국어판 : K. 마르크스, 『자본론 3』, 김수행 옮김, 비봉출판사,
   1990).

위해서는 특이한 것과 공통적인 것의 이러한 내적 관계가 탐구되어야 한다. 그리고 이 점을 인식하기 시작하기 위해서, 인간의 프락시스의 역사에서 사랑은 항상 구성의 테크놀로지가 되려고 하였으며 (말할 필요도 없는 것이지만) 존재를 변형하는 테크놀로지가 되려고 하였음을 상기하기로 하자. 사랑은 특이한 것에서부터 시작하여 공통적인 것에 이르며, 시기마다 유물론 고유의 목적론인 공통적인 것의 목적론을 결정하는 저 '아래로부터 위로 가는 길'에 뿌리를 두고 있다. 이 목적론이 성숙되지 않는다면 '사랑의 테크놀로지'는 불완전하고 불만족스럽다. 내재성을 해석하고 발전시키는 것이 아니라 초월을 찾게 되기 때문이다. 세계를 변혁하는 대신, 초월적 환상 자체를 살게 되기 때문이다.

‖ 10. 1 ‖ 이런 식으로 기독교의 카리타스(caritas)[3]는 (실상 이미 기독교 이전의 덕(virtus)이나 경건(pietas)도 그랬다) 노예제와 맞서 싸우는 가운데 그 윤곽을 감미롭게 하긴 하지만, 하나님의 나라가 임할 때까지 해결을 연기하는 것이다. 카리타스에 얼마나 큰 힘이 있는가! 대단한 혁명을 가동시키지 않았는가! 그러나 그것은 지하의 힘으로서 실재적인 것에 이름

---

3. 기독교에서 말하는 '사랑'으로 영어 'charity'가 이에 상응한다.

을 부여할 수 없는 힘이며, 초월에 준거하지 않고는 가난이라
는 공통된 이름을 인식할 수가 없는 힘이다. 이 힘은 국가 앞
에서 정지한다. 국가의 자율적이고 필연적인 지속성을 인정하
면서 말이다.4 환상은 마음에 힘을 부여한다. 그리고 필요하면
순교를 조장한다. 혁명은 암시적이고, 정신에 속삭여지며, 천
사들에게 맡겨진다. 그러나 켄타우로스의 시대에 카리타스는
빈자들의 몸을 구성하는 가공되지 않은 형질을— 영혼을 수단
으로 하여— 결코 구원할 수 없었다.

‖ 11. 1 ‖ 근대 시기에 사랑의 테크놀로지는 금욕적이다. 한
편으로 아모르는 내재성의 철학들(브루노, 깜빠넬라5에서 스
피노자까지)에 의하여 구축된 형이상학적 표현의 높이에 도달

---

4. 니체 또한 기독교와 국가의 이러한 악연을 지적한 바 있다. "기독교는 분명 문화
에의 충동, 특히 성자들을 끊임없이 산출하고자 하는 충동의 가장 순수한 계시
들을 가지고 있었다. 그러나 기독교는 국가권력이라는 공장을 돌리는 데 수백
가지 방식으로 사용된 이래 골수까지 병들고 위선적이 되고 진실하지 못하게
되었으며 그 원래의 목표를 거스를 정도로 타락하게 되었다. 역사상 가장 최근
의 사건인 독일의 종교개혁조차도 국가들 간의 갈등의 불꽃들로부터 땔감을 훔
쳐오지 않았더라면 갑자기 불타올랐다가 금세 꺼지고 마는 사건 이상의 것이 되
지 못했을 것이다"(F. Nietzsche, "Schopenhauer as Educator," *Untimely Meditations*,
Ed. Daniel Breazeale, trans. R. J. Hollingdale, Cambridge : Cambridge University, 1997,
p. 166).
5. Tommaso Campanella(1568~1639). 이탈리아 르네쌍스기의 철학자. 유토피아 문학
의 고전 중 하나인 『태양의 도시』(*Civitas solis*)를 썼다. 깜빠넬라는 베이컨이나 브
루노처럼 경험주의적 사고의 선구자로 중요성을 갖는다(*The Columbia Encyclopedia*
Sixth Edition. 2001 참조).

하며, 다른 한편으로 개신교의 예정설(豫定說)에서 세간의 경로를 모색한다. 그러나 그것은 개인의 열정을 강조하고 (가능성이 희박한) 목적들의 공동체에 자신을 맡기는 것을 강조하는 식으로 말고는 공통적인 것의 목적론을 포착할 수 없었다. 윤리적 목적들과 금욕적 개인을 결합하기 위하여 일종의 섭리가 신적인 것에서 선험론적인 것으로 이동하였다. 이 섭리는 항상 자신을 사회적인 것의 계보학과 연결시키지만 전적으로 개인의 관점에서 이해된다. 이 섭리는 법 앞에서 정지하는데, 이 법은, 목적들의 공동체와 진보라는 가설적 관점에서 계약과 착취를 찬양하는 그러한 법이다. 사랑과 그 테크놀로지는 역사적이 된다. 역사적으로 구축되게 될 주객관계에 자신을 부착하는 것이다. 그러나 개성들의 떳떳하지 못한 영역에 항상 갇혀있다. 거기서 얼마나 가공할 힘과 환상들이 표현되는가! 그리고 '인간-인간'의 역사적 힘의 긍정에서 얼마나 큰 자부심이 드러나는가! 노동의 금욕주의 ─ 여기에 근대적 <인간>의 윤리성이 들어있다 ─ 가 여기서 공통적인 것의 계보학의 중심이다. 이 그림의 주인공은 열심히 일하는 사람이고 시민적 양식으로 가격을 지불하는 사람이며 노동자가 됨으로써 시민이 되는 사람이다. 그러나 이 모든 것은 끔찍한 비밀 속에서 전개된다. 이는 자신을 희생하는 가운데 <권력>을 원하는 자의 비밀이다. 사법적 틀을 통하여 자신의 모습에 따라 공적인 것을 구성하고 착취를 통해서만 자신을 고양시키는 사적 영역의 비밀이다.

‖ 12. 1 ‖ '전투성'은 우리에게 공통적인 것의 경험을 제공하는, 사랑의 세 번째 테크놀로지이다. 그것은 공통적인 것의 테크놀로지 중 최고로 성숙된 것에 해당한다. 그것은 19세기와 20세기의 혁명 전통에서 모호하게 앞질러 실현되었다(그리고 거의 악덕적인 방식으로 미리 구성되었다). 앞질러 실현되었다거나 미리 구성되었다고 말한 이유는 이 역사에서 특이성과 공통적인 것이 다중의 경험 내에서 효과적으로 협동의 형태가 되었기 때문이다. 모호하다거나 악덕적이라고 말한 이유는 이러한 공통적인 것의 협동적 생산의 과정이 다중의 운동에 덮어 씌워진, 예언적이고 그렇기에 결과적으로 관료적인 계기들에 의하여 깨졌기 때문이다.[6] 그리고 또한 공통적인 것의 정의가 점점 더 근대의 성취와 혼동되었으며 근대의 구축에 종속되었기 때문이기도 하다. 우리가 언급하고 있는 전통

---

[6] 『제국』 1부의 말미에서 네그리와 하트는 '예언적 욕망' 혹은 '스피노자적 예언적 기능'을 긍정적으로 본다. 그러나 *Negri on Negri*에서 네그리는 예언의 부정적 측면을 지적한다. "세계에 대한 이 시선을 분석하는 데에는 자신을 예언자로 세울 위험이 있습니다. 거짓 예언자들은 단지 일종의 일반적 허무주의를 낳을 뿐입니다. 결국은 자신들마저 잊게 만드는 말살을 낳을 뿐인 것이죠. 세계에 대하여 물음을 묻는다는 것은 세계를 매 순간 창안하는 것입니다. 그런데 여기에는 예언적 허무주의와는 정반대인 구축적 차원이 존재하는 것입니다"(p. 186).

즉 근대의 전통에서는 '다중'에 대하여 말하는 대신에 '대중'에 대하여 말한다. 그런데 '대중'이라는 개념에는 초월적인 것의 그림자가 깃들여있다. 이 용어를 변증법적 계기로 설정하는 극단에 이르지 않을 경우에는 그렇다.7 오늘날 이에 반하여 사랑은 모든 선입견과 미래의 모습의 고정화에서 벗어나 전투성의 핵심에 놓이는 적절한 테크놀로지를 구성할 수 있는가? 사랑의 터전은 무엇인가? 이미 말한 대로 사랑은 협동을 즉 특이성들의 그리고 다중의 공동생산을 터전으로 한다. 따라서 이제 우리는 '대중' 대신에 '다중'을 눈앞에 두고 있다. '다중'은 다수적인 특이성들이 공통적인 것을 구성하는 가운데 보이는 항상 열려있는 투쟁을 핵심으로 한다. 사랑의 프락시스로서의 전투성은 가난의 동력학과 공통적인 것의 구성의 공존을 드러낸다.

‖ 12. 2 ‖ 그런데 왜 우리는 이 사랑의 테크놀로지를 여전히 '전투성'이라는 낡은 이름으로 지칭하는가? 이 낡은 이름은 현실 사회주의권의 몰락과 함께 완전히 폐기되지 (그리고 객관적으로 대체되지) 않았는가? 그럴지도 모른다. 그러나 이 운동의 덕성스런 에너지를, 한 세기 이상 동안 희망을 재구축하였던 사람들과 다중들의 덕성스런 에너지를 누가 잊겠는가?

---

7. 변증법적 계기로 설정하는 경우에는 운동에 의하여 지양되는 일시적인 것이 된다.

그리고 혁명적인 실천에서 공통적인 것이라는 공통된 이름을 새로운 형태로 창안한 사람이 누구인가?

∥12. 3∥ '전투성'이라는 낡은 이름을 사용하는 데 대한 또 하나의 반대는 더 적절해 보인다. 새로운 삶정치적 차원에서는 (여기서 사랑의 테크놀로지의 정의가 막 제공되려고 한다) 전투성이라는 이름은 언어적, 생산적, 정치적 네트워크들을 탄생시킨 기업가적(entrepreunerial)이고 구성적인 자질들을 결여한다. 그러면 무엇이 '전투성'을 대신할 것인가? '기업가,' '정치적 기업가,' '사회적 기업가'? 그러한 언어적 오염이 얼마나 큰 모순을 유발할 것인가! ('자발적 부문'이라는 진정제 같은 이름을 사용할 것인가? 그러나 이는 우리를 우리가 이제 멀리 벗어난 초월적 문화로 우리를 되돌리는 것인 아닌가?)

∥12. 4∥ 그렇다면 유보조건에도 불구하고 전투성이라는 지형을 고수하기로 하자. 그리고 표면적인 언어적 표현보다는 공통된 이름의 물질적 차원을 강조하기로 하자. 그렇다면 전투성은 저항이고 파열이며 특이성의 발견(특이성 자체의 발견이며 사건의 발견)이고 공통된 이름의 생산이다. 이것들이 이 경험의 본질적 계기들로서, 이 경험을 다른 어떤 것으로도 환원될 수 없게 만드는 것이다. 그것이 포함하는 공통적인 것의 강렬성이 바로 그것을 정의하는 바의 것이다. '공통적인 것의 전투성.' 따라서 그것은 삶정치적인 것의 복합적인 총체 내에

서 전개되는 경험이다. 그것은 환상적인 형태로 자신을 억제하거나 유지하는 상부구조를 창출하지 않는다. 이 경험은 삶정치적 경험의 모든 결합마디들을 가로질러 자신을 구성적 힘으로 표현한다. 그것은 가치를 생산하는 사회적 관계들에 작용하는 만큼이나 삶의 재생산도 가로지른다. 그것은 매 순간 정서적 에너지와 합리적 열정으로 작용한다. 그것은 주체성의 생산을 통한 다중의 구축이다. 그것은 자신을 지휘하는 능력인 동시에 지휘자가 된 공통적인 것이다.

‖ 13. 1 ‖ 그러나 만일 가난과 사랑의 실천으로서 이해된 바의 공통적인 것의 전투성 개념을 더 심화시키려 한다면 공통적인 것의 실천이 전제하는, 인간학과 존재론의 관계를 근본적으로 변화시키는 데 관심을 돌려야 한다. 실로 공통적인 것의 구축은 인간학적 조건들의 집합을 변경하는 것을 고려한다. 오늘날 이것은 도구와 언어의 혁명이 감각과 어펙트를 완전히 변혁하였기 때문만이 아니라 인간존재의 경계가 확장되어 이제 환경적 맥락까지 포괄하게 되었기 때문에 가능하다. 이 인간학적 조건들은 순전히 확장의 관점에서만 고려될 수는 없다. 근대에서만 ─ 적어도 부분적으로 ─ 그랬다. 탈근대에서는 도구의 변혁, 언어적 실천이 생산에서 갖는 헤게모니, 그리고 주체성의 생산 내에서의 삶정치적 맥락의 형성으로 인하여

인간존재가 변형되고 기존에 수립된 경계들을 가로지르는 혼종화가 실현된다.

‖ 13. 2 ‖ 이 모든 것은 잘 알려져 있다. 이러한 변혁에서 우리가 강조하고자 하는 것은 사랑의 힘 즉 사랑하기의 테크놀로지와 공통적인 것의 전투성이다. 사랑의 힘은 변신(metamorphosis, 몸의 변형)[8]을 통하여 공통적인 것의 다이어그램들을 의미있게 배열하는 능력으로 발전한다. '자연적' 한계의 극복, 언어들의 상호영향, 류(類)들과 인종들의 섞임 그리고 존재의 일반적 혼종화는 모두 탈근대에서 공통적인 것을 구성하는 요소들이다. 유일한 문제는 언어들과 몸들의 교직에 공통적인 것의 의미를 부여하는 문제이다. 변신의 실험으로 이해된 바의 공통적인 것의 목적론을 다시 한번 되돌려서 검증함으로써 이 과제를 떠맡는 것은 실로 사랑이다. 탈근대에서 공통적인 것은 변신으로 나타난다. 유물론적 목적론은 변신의 목적론이다. 인간학과 존재론은 이러한 혼종화의 환경에 거한다. 즉 사랑의 새로운 테크놀로지로부터 의미를 부여받을 수

---

8. 'metamorphosis'는 'transformation' 사이에 본질적인 차이는 없다. 굳이 구분하자면 전자는 후자의 특정 형태, 즉 '몸'과 깊이 연관되는 바의 'transformation'으로 이해될 수 있다. 따라서 그냥 '변형'으로 옮겨도 큰 문제는 없다. 그러나 상이한 이름의 사용에서 오는 차이를 무시할 수도 없기에, 'metamorphosis'는 맥락상으로 몸에 해당되는 것이 분명한 경우를 제외하고는 (이 경우에는 그냥 '변형'으로 옮겼다) '변신'으로 옮겼다.

있는 사랑의 과정의 심장부에 거한다. 인간학과 존재론은 이로써 구별 불가능하게 된다. 하나가 다른 것의 보철이 되었기 때문이다.

‖ 13. 3 ‖ 인간학과 존재론에 관한 이러한 성찰에서 마지막으로 말할 것은 가난의 문제에 관한 것이다. 만일 가난의 경험을 유심히 살펴본다면 우리는 이 경험이 우리가 서술하고 있는 새로운 관계의 첫 번째 정의를 포함함을 알 수 있다. 그것이 모든 긍정성(positivity)의 가능성인 만큼 그렇다. 이는 가난이 모든 부의 규정, 포함의 규정, 자유의 규정에서 빠져 있기 때문이다. 이러한 결여는 총체적이다. 따라서 그것은 가난을 (인간학적 경험으로서) 존재론적 총체성과의 관계에 놓는다. 사랑의 경험은 전투적 활동성을 통해 성숙에 이르면 이러한 구성적 관계를 고양시키며, 경험의 일반적 짜임새를 재편한다. 우리가 변신이라는 개념을 가장 잘 정의할 수 있는 것은 바로 이 관점에서이다. 그것은 이제, 켄타우로스의 시기에서처럼 하나의 자연적 혹은 인간적 형태에서 다른 자연적 혹은 인간적 형태로 변화하는 것을 지칭하는 개념이 아니다. 또한 '인간-인간'의 시기에서처럼 노동, 상품, 자본의 변신(이는 개인적인 것이든 절대적인 것이든 정신(spirit)의 변형을 수반한다)을 지칭하지도 않는다. 여기서 변신의 개념은 공통적인 것 속에서 그리고 공통적인 것에 의해서 새로운 형태(형식)를 창조하는

것을 지칭할 뿐이다. 가난에서 주어지는 완전히 열려진 가능성은 여기서 창조적 충만으로 나타난다. 영원과 혁신 사이의 관계에 관한 고대와 근대의 수수께끼는 공통적인 것의 새로운 형태를 구성하는 에너지인 '가난-사랑'의 규정 덕분에 다시 한번 풀린다.

‖ 14. 1 ‖ 인간학과 존재론의 연관을 다시 규정짓는 일은 우리가 '공통적인 것의 전투성'이라고 불렀던 바의 사랑의 테크놀로지의 절차들에 관하여 자문하게 만든다. 특히 그 절차가 가진 직접적으로 공통적인 차원, 정치의 이름으로 전통에 의하여 우리에게 전해진 차원에 관심을 돌리게 한다. 만일 정치가 이런 식으로 우리에게 주어지면 우리는 주어진 그대로의 정치와 관계를 청산해야 한다. 이 일은 매우 철저하게 그리고 전적으로 파괴적으로 이루어져야 한다. 전통적으로 정치적인 것은 사랑의 반대이기 때문이다. 그러나 그것은 공통적인 것의 한 형태이기는 하다. 탈근대에 들어서기 전까지 정치는 심지어 공통적인 것의 최고의 형태이기도 했다. 켄타우로스의 시기의 중심부와 주변부에서 신화와 목적론이 했던 역할을 '인간-인간'의 시기에는 정치가 떠맡았다. 그러나 이제 사정은 바뀌었다. 정치는 (그리고 이와 함께 공통적인 것의 형태라고 주장하는 모든 물신들 즉 소유, 권리, 시민사회 및 이와 연

관된 여러 제도들은) 여전히 자신을 예전과 같은 것으로 제시하지만 터무니없는 시대착오를 나타낸다. 정치는 자신이 나타내고 싶어하는 것으로부터 자신을 찢어놓는 이 시대착오에 갇혀서 스펙터클[9]이 되고 폭력이 된다. 정치적인 것의 기생(寄生)적 성격은 총체적이 되었다. 따라서 사랑의 테크놀로지는 정치라는 이름의 〈권력〉의 형상을 비판한다. 사랑의 테크놀로지는 사자가 양을 발기발기 찢는 것처럼 자연스럽게 정치와 맞선다. 그런데 가장 똑똑한 정치학자들이 정치를 체계들의 공존가능성의 실천으로 정의할 때 당신은 이것 말고 어떤 다른 것을 기대하는가? 이 정의는 가장 똑똑한 정치가들조차도 실질적으로 받는 경멸을 정당화하기에 충분하며, 종종은 그들이 받는 혐오를 정당화하기에도 충분하다.

‖ 15. 1 ‖ 공통적인 것이란 회계(會計), 공존가능성, 체계화가 결코 아니다. 오늘날 공통적인 것의 전투성이 정치를 대신한다. 이 전투성의 본성은 무엇이고 어떻게 작동하는가? 공통적인 것의 구축으로서의 전투성은 공통적인 것 속에서 의미를 생산함으로써 행동한다. 이것을 '정치'라 부르고 근대 정치가

---

9. 이는 필경 상황주의자인 드보르의 개념으로 사용되었으리라고 생각된다. 드보르의 '스펙터클'(spectacle)은 삶의 소외 혹은 전도(顚倒)로 작용하는 이미지, 즉 실제 삶을 대신하는 이미지를 말한다.

차지하는 바로 그 공간을 차지하는 것으로 간주하는 것이 여전히 가능한가? 공통적인 것의 전투성은 정치의 지형과는 다른 지형 즉 삶의 총체성이라는 지형에서 행동한다. 이 관점에서 볼 때 '삶정치'가 이미 공통된 이름에 더 그럴듯하게 근접한다. 삶정치는, 공통된 것(common matter)을 가로지르고 그것을 변형하는 에너지로서 이해된 사랑의 구성적 운동과 생산력과 절차들을 전면에 부각시키기 때문이다. 그러나 이는 아직 근접한 것일 뿐이다. 실제 현실에서 우리는 공통적인 것의 테크놀로지인 사랑이 정치적 맥락 전체를 파괴와 대체를 통해 포위하고 나서야 비로소 확연하게 공통된 이름을 구축할 수 있을 것이다.

‖ 15. 2 ‖ 현재 바로 그런 일이 일어나고 있다. 1968년 이래 인류의 역사는 이 방향으로 진행되었다. 공통적인 것의 유물론적 목적론은 이 과제에 몰두하였다. <권력>이 그 가장 요란스럽게 선전된 성공―즉 탈근대적 지구화―을 축하하는 바로 그 순간에 공통적인 것의 계보학은 자신을 사랑의 테크놀로지로 변환하여 출현하기 시작하였다. 공적인 것과 사적인 것의 분리의 파괴, 노동력의 유목주의와 유연성, 사회적인 것이 (그 모든 삶정치적 차원에서) 공통적인 것의 구조로서 새롭게 배열된 것, 대중지성의 출현―이것들은 사랑에 의하여 활력이 충전되는 공통적인 것이 아직 본격화되기 전에 미리

선을 보이는 강력한 사례들 중 몇 개일 뿐이다. 이러한 강력한 주체성의 생산에 새로운 그물을 던져 씌우려는 〈권력〉의, '정치'의 모든 시도는 빈자들 측에서의 새로운 저항을, 새로운 공동체들을, 새로운 프로그램들을 낳는다. 그러나 또한 맞서고 새로운 지평을 구상하고 지금과는 '다른' 삶의 질서 즉 공통적인 것을 창조하는 운동들과 힘들을 낳는다. 가난의 공통된 운동에 의하여, 공통적인 것의 전투성의 운동에 의하여 공격을 받는 것은 정치 전체이다. 사랑이 의미를 부여하는 '또 다른 형태의 공통적인 것' ― 정치와는 다른 것 ― 이 중요한 문제이기 때문이다.

‖ 15. 3 ‖ 그러면 오늘날의 '정치'란 무엇인가? 그것은 가난과 사랑 사이에서 공통된 이름을 생산하는 활동이다. 어떻게? 그리고 그 다음에는?

Multitude 3

다중

7 정치
8 산 노동
9 결정

나는 일어섰다. 냉담한 별 아래,
무한히 버려진 그리고 신비한
대지 위에서, 자유인은 자신의 천막으로부터
그 어떤 신의 그림자에 의해서도
모독되지 않은 무한한 하늘을 향하여 팔을 뻗었다.

—디노 깜빠나, 「뺨빠」, 『오르페우스에 바치는 노래들』

7
정치
Politics

‖1.1‖ 탈근대의 다중은 특이성들의 집합이다. 그 삶의 도구는 두뇌이며 그 생산력은 협동에 있다. 바꾸어 말하자면, 다중을 구성하는 특이성들이 복수(複數)적이라면, 특이성들이 관계를 맺는 방식은 협동적이다.

‖1.2‖ 우리의 물음은 이렇다. 우리가 '다중'이라고 부르는 이 삶정치적인 (지적이고 협동적인) 대중이 어떻게 '자기자신에 대한 통치력'을 행사할 수 있는가? 특이성들의 복수성과 협동은 그것들이 세계의 구성적 힘을 이루는 한에서 공통적인 것의 통치를 어떻게 표현할 수 있는가?

‖1.3‖ <권력>의 초월적 은유들은 (이는 다시 한번 목적

론적 은유들을 취한다) 협동이 특이성들의 지평 내에서 <권력>이 차지하는 효율성의 위치로 고양될 수 있음을 부정하고 더 나아가 대중지성이 그에 대한 통일된 결정을 할 수 있음을 부정한다. 근대적 주권이 이 부정들을 통칭하는 일반명이다.

‖ 1.4 ‖ 그러면 '협동과 지성이 정해진 목적에 의해 매개되지 않고 / 않거나 그 목적을 향하지 않는다면'이라는 단서를 달아보자. 바꾸어 말하자면 '협동과 지성이 목적론적 및 / 혹은 종말론적 계획에 의하여 은밀하게 지탱되지 않는다면'이라는 단서를 달아보자. 그러나 이는 주권을 주권이 아닌 것에 걸쳐 있는 것으로 파악한 것에 불과하다.

‖ 1.5 ‖ 지금까지 이야기된 것을 기반으로 우리는 주권이라는 이름을 환상적인 것으로 간주한다. 그리고 공통적인 것을 정치적인 것의 유일한 기준으로 간주한다. 그런데 이 공통적인 것에 어떻게 정부를 제공할 것인가?

‖ 2.1 ‖ 혁명적인 정치사상이 발전되는 과정에서, 혁명을 근본적으로 존재론적 변형으로 보는 인식은 항상 주권사상을 복원하고 통합하였다. 정치적 존재론은 이 원죄에 대한 대가를 치렀다. 이와 반대로 공통적인 것의 목적론 안에서는 존재론적 변형이 우리를 주권으로부터 자유롭게 해준다.

‖ 2.2 ‖ 통시적 관점에서 볼 때, 존재론적 변형에 관한 '개

량주의적' 견해는 전체를 변형하지 않고서는 부분을 변형할 수 없음을 보여주고자 한 입장으로부터 항상 강력한 비판을 받았다. 그러나 일단 초월적 환상의 바깥으로 나오게 되면 전체란 부분들의 집합에 불과하게 된다. 따라서 개량주의의 존재론적 근거는 현실적 일관성을 갖게 된다.

‖2.3‖ 공시적 관점에서 볼 때, 존재론적 변형에 관한 '개량주의적' 견해들은 정치적 체제 안에서 <권력>을 재전유하기를 (합리적으로) 결정하는 것을 포기한다고 비난받았다. 즉 반란의 합리적 성격을 거부한다고 비난받았던 것이다. 그러나 반란은 <권력>의 부정적 얼굴이 아니며 오히려 존재론적 혁신을 표현한다. 이에 반해 <권력>은 존재론적 변형에 대하여 결정할 수 없다.

‖2.4‖ 정치철학은 주권의 초월적 성격으로부터 스스로를 해방시키는 가운데 결정(decision)이라는 테마의 의미를 변형시킨다. (특히 유물론적 형태의 정치철학이 그러하며, 그로부터 나오는, 정치적인 것의 존재론적 프락시스가 그러하다.) 결정이 정치적인 것이 갖는 '우월성'의 대표적 표시였고 반란이 환상적 '권력장악'의 모태를 대표했던 때에 일어났던 것과는 반대로, 일단 대중지성과 협동의 지평 안에 놓인 결정과 반란은 다중을 구성하는 특이성들에 의하여 흡수되고 삼투되어져야 한다.

∥2.5∥ 결정과 반란은 합리적이지도 않고 비합리적이지도 않다. 체계적이지도 않고 자생적이지도 않다. 결정과 반란은 공통적인 것의 목적론에 참여한다. 즉 매 순간 '장차 올 것'의 측정불가능성에 창조적인 방식으로 열려있는 바로 그 목적론에 참여한다.

∥3.1∥ 공통적인 것의 목적론은 그것이 세계의 존재론적 변형의 발동기(motor)인 한에서는 주권매개론에 종속될 수 없다. 주권에 의한 매개란 언제나 측정단위의 수립인데, 존재론적 변형은 항상 측정불가능하기 때문이다.

∥3.2∥ 근대의 국가형태는 '대표적 기능들'의 합성(composition)과 '유기적' 분배를 통하여 측정단위를 만들어낸다. 척도는 다수의 특이한 힘들을 유기적 매개의 도식에 종속시키며, 그 힘들의 기능을 서열을 지어 분배한다. 근대의 대의 민주주의는 척도에 기반을 둔 제도이며 한계의 미화(美化)이다.

∥3.3∥ 다중의 재합성문제를 제기한 레닌주의는 독재를 민주주의의 최고 형태로 정의하는 순간 그 과제에 실패했다. 이렇게 볼 때 레닌주의는 근대 주권의 역사에 참여한다. 10월 혁명의 발생과 그 가공할 성공과는 별도로, (측정단위로 간주된) 산업발전이 레닌주의의 혁명이론의 수치스런 점이라는 사실을 고려할 때 이 모든 것이 분명해진다.[1]

∥4.1∥ 공통적인 것의 유물론적 목적론에서 정치철학은 '직접 민주주의'와 아무런 관계도 없다. 직접 민주주의는 근대 주권의 형태로부터 스스로를 해방시키지 못한다. 오히려 (특이성들의) 공동체에 대한 초월적 환상을 통하여 근대 주권을 찬양할 뿐이다.

∥4.2∥ 이는 루소와 헤겔에서 바꾸닌 및 노직(Nozick)[2]까지 (이들의 엄청난 차이에도 불구하고) 관통하는 철학적 사유의 가닥에서 더없이 분명하게 보인다. 이 전통에서 총체성의 근간(일반의지, 일반계급, 아나키즘의 영광스런 전야, 정치적 시장의 개인주의적 논리)은 시간 속에서 이루어지는 다중의 생산에 앞선 것으로, 다중의 측정불가능한 것에의 노출보다 앞선 것으로 전제된다.

∥4.3∥ 현실적으로 존재하는 유일한 형태의 직접 민주주의는 통합주의(corporatism)이다. 이는 두 형태로 존재해 왔다. 그 하나는 파시즘적인 것으로서 이는 사회집단들을 '윤리적 국가'(이는 결국에는 차이를 말살할 수 있다) 내에서 매개하는

---

1. [영역자주 20] 레닌주의의 구성적 힘과 실패에 관한 더 자세한 설명으로는 Negri, *Insurgencies*, 6장을 참조할 것. 또한 Negri, *La fabbrica della strategia. 33 lezioni su Lenin* (Padua : CLEUP and Libri Rossi, 1976) 참조.
2. Robert Nozick(1938~2002). 미국의 자유주의 철학자. 대표적 저서로 롤스(John Rawls)의 『정의론』(*A Theory of Justice*)을 비판한 『아나키, 국가 그리고 유토피아』(*Anarchy, State and Utopia*)가 있다(한국어판 : 로버트 노직, 『아나키에서 유토피아로』, 남경희 옮김, 문학과 지성사, 1997).

기능을 복원한다. 다른 하나는 뉴딜적/케인즈적 형태이다. 이는 재계, 노동계, 정부 사이의 합의를 제국주의적 발전의 척도에 종속시킨다. 민주적 통합주의의 헌법상의 기획은 다중의 파괴이다.3

∥4.4∥. 프루동에게서 영감을 받은, 민주주의에 관한 다원론적 이론들, 바꾸어 말하자면 다수의 척도들과 상이한 사회 발전들을 상상하는 이론들 또한 근대적 주권의 모델로 소급될 수 있다. 실로 다른 데서와 마찬가지로 여기서도 매개가 근본적인 위치에 있다. 비록 주권적 <권력>의 개입이 이 경우에 얼마 안 되더라도 이는 우리가 그 기능들과 측정단위들이 사회적인 것에 의해서 그리고 그 속에 흡수된다고 상상하기 때문일 뿐이다. 이 수프는 통합주의의 수프보다 조금 맛이 없을 뿐이지 여전히 그 변종으로 남아있다. '장차 올 것'의 측정불가능성에 대해서는 아무것도 모르기 때문이다.

---

3. 'corporatism'은 여러 의미를 갖는다. 국가와 기업의 유착을 지칭하기도 하고, 국가가 경제에 개입하는 것을 지칭하기도 하며(일종의 국가주의), 단순히 기업논리의 지배를 지칭하기도 한다. 이탈리아의 파시즘에서는 한 기업의 고용주들과 노동자들이 하나의 'corporation'으로 통합되어 의회에 대표자를 내게 한 제도를 지칭한다. 따라서 'corporatism'은 맥락에 따라 '기업주의,' '담합주의,' '조합주의' 등 여러 가지로 옮겨질 수 있다. 여기서는 네그리가 두 개의 서로 다른 형태를 언급하므로, 둘을 포괄할 수 있게 'corporate'의 원래 의미인 '통합'을 살려서 그냥 '통합주의'로 옮겼다. '체제 내로의 통합'이란 말을 염두에 둔 것이기도 하다.

‖5.1‖ 탈근대의 시기에 주권에 관한 약한 이론은 <권력>이 다중을 지배하는 조건으로서 일정한 형태의 다원화를 필요로 하며 사회적인 것의 '쌩디컬리즘'(혹은 통합주의)을 필요로 한다. 이 이론은, 확산된 소통망들— 이 소통망들은 자율적으로 유지되며, 특정 영토에의 고정과 세계시장에서의 유동성 사이의 강한 긴장에 휩싸인다— 의 사회적 조직을 일단 인정하고 나서, 전지구적으로 타당한 (화폐적, 금융적 등의) 측정단위에 기반을 둔 재중심화 과정의 기획을 정식화한다. 그런데 영토화된 기업세력의 형성과 세계시장에서 일어나는 공통된 척도로의 환원은 초국적인 그리고/혹은 제국적인 힘에서 보증을 받는 주권의 변증법을 통하여 일어나게 된다. 이 지점에서 주권은 약한 데서 벗어나 다시 강하게 된다. 사회적인 것의 다원화(혹은 쌩디컬리즘화) — 이는 사회학적 형상이었다— 는 이 지형으로부터 떨어져 나와 제국적 <권력>과 긴밀하게 연관된 대의(代議) 기능들로 재정향된다. 주권은 다중의 힘에 대응하기 위하여 탈영토화된 지평 속에서 그 중력중심을 확대하는 것이다. 개념과 실천 모두에서 일어나는 이 재주넘기는 주권의 형태를 바꾸기는 하지만, 그 실재를 바꾸지는 않는다.

‖5.2‖ 탈근대에서 특이성들의 체계적 복합성과 변증법적 중립화가 이러한 수준까지 달성되었기는 하지만, 초월적 주권관의 연속성은 여전히 손상받지 않은 채로 남아있다. 주권의

효율성이 확대되고 강화되는 가운데 개량주의적인 권력관(權力觀)만이 아니라 혁명적인 권력관도 결국 그것에 포섭되고 만다. 이것이 제국적 주권의 배치이다.

∥5.3∥ 그러나 주권이 전지구적으로 조직된 맥락에서는 제국과 다중이 직접 맞선다. 이러한 맥락에서 모든 매개는 해체되는 경향이 생긴다.

∥5.4∥ 지금까지 모든 개혁들과 혁명들은 척도와 통일성을 기반으로 한 정치철학, 즉 측정단위에 대한 초월적 환상을 기반으로 한 정치철학을 강화해 왔을 뿐이다. 근대에서 사회와 국가의 접합은 분리될 수도 없고 현재와 다르게 실현될 수도 없기 때문이다. 그러나 탈근대의 다중은 그 어떤 주권방정식에도 고개를 수그리지 않고 그 방정식을 시간의 측정불가능성에 노출시키는 공통성(commonality)을 긍정함으로써, 사회와 국가의 이러한 접합이 파열되도록 할 수 있다.

∥6.1∥ 탈근대의 정치적 질서가 시간의 측정불가능성에 파괴적으로 노출되어 있다고 말하는 것은 다중이 '장차 올 것'에 새로운 선택을 부여함으로써 삶을 생산한다는 것을 의미한다. 세계의 공통적 실존을 창출하는 것은 <권력>이 아니라 다중의 구성적 힘이다. 이 공통적 실존은 그 어떤 질서에도 이미 존재하는 것으로 전제된다. 그 어떤 질서라도 측정불가능한

것으로 만들기 때문이다.

‖6.2‖ 존재가 구성적 힘 속에서 일관함을 긍정함으로써 그리고 시간의 구성적 화살을 영원한 것의 혁신을 향해 열어 젖힘으로써 세계의 모든 생산을 결정하는 것은 바로 삶정치적인 것이다.

‖6.3‖ 공통적인 것의 목적론은 '장차 올 것'에의 노출을 통해서 산다. 만일 삶정치적인 것이 공통적인 것의 목적론의 문제라면 가난과 사랑이 그 중추이다. 그러나 가난과 사랑 또한 '장차 올' 시간의 측정불가능성에 열려져 있다. 결과적으로 공통적인 것의 목적론은 이 측정불가능성에 노출되어 있다. 동시에 이로부터 다음과 같은 생각이 도출된다.

‖6.4‖ (물리적 및 정치적) 세계의 생산 그리고 그 '장차 올' 부의 생산은 공통적인 것의 '상부구조'이다. 나는 이것을 하나의 역설로서 말한다. 삶정치적인 것에서는 위도 없고 아래도 없으며, 안도 없고 바깥도 없기 때문이다. 그러나 역설적으로라도 이 점을 강조하는 것이 그리하여 경제주의의 모든 신비화들에 대항하고, '상부구조'의 모든 환상들에 대항하는 것, 그럼으로써 공통적인 것만이 완전한 의미에서 토대를 이룬다는 점을 입증하는 것이 중요하다.

‖6.5‖ 모든 삶정치적 계보는 척도 너머의 것을 향하여 열리는 것에 의하여 결정된다.

‖7.1‖ 세계의 삶정치적 지평은 다수적이다. 다중은 특이성들의 환원될 수 없는 집합이다. 그리고 (척도 너머의 것에 노출되는 사례로서의) 특이성은 새로운 다수성들의 생산, 새로운 다중들의 생산이다.

‖7.2‖ 시간의 가장자리에 위치한, 다중의 핵심에 있는 특이성들 사이의 그리고 특이한 다중들의 모든 생산적 연계(nexus)는 소통적 연계이다. 이러한 맥락에서 생산은 주체성의 생산이다.

‖7.3‖ 그러나 만일 생산이 주체성의 생산이라면, 즉 생산자와 생산물이 주체적이라면, 그리고 생산과정이 삶정치적 일반지성의 언어영역과 일치한다면, 그렇다면 우리는 협동이라는 공통된 이름을 생산자들의 생산능력을 증가시킴으로써 생산자들을 한데 묶는 바로 그 힘이라고 설명할 수 있다. 따라서 이는 주체성의 특이한 생산으로 하여금 생산력이 되도록 한다. 말하자면, 협동이 없으면 생산이 없는 것이다.

‖7.4‖ 만일 다수성이 협동적이라면 다중은 주체성을 생산하는 성좌(星座)들(constellations)의 집합이다.

‖8.1‖ 우리의 현재의 문제는 주체성을 생산하는 성좌들이 어떻게 형성되고 어떻게 상호작용하는지를 분석하는 것이다. 혹은 바꾸어 말하자면, 성좌들이 협동과의 관계에서 스스

로를 위치짓는 방식을 분석하는 것이다.

‖8. 2‖ 이는, 여기서 영원한 것의 발생 즉 그 혁신이라는 테마가 다시 한번 거론되는 만큼 우리의 분석에서 결정적인 점이다. 협동은 다중의 핵심부에서 차이들이 배열되어 성좌를 이룬 것이다. 이는 특이성들이 모여 이루는 다중의 카오스를 생산적으로 조직하는 바로 그 클리나멘이다. 다른 이들은 배치 혹은 아쌍블라주에 대해서 말했지만[4] 우리는 여기서 성좌들에 대해서 말한다. 이것이 우리의 연구에서 첫 단계일 뿐임은 분명하다. 이러한 과정의 근거 그리고/혹은 역동적 힘을 찾는 단계들, 즉 모든 성좌를 구성하는 힘으로서의 사랑에 대한 분석으로 되돌아가는 다른 단계들이 남아 있다.

‖9. 1‖ '생산적 성좌'란 다중의 힘의 차이들이 협동하여 새로운 힘을 창조할 때 형성된다. 성좌는 협동에 참가하는 (개별적으로 고려된) 생산적 특이성들의 총합보다 더 생산적이다. 바로 이러한 이유로 특이성들은 협동하려고 노력하는 것이며,

---

4. [영역자주 21] 이는 명백하게도 푸꼬와 들뢰즈·가따리에 대한 언급이다. Deleuze, "What is a dispositif?" in Deleuze, *Michel Foucault Philosopher*, trans. T. J. Armstrong (London : Routledge, 1992), pp. 159~68 참조. 또한 Deleuze, *Foucault*, trans. S. Hand (Minneapolis, University of Minnesota Press, 1988, 한국어판 : 질 들뢰즈, 『푸코』, 허경 옮김, 동문선, 2003) 참조. 아쌍블라주에 대한 비상하게 풍부한 이론으로는 Deleuze and Guattari, *A Thousans Plateaus* 참조.

특이한 다중들은 성좌를 형성하려고 노력하는 것이다. 이런 식으로 더 많은 것을 생산할 수 있다. 아니, 이런 식으로 생산성의 특이한 척도를 계속적으로 넘어서서 점차적으로 측정불가능한 것에 자신을 열어놓을 수 있다고 말하는 것이 더 나을 것 같다.

‖9.2‖ 이렇게 보면 협동적 성좌들의 계보학은 그 결과 즉 잉여가치에 의하여 정의되는 것처럼 보인다. 그러나 이 양적 규정에 기만을 당해서는 안 된다. 성좌들은, 특이성들이 존재의 가장자리에서 그들의 노동을 어떻게 생산적으로 전진시킬까를 스스로 묻는 때에 형성된다. 이 물음은 가난과 사랑에 의하여 지탱된다. 결과적으로 협동적 성좌들이란 공통적인 것의 목적론적 전진이다.

‖9.3‖ 근대에서 생산적 협동은 자본가의 전유 그리고/ 혹은 국가의 전유를 통하여 부과되었다. 여기서 우리는 착취를 공통적인 것의 토대로 만든, '인간-인간'의 혁명을 본다.

‖9.4‖ 탈근대의 시기에는 생산적 협동이 대중지성의 헤게모니에 의해서 부과된다. 협동이 없이는 (더 정확하게 말하자면, 언어적 협동이 없이는) 생산이 불가능하다. 따라서 협동을 구축하고 그것을 특이성들에게 부과하는 것은 (지적인) 생산적 노동 자체의 특징이다. 탈근대에서 특이성들은 그 자체가 협동이 없이는 실존할 수 없다.

‖9.5‖ 언어적 협동은 협동을 노동의 사회적 조직의 외부로부터 내부로 전달하며 그럼으로써 그 조직을 변화시킨다. 즉 '외부'를 지우고 협동을 탈가치화하여(transvaluate) — 완전한 의미에서 — 힘으로 만드는 것이다.

‖9.6‖ 만일 근대에 다중(대중)이 외부로부터 산출되었다면 탈근대에서 다중은 자연발생적으로 형성된다. 말하자면, 다중은 협동적 성좌들 속에 한데 모아지는 특이성들의 힘인 것이다. 그리고 이제 공통적인 것이 생산에 선행하는 것이다.

‖9.7‖ 근대와 탈근대를 가르는 것은 1968년이다. 1968년에 대중지성이 처음으로 헤게모니적 형태로, 즉 다중 안에서, 다중의 헤게모니적 성좌로서 나타났기 때문이다.

‖10.1‖ 다중은 힘으로 되면서 특이성을 생성한다. 생성은 다중에 선행하는 어떤 것이 아니다. 반대로 다중에 속하는 것 즉 다중을 구성하면서 다중을 정의하는 것이다. 생성은 다중으로부터 나온다.

‖10.2‖ 다중이 생산한 가치는 측정불가능하다. 그것은 존재의 가장자리 너머로 투사된 다중의 힘이다.

‖10.3‖ 다중이 행하는 생성은 존재를 혁신한다.

‖11.1‖ 생산적 다중들이 어떻게 서로 교차하는가는 성좌

들이 형성된 이후에 나타나는 문제가 아니라 동시에 나타나는 문제이다. 협동과정의 복합적인 계보학은 실상 특이성들과 다중들의 교직이다. 그것은 생산적으로 된 언어들의 바벨탑이다. 그것은 모든 '장차 올 것'이 들여앉혀지는 원초적인 물리학이다.

∥ 11.2 ∥ 생산적 힘의 계보학은 공통적인 것의 목적론의 발전과 마찬가지로 자유로운 교직이다. 시작도 없고 끝도 없이 영원하기 때문이다. 그것은, 새로운 존재를 창조하기 위하여 매 순간 자신이 날린 시간의 화살을 좇기에, 그 자신의 자유로운 텔로스 말고는 그 어떤 명령도 따르지 않는다.

∥ 11.3 ∥ 모든 것은 흐르며, 모든 것은 시간의 가장자리에서 뒤섞인다. 특이성들은 진공과 대면하여 모든 방면에서 한계에 공격을 가한다. 삶을 위한 또 다른 충만을 공동으로 구축하기 위해서이다. 다중의 삶정치적 생산의 의의는 바로 여기에 즉 충만으로부터 비움으로 뻗어가서 진공을 채우는 데 있다.

∥ 11.4 ∥ 성좌들의 형성은 (그리고 교직은) 모두 그 특수한 규정들 속에서 고려될 수 있고 또 그렇게 고려되어야 함이 분명하다.

∥ 12.1 ∥ 근대에서 삶정치적인 것은 생산과 관련된 복지의 산물이다. 탈근대에서 복지는 삶정치의 공간 전체로 확대되어

삶정치와 융합될 정도에 이른다. 삶정치적인 것이 토대가 되고 생산이 상부구조가 되는 것은 복지가 형식적으로 소멸하고 그것이 현실적 비가역성이 되는 이러한 조건에서이다.

‖12.2‖ 생산으로부터의 잉여가치 추출이라는 맑스의 생각은 탈근대적 사유의 계보학에서는 그 역할이 다했다. (착취의 과정을 사회적인 것의 총체에 부착되는 것으로 만드는 때조차도 그렇다.) 맑스의 착취 개념이 타당하던 조건은 사라졌다. 산업생산이 더 이상 근본적인 위치에 있지 않고 삶정치적 토대의 생산적 활동의 단순한 결과에 불과한 것이 되었기 때문이다. 바꾸어 말하자면, 탈근대에서는 노동이 지적이고 비물질적인 것이 되었다. 그것은 삶정치적인 협동 속에 자리를 잡았다. 그런데 어떻게 착취될 수 있는가?

‖12.3‖ 우리가 근대 경제에서 잉여가치라고 부르는 것은 탈근대에서는 더 이상 단순히 노동을 그 재생산에 필요한 가치 —이는 경우마다 달라진다— 이상으로 추출하는 것이 아니다. 탈근대에서 잉여가치란 무엇보다도 공통적인 것의 목적론의 봉쇄이다. 즉 공통적인 것을 동어반복적인 것으로 만들고 공통적인 것이라는 공통된 이름을 무의미하게 만들려는 시도이다. 근대 경제에서 착취라고 불리는 것은 탈근대에서는 측정불가능한 것에 의하여 존재의 한계를 넘어서려는 빈자의 시도를 막기 위하여 세운 장벽들에 의하여 정의된다. 착취는 다

플레이션이다. '장차 올 것'에 열려있는 삶정치적인 것의 힘을 꺾는 것이며 그것을 척도로 환원하는 것이다.

‖ 13. 1 ‖ 탈근대에서 '구성적 힘'은 근대에서처럼 봉기를 통하여 (그리고 그 뒤를 잇는 테르미도르들을 통하여) 새로운 질서를 창조하는, 다중의 (혹은 반란하는 빈자의) 창조적이고 즉발적인 집중이 더 이상 아니다. 지금 구성적 힘은 공통적인 것의 목적론의 발전에 상응하는 정치적 차원이 되었다. 즉 그것은 삶정치적 토대로부터 나와서 존재의 모든 지평들을 가로질러 확대되는 그리고 시간의 모든 순간들로 확대되는 구성적 힘이다.

‖ 13. 2 ‖ 생산적 성좌들의 형성과 교직은 구성적 힘의 발현들이다.

‖ 13. 3 ‖ 구성적 힘에 대한 비판들로서 '제도화하는'과 '제도화된'의 대립을 활용하는 것들은 변증법적으로부터 영감을 받은 것이든 생기론(vitalism)으로부터 영감을 받은 것이든 잘못 되었다. 탈근대에서는 구성적 힘이 공통적인 것으로 하여금 시간의 가장자리에서 진공과 대면하여 자신을 구성하도록 촉구하는 것에 상응하여 실존하는 만큼 그런 대립에 대하여 알지 못한다. 항상 영원한 것에 이렇게 노출되어 존재하기에 구성적 힘은 구성된 어떤 것이 미리 전제되어 있을 수 있음을

부정한다.

‖13. 4‖ 우리는 근대의 역사에서 존재론을 정치보다 더 근본적인 것으로 정확하게 정의했다는 점에 대해서 '자코뱅주의'의 비판가들을 존경해야 한다. (여기서 자코뱅주의는 하이네가 '세 명의 R'이라고 부른 리쉴뢰, 로베스삐에르, 로스쉴드(Rothschild)[5]가 구성한, 역사적으로 실존했던 경향과 동일시될 수 있는 일반명적 개념으로 이해된 것이다.) 근대 정치의 반동적 철학자들이 혁명적 철학자들보다 더 현명했다는 생각은 새로운 것이 아니다. 탈근대의 철학에서 이러한 존재론의 우월성은 절대적이 된다. 존재론이 정치를 흡수했기 때문이다.[6]

‖13. 5‖ 정치적인 것은 모두 삶정치적이다. '정치적인 것의 자율성'이라는 개념은 결과적으로 불성실하고 병적인 것이 된다. 탈근대에서 이 개념의 무력함은 (즉 그 무용성은) 절대적으로 된다.

---

5. 한 사람을 지칭하는 것이 아니라 18세기와 19세기에 유럽 전체에 걸쳐서 은행업과 금융업으로 번성한 유태인 가문을 지칭한다.
6. [영역자주 22] 존재론과 정치의 관계에 대한 간략한 논의로는 이 책의 해설 III부와 거기에 나온 참고서적들을 참조하라. [영역자의 해설은 번역에서 생략하였다 —옮긴이]

8
산 노동
Living Labor

‖1.1‖ 우리는 이제 삶정치적인 생산이 창출하는, 가치의 탈가치화(더 정확하게 말하자면 언어와 결정이 갖는 의미의 탈가치화)를 분석해서 그 탈가치화에 의하여 결정되며 현실적인 것의 성좌들에서 펼쳐지는 혁신들을 세밀히 살펴보아야 한다.

‖1.2‖ 삶정치에서는 존재론이 생산의 영역과 정치적인 것의 영역 모두에 선행한다는 점을 분명히 하고 나서도 존재론적 결정들이 생산과 정치 내에서 탈가치화된 힘을 어떻게 드러내는가를 보여주는 일이 여전히 남아있는 만큼 이 분석은 필요하다. 물론 그렇더라도 그러한 탈가치화가 이미 일어나고 있다는 사실에는 변함이 없다.

‖1.3‖ 우리가 구성적 힘을 존재론 안에 들여앉힐 때 이로써 실재적인 것의 성좌들에서 움직이고 있는 구성적 힘들을 정의하는 것은 아니다. 우리는 협동이 탈가치화를 결정한다는 것을 안다. 이제 협동의 작업은 그 새로운 존재론적 규정들에서 그 새롭고 특이한 생산성의 양상들을 드러내야 한다.

‖1.4‖ 방법론적 관점에서 볼 때 삶정치적인 것의 존재론은 정치적인 것의 생산의 선결조건으로서, 정치적 사건들의 특이화의 토대로서 그리고 탈가치화의 발동기로서 간주된다.

‖2.1‖ 그런데 우리가 탈가치화라는 말로 의미하는 바는 무엇인가? 탈가치화는 영원한 것과 혁신이 만나는 지점이다. 그것은 영원한 것을 혁신하는 방아쇠이다. 탈가치화는 고전적 유물론과 근대 유물론 전통이 붕괴하는 바로 그 지점에서 출현한다.

‖2.2‖ 탈가치화에서 영원한 것과 혁신은 떼어낼 수 없게 통합되어 새로운 존재의 창조에서 공동적으로 실체를 이루게 된다. 결과적으로 탈가치화는 모델이 없다는 사실에 의해서 식별될 수 있다. 그것은 반복도 아니고 모방도 아니다. 우리는 이미 구성된 가치들과 실재들을 토대로 해서는 그 사례를 제공할 수 없다. 탈가치화는 철저하게 그리고 오직 시간의 가장자리에만 위치한다. 탈가치화는 생산적 사건이다.

‖2.3‖ 탈가치화를 어디에서나 볼 수 있는 것은 바로 이 이유에서이다. 즉 시간의 가장자리란 어디에나 있는 것이다. 탈가치화는 모든 방면으로 확산된 힘이며, 환원 불가능한 다수성으로서 출현한다. (이는 가장 간단하면서도 가장 어려운 일이다. 탈가치화는 세계를 청년으로 보지 않는다. 그러나 그 자체는 청년이다.)

‖2.4‖ 이 다수성은 특이성의 표시이다. 바꾸어 말하자면, 영원한 것의 혁신이 특이성에 고유한 것인 만큼 탈가치화는 특이성과 관계한다.

‖2.5‖ 그럼에도 불구하고 탈가치화는 항상 모든 면에서 열려있는 전방면적인(omniversal) 기계이다. 아니, 버추얼한 공장이라고 하는 것이 더 낫겠다. 공통적인 것의 목적론에 다름 아니기 때문이다. 이는 탈가치화는 다중으로부터 나온다고 말하는 것과 같다.

‖3.1‖ <인간의 도시>(The City of Man) 즉 일상적인 삶이 이루어지는 세계가 공통적인 것의 목적론적 기계이다.

‖3.2‖ 이러한 목적론적 기계작동의 표시가 시간의 가장자리에서의 영원한 노출이며 혁신의 필요성(그리고 새로운 존재를 창조할 필요성)이다. 존재론이 인간학을 향상시킨다면 목적론적 탈가치화의 기계들은 한편으로는 빈자의 힘이요 다

른 한편으로는 사랑의 창조성이다.

‖3.3‖ <인간의 도시>는 공통적인 것의 목적론이 거하는 도시이다. 그것은 <신의 도시>에 맞선다(그리고 <신의 도시>가 아무런 토대가 없음을 드러낸다). 유물론적 목적론은 초월적 혹은 종말론적 무한에 대립하여 유한의 영원성을 제기하기 때문이다. <인간의 도시>는 그 우연한 과정을 통하여 공통 언어의 창조적 기계작동을—차근차근, 특이성들 하나하나를 차례로 (그러나 항상 다중으로서)—부과함으로써 스스로를 실현한다.

‖3.4‖ 유물론적 목적론의 공통 언어는 디스토피아(dystopia, 반(反)이상향)이다. 유토피아가 완전히 결정된 미래를 전유한다면 디스토피아의 공통 언어는 빈 상태로 남아있는 '장차 올 것'을 채운다. 디스토피아는 혁신의 힘을 진공 속으로 투사하기 때문에 힘차다. 디스토피아는 가난의 덕성(virtus)이다.

‖4.1‖ 분석에서는, 탈가치화의 기계가 <인간의 도시>라는 대우주(macrocosm)에서 작동하는 방식이 정의되어야 한다. 탈가치화 행위의 소우주(microcosm)는 (이는 대우주에서 경험되는 것과 마찬가지의 힘을 갖는다) 몸이며, 또 몸일 수밖에 없다. 몸만이 세계에 특이한 방식으로 참여하며, 그리하여 혁신을 볼 수 있는 관점을 구현한다.

∥4.2∥ 혹은 더 정확하게 말하자면, 결정들의 탈가치화라는 문제가 제기된다면, 따라서 목적론적 기계의 문제가 제기된다면 우리는 그 기저에 어떤 '핵심적 실재'(upokeimenon)[1]가 주어져 있다고 미리 전제할 수 있다. 즉 이러한 다양한 활동들, 배치들, 생산적 성좌들 및 구성적 힘들 — 이들은 다중이 실행하는 모든 존재혁신의 바탕에, 특이하고 환원될 수 없는 현존 속에 자리잡고 있다 — 내부에 각인되는 무언가가 있게 마련이다. 그러나 우리는, 이러한 전제에 대해 판단을 표명하려 하지 않고, 몸이 탈가치화의 힘이 거하는 장소일 뿐만 아니라 그 힘 자체임에 주목한다. 기저의 '핵심적 실재'는 절대적으로 특이하다.

∥4.3∥ 탈가치화와 혁신을 구분할 때 우리는 '혁신'은 존재론적 이름이고 '탈가치화'는 (생산적, 경제적 등등의) 공통된 이름이기에 그렇게 한다. '탈가치화'는 그 과정의 무게를 담지하는, 따라서 몸의 삶을 담지하는 장점을 가진 이름이다. 탈가치화는 특이성과 사건으로 향하는 경향을 가진다.

∥4.4∥ 우리의 분석이 더욱 진행되려면 몸들의 미시물리학/미시정치학이라는 관점을 취해야 한다. 몸들의 미시물리학/미시정치학이 의미하는 바는 정확하게 무엇인가? 이는, 몸

---

[1] 그리스인들은 사물을 일군의 속성들이 어떤 핵을 둘러싸고 모여있는 것으로 이해하였는데, 이 핵이 바로 'upokeimenon'이다.

들이 스스로를 다수성으로서 그리고 (각 몸에 내적이며 또한 외적인) 관계로서 제시한다는 것을 의미한다. 즉 몸의 부분들과 전체 사이의(혹은 몸의 부분들 사이의), 몸들 각각 사이의 지속적인 긴장으로서 제시한다는 것을 의미한다. (스피노자에서 푸꼬까지 미시물리학/미시정치학의 정의는 변하지 않았다. 이 관점에서 고대적인 것과 근대적인 것은 탈근대적인 것으로 탈가치화된다. 그러나 이는 유물론적 예외이다.) 여기서, 다중은 공통적인 것의 목적론적 도가니 속에서 활성화되는 몸의 특이성들의 집합과 교직으로서 나타난다. 기계는 공장이 되며, 몸들은 기계의 부품들이라기보다는 공장의 노동자들이 된다. 이 긴장은 시간의 가장자리에 위치해 있기 때문에 항상 특이하며, 가장자리 너머로 몸을 기울여 향할 준비가 되어있기 때문에 창조적이다. (그런데 '배치들'의 인식적 표지(標識)를 왜 다른 곳에서 찾는가?)

‖4.5‖ 바로 이 긴장을 둘러싸고 탈가치화 기계가 형성된다. 이는 몸들의 특이한 가능성들의 배치들을 교직하는 기계, 존재의 진공을 채우는 풍부하고도 공통적인 직물을 다중 내에서 구축하는 기계, 요컨대 영원을 혁신하는 기계이다.

‖4.6‖ 세계는 항상 이런 식으로 스스로를 구성해 왔다. 그러나 구성과정은 '인간-기계'의 시대에서만 명백하게 드러나는데, 이 시대에는 몸이 자신을 언어로 만들며 언어는 생산

적이 된다. 이러한 변화가 몸들 간의 긴장이 다중의 핵심부에서 새로운 생산력으로 변환되는 현재의 형태를 구성한다. 따라서 일상적인 삶이 이루어지는 세계를 언어적으로 생산하게 된 것은, 탈가치화가 몸들의 힘의 산물로 나타나는 최초의 존재론적 환경이며 몸들이 공통적인 것의 목적론을 완전히 재전유하는 최초의 존재론적 환경이다.

‖4.7‖ 그러나 탈가치화의 온전한 힘은 우리가 몸들로 이루어진 기계를 가난의 관점에서 고려할 수 있게 될 때에만, 그리고 그 무게가 사랑에 의하여 덜어질 때에만 발현되게 된다.

‖5.1‖ 정치적인 관점에서 볼 때 탈가치화는 결정(decision)의 문제와 맞닥뜨린다. 근대에서 이 문제는 정치적 <권력>을 정의하는 데서 결정적인 계기는 아닐지라도 중심적인 계기로 간주되었다. 존재론적 관점에서 볼 때, 이 중심성을 약화시키고 정치적 결정을 그 진정한 실재 즉 몸들의 다양한 탈가치화와 다시 관계짓는 것이 중요하다.

‖5.2‖ 결정이라는 테마는—근대에서처럼—합리적 맥락에 넣고 보아서는 파악하기가 극히 어렵다. 그것은 실로 합리적 선택의 관점에서는 담지될 수도 없고 설명될 수도 없다. 그것은 우리가 합리주의 전통에서 이미 발견한 막다른 골목을 즉각적으로 드러낸다. 판단의 정치적 특이화는 통제질서의 일

반적인 (보편적이고 추상적인) 전제들로부터 도출될 수 없다. 풀 수 없는 수수께끼로 인하여 멈춰서고 만 이론가들은, 정치적 결정의 문제를 푸는 유일한 길은 그 효과적인 성격을 '합리적인 것'의 외부에 놓는 것이라는 결론(이는 뮌히하우젠 남작의 정리에 값하는 결론이다)을 내린다.2 이탈리아의 어떤 훌륭한 출판사의 작가들과 시인들은 이 '외부'를 비극적이고도 애처롭게도 미화하였다. 마치 그것을 정치적 본능, 선(禪)적인 지혜, 감정이입 혹은 냉소주의인 듯이 보면서 말이다…. 더 세련된 논리학자들은 그 '외부'에 대한 합리적 설명의 지주(支柱)를 언어의 수행성에서 혹은 선험적 판단에 잠재된 도식주의에서 찾으려고 하였다. 이는 분명히 근대 합리주의가 행한 사기(詐欺)의 또 다른 사례이다. 빠스깔이, 데까르트의 합리주의적 세계의 완벽함을 주시하면서, 일하기 위해서는 항상 신이 '살짝 등을 떠 밀어주는 것'이 필요하다고 반어적으로 강조했을 때 그는 틀린 것이 아니었다.

‖5. 3‖ 결정의 비합리적 성격이 거하는 공간은 사회학적

---

2. 뮌히하우젠 남작(Baron Münchausen)은 그 유명한 『허풍선이 남작의 모험』의 주인공으로서 독일 군인이며 이야기꾼이다. 뮌히하우젠 남작의 이야기를 다룬 작품은 여럿이 있는데, 라스페(Rudolf Erich Raspe, 1737~94)의 작품이 최초의 것이다. 이 뮌히하우젠 남작의 이야기 중에는 호수에 빠졌을 때 자신의 신발끈(bootstrap)을 잡아 올림으로써 빠져나왔다는 이야기가 유명하다(한국어판: 루돌프 에리히 라스페, 『허풍선이 남작의 모험』, 이매진 옮김, 황금가지, 2003).

사유에서는 그리고 근대의 정치과학에서는 (헌법에 대한 이해와 합리적 윤리학에서처럼) 최소로 줄어든다. 이 비합리적인 것을 축출하기 위하여 사람들은 그것을 벽장 속에 (이 벽장은 때로는 정치적인 사회 및 법적 구성보다 더 크고 때로는 더 작다) 처박아 놓는다. 그런 다음에 나머지 사회 전체는 기능적 합리성에 종속되게 된다. 막스 베버에 따르면, 성숙한 자본주의 사회에서는 비합리적인 것이 남은 것이 거의 없다. 그리고 존재하는 것이 바로 결정적인 것이다.

‖5.4‖ 결정이 처한 막다른 골목과 모순을 제거하는 유일한 길은 결정을 합리/비합리의 이분법으로부터 빼내고, 그 대신에 '선택'을—그것이 운동하고 있는 몸에 있는 두뇌의 산물인 한에서—몸들의 결합과 운동에 결정적인 요소로 보는 것이다. 결정은 몸들의 요소가 된다. 그리하여 행동의 존재론적 조건들 속에 함입된다. 만일 몸들이 시간의 가장자리에서 거하는 자유로운 생산성이라면 결정의 자율성이란 (합리적인 것이든 비합리적인 것이든) 순전히 환상이다. 다중의 운동에서는 가치를 탈가치화하고 존재를 혁신하는 것 즉 결정행위를 하는 것은 몸들이다. 몸들의 자율보다 더한 자율이 무엇인가?

‖5.5‖ 결정에 가장 깊이 참여하는 것은 빈자이지 명령하는 자들이 아니다.

‖6.1‖ '결정'이라는 공통된 이름은 이렇듯 탈가치화와 같은 지형에 놓인다. 결정은 탈가치화를 말하는 또 다른 이름이다. 즉 시간의 가장자리에서 일어나는 존재론적 혁신을 말하는 또 다른 이름이다. 정치적인 것에서 결정이 차지하는 위치는 탈가치화가 생산에서 차지하는 위치(그리고 카이로스가 앎에서 차지하는 위치)와 같다.

‖6.2‖ 따라서 정치적 프락시스의 관점에서 볼 때 결정은 몸들과 다중의 교차의 산물이다. 결정은 다중의 모든 혁신적 생산을 촉발하는 역동적 방아쇠이다. 그리고 결정은 원자들이 진공과 충만을 나누는 선을 따라서 하강한 존재론적 결과이다. 바꾸어 말하자면, 삶정치에서 결정은 존재의 공통적 가장자리로 향함으로써 그 활동을 표현한다.

‖6.3‖ 정치적 결정은 항상 오로지 다중의 결정이다.

‖6.4‖ 군주의 결정에 관하여 말할 때 우리는 아무것도 말하지 않는 것이거나(왜냐하면 이것이 개인의 결정일 때는 필연적으로 효과가 없기 때문이다), 아니면—마치 자신의 행로를 결정할 댐을 발견한 급류처럼—존재의 한 점에 집중된 다중의 활동의 전체 과정에 대하여 말하는 것이다. 우리는 후자의 경우에만 정확하게 말할 수 있다. 결정하는 것은 군주가 아니라 존재의 가장자리이기 때문이다. '예외에 관한 결정'에 두어지는 거대한 강조는 의미가 없다. 매 순간 예외를 결정하고

규정하는 하는 것은 항상 특이성들이기 때문이다. 존재의 혁신보다 더 의미심장한 예외가 어디 있는가? 이 혁신만이 예외이다. 다른 예외는 없으며, 예외에 관한 정치적 결정이란 것은 더욱더 있을 수 없다.

‖7.1‖ 탈근대적 맥락을 전제하는 이론들의 경우에 두 대립적인 경향이 존재한다. 하나는 탈가치화(와 결정)를 금욕적인 것으로 경험하는 경향이고, 다른 하나는 탈가치화(와 결정)를—정치적 민주주의의 구축을 참조하면서—신비적인 경험으로 옮겨놓는 경향이다. 양자 모두 삶정치의 힘을 몰각한다.

‖7.2‖ 탈가치화가 금욕적인 것으로 이해될 때 그 행동능력은 납작하게 대패질 되어 '진보'의 계보학이 되며, 그리하여 결정은 규범화(normalization)의 반복적이고도 따분한 배치들 속에서 희석된다. 이런 경우에 삶정치적 충만의 존재론은 진공에의 노출을 감행하지 않으며, 혁신의 감각은 '너머'를 알지 못한다. 따라서 존재의 탈가치화는 환상일 따름이다.

‖7.3‖ 자신을 절대적인 것이라고 선언하는 민주주의 개념은 금욕주의의 그물 속에서 만들어졌다. 그러나 다중을 미리 구성된 절차 속에 배열하는 이 '절대'는 혁신을 알지 못한다. 만일 민주주의가 공통적인 것의 욕구에 의하여 지속적으로 변형되지 않는다면 그리고 만일 가난이 그 발동기임을 인

식하지 못한다면 민주주의는 어떻게 될 것인가? 물신화 즉 환상과 분리된다면 민주주의가 무엇이 될 수 있겠는가?

‖7.4‖ 탈가치화가 신비적으로 경험될 때 탈가치화의 규정(즉 결정)은 그 벌거벗음으로부터 시작하는 존재의 비움으로부터만 생겨날 수 있다고, 즉 잉여적 여백에서만 생겨날 수 있다고 주장된다. 그러나 삶정치적 존재는 충만하며 일관적이다. 그리고 그 경계는 잉여적이 아니라 창조적이다.

‖7.5‖ 이 경험에 의해서 서술되는 민주주의는 다중의 힘에 대한 무지의 산물이며 부정적인 것에의 강박의 산물이고 저항의 허약함의 산물이다. 여기서 결정의 수많은 변형들—주권적 냉소주의를 표현하는 것이 아니라 은밀한 종말론적 관점으로의 회귀를 표현하는 것들—을 알아보기는 쉽다.

‖7.6‖ 금욕적 탈가치화의 경우에 결정의 잠재력이 박탈되고 '장차 올 것'이 공통적인 것의 동어반복으로 이루어지는 허약한 진보로 전락한다면, 신비적 탈가치화의 경우에는 결정이 부정의 신화(神話)를 번롱하며 '장차 올 것'은 공통적인 것의 목적론과 대립되는 (그리고 영원한 것에 모욕을 주는) 무모한 도약이 된다.

‖8.1‖ 다중으로 하여금 탈가치화를 행할 수 있게 하고 결정을 행할 수 있게 하는 것은 존재의 가장자리에서 협동적 긴

장의 관계를 맺는 몸들과의 조우이다. 그러나 이는 존재의 탈가치화의 형식적 성격만을 나타낸다. 이 조우로 하여금 세계 속에서의 무의미한 실존이라는 경험의 단순한 투사이거나 반복이게 하지 않고 내용상으로 존재론적 의미를 생산하게 하는 것은 과연 무엇인가?

‖8. 2‖ 우리는 이미 이 몸들의 만남이 언어적임을 보았다. 말하자면, 탈근대에서는 언어가 몸들의 만남이 되었다는 것이다. 몸들의 만남은 언어의 삶정치적 맥락을 창조한다. 우리는 또한 언어가 공통적인 것의 목적론에 참여할 때 (즉 공통적인 것이 혁신을 행할 때) 의미를 띰을 보여주었다.

‖8. 3‖ 그럼에도 불구하고, 공통적인 것의 의미가 탈근대적 동어반복에서 떨어져 나오는 것은 오로지 공통적인 것의 목적론이 사랑으로 채워질 때이다. 그때 삶정치적 맥락은 영원한 것을 혁신하는 구성적 힘이 된다. 다중은 여기서 혁신을 행할 수 있게 된다.

‖8. 4‖ 사랑은 경건(pietas) — 즉 초월에 준거하는 힘 — 이 아니다. 또한 단순한 아모르(amor) — 즉 원자론적 맥락에서 작동하며 이 맥락을 막연하게 가로지르는 금욕적 힘 — 도 아니다. 사랑은 삶정치적인 '산 노동'이다. 노동은 삶을 측정불가능한 것에 노출시킴으로써 살아있는 것이 된다. 그리고 (진공 속에서의) 존재의 구축이라는 공동의 사업에서 노동을 유

지하는 것은 사랑이다.

‖8. 5‖ "눈을 치켜떠 / 모두에게 닥친 저주의 운명에 대항하고 / 진실을 피하지 않고 자유로운 입으로 / 약하고 천한 상태를, / 운명이 우리에게 할당한 불길한 처지를 인정하는 / 사람의 영혼은 고결하도다. / 고통 속에서 / 자신이 위대하고 강하다는 것을 보여주는 사람, / 자신의 불행을 다른 사람들 탓으로 돌림으로써 / 모든 다른 비참함에 / 분노와 증오를 — 이 가장 나쁜 죄악들을 — 덧보태지 않고, / 진정으로 죄를 지은 자 즉 우리를 생겨나게 했다는 점에서 우리의 어머니이며 / 의지의 양어머니인 <권력>에게 죄를 돌리는 사람. / 그는 그 양어머니를 적이라 부르며 그리하여 그는 / 인간이 처음부터 모여서 / 그 적에 대항했다고 믿으며 — / 사실이 그렇다 — / 모든 인간을 자신의 동료로 삼고 / 신실한 보편적인 사랑으로 / 모든 인간들을 껴안는다. / 그는 이 공통의 전쟁이 가져오는 / 고통스럽고도 반복적인 위험 속에서 / 인간들에게 즉각적이고도 용감한 도움을 제공하며 또 구한다"(「빗자루」, 111~35행, Giacomo Leopardi, *Poems of Giacomo Leopardi,* trans. J. Heath-Stubbs, London : John Lehman, 1989, pp. 61~2).

‖9. 1‖ '산 노동'의 해방은 (즉 죽은 노동으로부터의 풀려남은) 빈자의 모든 운동의 유토피아를 나타내 왔다. '산 노동'

이란 간단히 말하자면 진공만이 있는 곳에서 존재를 창조하는 힘을 말한다. 산 노동이 공통적인 것의 목적론의 발전을 통하여 죽은 노동의 초월적 지배로부터 확실하게 탈출하는 때에, 산 노동이 도구를 재전유하고 그 결과로 자신을 존재의 가장자리에서 측정불가능한 것에 자유롭게 노출할 때에 산 노동은 유토피아를 벗어난다. 그리하여 산 노동의 해방은 디스토피아가 된다.

‖9. 2‖ 오늘날 산 노동은 모든 생산을 다시 자신과의 관계 속으로 가져왔다. 생산은 그것이 산 노동인 것과 마찬가지 방식으로 또한 언어이다. 산 노동은 직접적으로 지적이고 정서적인 것이 되었기 때문이다. 이 노동이 세계를 생산하고 동시에 혁신한다.

‖9. 3‖ '인간-인간' 시기의 정치경제에서는 세계의 생산과 재생산이 분리되어 있었다. 남성이 생산을 하고 여성이 재생산을 담당했다. 생산과 관련된 경제부문은 남성들의 특권이었고 재생산과 연관된 부문은 여성들의 특권이었다. 노동이 지적이고 정서적으로 된 탈근대에 와서 비로소 생산과 재생산은 더 이상 분리되지 않고 순환적인 총체를 구성하게 되었다. 산 노동이 누구에게나 속하게 된 것이다. 산 노동이 여성적으로 되었다고 간결하게 말할 때, 이는 산 노동이 공통적으로 된 데서 발현되게 된 이러한 변화를 표시하기 위해서이다.

‖9. 4‖ 그러나 노동으로부터 배제된 사람들이 여전히 산 노동의 일부로 간주될 수 있는가? 물론이다. 배제된 사람들도 공통적인 것의 일부이기 때문이다. 누구보다도 배제된 사람 즉 존재의 가장자리―<권력>이 '장차 올 것'을 향하는 목적론적 노력을 봉쇄하는 지점― 에서 가장 큰 위험에 처한 특이성인 가난한 사람은 따라서 가장 공통적인 존재이다. 만일 공통적인 것만이 생산을 생산한다면, 배제된 동시에 공통적인 것에 참여하는 사람 또한 산 노동의 표현인 것이다.

‖9. 5‖ 따라서, 탈가치화와 정치적 결정은 다중의 산 노동의 형상들이며 그렇기에 공통적인 것에 (더 정확하게는 공통적인 것의 존재론적 구성에) 참여한다고 말할 수 있다. 그러나 우리는 우리들의 눈에 탈근대에서 사랑의 테크놀로지의 열림과 그 의미를 구성하는 것처럼 보이는 산 노동과 사랑의 극히 밀접한 친족관계가 무엇인지를 스스로 물어야 한다. '공통적인 것의 전투성'은 '산 노동의 발휘'라고 그리고 탈가치화와 결정은 산 노동의 양상들이라고 말할 수 있는가?

‖10. 1‖ 사랑에 의하여 추동되는 공통적인 것의 텔로스는 서로서로 항상 변화하는 관계를 맺고 있는 다수의 특이성들이 행하는 산 노동이다.

‖10. 2‖ 우리는 생산에서 산 노동을 발휘하는 특이한 몸

들이 맺는 관계들은 항상 변화한다는 것을 보았다. 실로 각각의 특이한 몸은 존재의 가장자리에서 검증된다(만일 몸들이 존재의 가장자리에 위치하지 않는다면 서로 관계를 맺을 수 없고 항상 고정되어 있을 것이다). 그러나 우리는 또한 노동 자체가 언어적이 되었을 때, 그리하여 다중이 혁신 속에서 재구성될 때 몸들의 산 노동이 어떻게 공통적 생산을 통하여 발현되는지를 보았다. 그렇다면 우리는 다중에서부터 (서로 관계를 맺고 있는) 특이성들로 움직이고, 다시 특이성들의 성좌에서부터 언어적 공동체로 움직이는 이중적 운동을 경험하는 것이다. 이러한 과정의 끝마디들인 특이한 몸과 언어적 공동체는 어떻게 연결되는가?

‖ 10. 3 ‖ 우리는 특이한 몸과 언어적 공동체의 교직을 '언어적 몸'이라고 부른 다. 이 교직은 특이한 몸들의 언어적 협동이 혁신에 스스로를 노출할 때 형성된다. 특이성과 공동체 사이의 긴장을 그리고 몸들의 협동과 존재의 혁신 사이의 긴장을 새로운 몸 속에 통합하는 것은 공통적 텔로스의 존재론적 산물이다. 언어적 몸은 점점 더 새로워진다. 즉 더 특이해진다.

‖ 10. 4 ‖ 협동이 항상 산 노동 속에서 잉여가치를 창출하는 한에서 언어적 공동체에서 언어적 몸으로의 이행은 새로운 가치를 창출하는 이행이다. 따라서 탈가치화이다. 이러한 이행

은 특이성을 부정하는 것이 아니라 그것을 더 강력한 공동체성의 표현으로 다시 정립한다. 가장 특이한 몸은 동시에 가장 공통적이다.

‖ 11. 1 ‖ 공통적인 것의 목적론에 있어서 이 이행들은 필연적이다. 실로 이 이행들은 시간의 화살을 따르며, 그것을 창조적으로 통합한다.

‖ 11. 2 ‖ 이 이행들은 '변신들'(metamorphoses)이라 불린다.[3] 변신은, 시간의 가장자리 너머―특이성의 증인(證印)을 발견하는 곳―에서 새로운 존재를 창출함으로써 스스로를 구성하는 한에서 항상 특이하다. 그러나 이 이행은 다중이 된다. 특이한 것이 존재의 가장자리를 넘어갈 때 특이성들의 다중에 유효한 새로운 공통적 존재를 창출하기 때문이다. 이런 식으

---

[3]. 네그리는 다른 곳에서 이렇게 말한다. "한 저작에서 나는 고전적 고대시기를 '켄타우로스의 시대'라고 불렀습니다. 그 당시에는 인간과 자연의 융합이 전면적이었기 때문이죠. 변신은 따라서 행복하고 단순하며 직접적인 상호관계의 형태를 띠었습니다. 근대 시기에 와서는, 즉 '인간-인간'의 시기에는 변신에 대한 생각이 변하기 시작합니다. 변신은 자연의 힘들과 지적이고 정치적인 혁신 사이를 가르는, 변혁의 꿈의 심장부에 놓여있는, 마법적인 구분선이 되었습니다. 현대 시기에는 테크놀로지가 인간과 기계 사이의 관계를 전적으로 규정하므로, 테크놀로지가 욕망에 봉사하는 위치에 들어섭니다. 이는 엄청난 변화입니다. 이제 우리는 인간을 개조하여 변신의 꿈이 유토피아로부터 과학으로 건너오게 할 수 있게 된 것입니다. 앞으로 발견되어져야 하는 도정 전체가 우리 앞에 열리는 것이죠…"(*Negri on Negri*, pp. 180~1).

로 공통적인 것의 목적론은 존재의 변신을 산출한다.

‖ 11. 3 ‖ 특이성들이 '기계'로 배열될 때 혹은 더 정확하게 말하자면 '만들어질' 때, 즉 혁신을 산출함으로써 공통적인 것의 망 안에서 스스로를 구성할 때 (그리고 그럼으로써 미시와 거시의 관계를 수립할 때) 변신이 일어난다. 이런 식으로 산 노동의 목적론은 공통적인 것의 변신에 기여한다.

‖ 11. 4 ‖ '영원한 회귀'라는 생각은 틀렸다. 혁신을 산출함이 없이, 따라서 창조없이 진공을 넘어가는 (그리고 다시 돌아오는) 운동을 전제하기 때문이다. 진공으로부터 되돌아오는 일은 없다. 진공은 무(無)이기 때문이다. 존재론적 진공을 가로질러 산책한다는 것은 불가능하다. 영원한 회귀의 이데올로기는 이렇듯 반동적이다. 혁신을 영원한 것에 접목하지 않으며 따라서 다중의 무능력을 이론화하기 때문이다.

‖ 12. 1 ‖ '일반지성'으로 내가 이해하는 바는 삶정치적 기계가 된 언어적 몸이다.

‖ 12. 2 ‖ 비판적 맑스주의의 전통에서 '일반지성'은 사회적 고정자본의 변신으로 정의되는데 이는 사회적 고정자본이 비물질적, 지적, 과학적 노동에 의하여 즉 (노동의) 창안적 힘에 의해서만 양과 질에서 활성화되는 경우에 일어난다. '일반지성'의 역설은, 고정자본이 사회 전체를 점할 때에는 두뇌이자

특이한 몸인 지성이 유일한 생산력이 된다는 사실에 놓여있다. 이 역설은 현실적으로 존재하는 것이며 공통적인 것의 목적론의 발전이 현재 도달한 수준에 상응한다. 이 역설은 현재의 변이의 내용을 이룬다.

∥12.3∥ 그러나 우리가 공통적인 것의 목적론의 현재의 조건을 규정하려 한다면, 자본이 생산력의 역할을 포기하는 것을 이해하는 것이 필요하다기보다는 지성이 가치의 유일한 생산자의 위치에 오른 것을 이해하는 것이 필요하다. 이러한 지성의 동력학은 앞에서 두뇌를 탈근대적 생산의 유일한 도구로 인정했던 대목에서 설명되었다.

∥12.4∥ 만일 지성이 두뇌로서 발현된다면 즉 언어적 몸으로서 발현된다면 '일반지성'의 생산은 두뇌의 생산 즉 언어적 몸의 생산이 된다. 그리고 두뇌 즉 언어적 몸이 생산도구와 관계맺는 것과 같은 방식으로 삶정치적 맥락은 공통적 기계 즉 공통적 두뇌의 형태로 '일반지성'과 관계를 맺는다.

∥12.5∥ 존재론적 관점에서 볼 때 일반지성의 공통적 기계는 삶의 삶정치적 맥락이다.

∥12.6∥ 우리는 여기서 '인간-인간'의 시기로 정의된 근대에서 '인간-기계'의 시기인 탈근대로의 이행이 산출되는 것을 본다. 이 마지막 시기에는 언어적 몸이 도구가 되었을 뿐만 아니라 (그리하여 생산적 기계를 창출할 뿐만 아니라) 공통적

기계가 (삶정치적 맥락 속에 배치되면서) 주체성을 즉 언어적 몸을 산출한다.

‖ 13. 1 ‖ 공통적인 것이 언어적 몸에서 일반지성으로 이행하는 과정에는 (일반지성이 삶정치적인 한에서는) 또한 기계에서 몸으로 가는 길을 거치는 것이 포함된다. 실상 삶정치적 기계가 주체성을 산출한다.

‖ 13. 2 ‖ 이 운동은 세계의 생산과 재생산이 일반지성의 기계 속에서 작동한다는 점을 명심한다면 전적으로 명백해진다. 몸은 생산의 주체인 것과 마찬가지로 재생산의 주체이기도 하며 이 두 힘들은 한데 모인다. 삶정치적 몸에 관한 한 생산과 재생산 사이에, 남성과 여성 사이에 차이는 없다. 모든 산 노동은 어떤 면에서는 사랑이며 또 모든 사랑은 어떤 면에서는 산 노동이기 때문이다. 이 말은 무엇보다도 특이하게 실존하는 몸에 해당된다.

‖ 13. 3 ‖ 산 노동과 사랑, 지적 생산과 정서의 표현 — 이 모든 것은 몸을 구성하는 데로 간다. 이때 몸이란 특이하고, 다른 몸들과의 관계 속에 있는 몸이며, 또한 몸을 변형하는 언어적 공동체의 맥락에서 고려되는 몸이다. 바꾸어 말하면, 언어적 몸이란, 지성과 정서로 구성되는 한에 있어서, 세계의 (몸을 통한) 특이한 변신을 표시하는 '저 너머'의 배치로 자신

을 노출시킬 수 있는 몸이다.

‖13.4‖ 몸이 더 가난해지면 질수록—즉 측정불가능한 것에 더 노출되고 열리면 열릴수록—몸은 산 노동의 힘과 사랑의 힘을 자신 속에 더욱 응집한다. 일반지성은 더 공통적(즉 혁신적)이 되면 될수록 더욱더 사랑으로 충만하게 된다. 에로스와 일반지성은 공통적인 것 속에서 이루어지는 자신들의 합일을 찬양한다. 몸은 이 창조적 역설에 참여한다. 가난에서 시작하여 변신의 힘을 운동에 새기는 것이다.

‖13.5‖ '인간-인간'의 시기에서 '인간-기계'의 시기로의 이행, 근대에서 탈근대로의 이행은 몸을 기계의 토대를 구성하면서도 동시에 기계에 의하여 발전되는 힘으로 정립한다. 몸은 거시에 상응하는 미시이며, 이때 거시는 일반지성이라고 불린다.

‖14.1‖ 시간의 가장자리에서 이루어지는 다중의 구성적 활동을 통하여 혁신적 탈가치화는 자신의 존재를 지속적으로 혁신하는 기계로 배열한다. 산 노동에 의한 진공의 점유는 '인간-기계'의 시기에서는 변신적 생성(metamorphic generation)의 힘이다.

‖14.2‖ '변신적 생성'이란 유물론적 의미에서 목적론적인 생성을 의미한다. 따라서 만일 원한다면 목적없는 생성이라고

불러도 좋다. 그 어떤 초월물도 생성의 효과에 선행하거나 그 효과를 지켜보거나 아니면 그 효과의 내부를 채우지 않는다. 또한 여기에는 그 어떤 변증법적 연관도 없다. 우리의 목적론에서는 원인이 항상 외부적이다. 시간의 가장자리에서, 즉 새로운 것이 솟아오르는 장소에서 자신을 드러내기 때문이다. 어떤 관점에서 보면 혁신적 생성의 산물은 항상 '괴물'이다. 유물론적 전통은 항상 이를 감지하고 있다.

‖ 14. 3 ‖ 탈근대 시기의 시작을 알린 사유는 몸을 변형하는 기계의 문제를 제기하였다. 첫째로, 인간과 도구의 관계를 분석함으로써 변신을 기능적인 그리고/ 혹은 유기적인 보철들의 구축, 확대 및 완벽화로 파악하였던 사유의 흐름이 항상 존재하였다. 두 번째 흐름은 변신을 기술적-언어적 협동에 의하여 산출된 버추얼한 세계들의 존재화 과정으로 파악하였다. 마지막으로 세 번째 흐름은 기존의 혹은 미래의 세계들의 주변부에서 일어나는 혼종화 과정에 의하여 산출된 변신의 효과들을 강조하였다. 이 가설들은 각각 삶정치적 맥락의 변화들 혹은 삶정치적인 것 내에서 일어나는 실재적인 변신들의 결정적 측면들을 드러낸다. 그러나 이 중 어느 것도 지금까지 가설 이상의 것을 산출해 본 적이 없다.

‖ 14. 4 ‖ 아마도 이 가설들이 스스로를 검증하는 것을 저해하는 이러한 어려움들은 여러 단언적 이론들의 존속과 연관

될 것이다. 즉 이 이론들이 예의 괴물을 삶정치적인 방식으로 직시하지 못하는 무능력과 연관될 것이다. 반대로 우리는, 변신이라는 테마와 씨름하는 데 있어서 탈가치화 기계의 모든 존재론적 배치들은 산 노동이 자유로운 것처럼 그렇게 자유롭다는 점을 강조한다. 그리고 이 배치들 각각은 사랑이 측정불가능한 것처럼 그렇게 측정불가능하다는 점을 강조한다.

‖ 14. 5 ‖ 전투적 페미니즘의 경험들이 초월적 목적들의 벽을 허문 것은 1968년 무렵이었다. 그 경험들은 초월주의를 이론적 관점에서 (즉 생성의 환원 불가능한 창조적 성격의 관점에서) 공격하였으며, 초월주의의 윤리적 결과들을 삶정치적 맥락의 전체를 가로질러 허물어뜨렸던 것이다. 페미니즘과 함께 특이성은 영원한 것에 대하여 책임을 갖기 시작하였다.

9

결정
The Decision

‖ 1. 1 ‖ 우리가 몸들의 성좌에서 파악하려고 하는 것은 공통적인 것이 공통적인 것에 관하여 결정하는 지점이다. '결정'은 몸들의 공통적인 특이화가 띠는 강렬성으로부터 탄생한다.

‖ 1. 2 ‖ 이 검토를 진전시켜서 행동의 윤리적 의미―이는 공통적인 것 내에 뿌리를 둘 수밖에 없으며 거기서 자신을 특이화할 수밖에 없다―를 포착하기 위해서 우리는 몸들의 성좌의 중심부에 위치하여 우리가 탈가치화라고 부른 것이 산출되는 바로 그 순간에 이 성좌들이 어떠한지를 관찰해야 한다. 우리의 검토는 '탈가치화' 과정의 윤리적 일관성을 확인하고 이 과정이 강렬성을 띠게 되는 방식을 확인하게 될 것이다.

‖1.3‖ 만일 공통적인 것의 일관성이 시간의 가장자리에서 스스로를 노출한다면 윤리란 이렇게 측정불가능한 것에 스스로를 노출하는 것을 말한다. 따라서 일반적으로 다음과 같이 말할 수 있다. 존재가 혁신되는 장면에서 우리는 탈가치화가 자신을 특이화하는 것을 관찰하며, 이 과정을 우리는 윤리적이라고 부른다고 말이다. 만일 우리가 아래로부터 즉 특이한 것 자체로부터 이 장면을 본다면, 윤리적인 것은 결정으로부터 탄생한다고 할 수 있다. 측정불가능한 것에의 공통적 열림을 결정하는 것은 바로 특이성인 것이다.

‖1.4‖ 일반적으로 결정은 (아래로부터 즉 공통적인 것의 특이한 목적론적 과정으로부터 보면), 몸에서 사랑으로 이행하고 산 노동에서 협동으로 이행하며, 언어에서 기계로 이행하는 탈가치화의 진행 속에 위치된다. 이러한 진행과정에서 결정은 몸을 (그리고 이와 함께 몸들의 성좌와 존재론적 기계를) 부정하는 것이 아니라 구성적인 힘으로 보고 찬양한다. 결정은 이렇듯 공통적 과정 속에 '육화되며,' 몸들과 언어들과 기계들의 목적론 속에 물질적으로 위치한다.

‖1.5‖ 결정에 대한 모든 정신주의적 정의들은, 즉 저 모든 '순수'하거나 일방적인 정의들은 틀렸다. 결정은 항상 다변(多邊)적이고 '순수하지 않으며' 괴물 같다. 특이한 것이란 항상 몸들, 언어들, 기계들의 측정불가능한 규정이기 때문이다.

바꾸어 말하자면 특이성은 삶정치적인 것 속에 심어져 있기에 (그리고 그 속에서 스스로를 구성하고 생성되기에), 또한 결정은 이렇듯 '충만' 속에서 형성되기에 존재의 진공으로 넘어가는 행동은 항상 충만되어 있다.

∥1.6∥ 그러면 이 '결정의 사건'이란 과연 무엇인가? 이 물음에 답하기 위해서는 결정의 존재론적 뼈대를 구성하는 탈가치화에서 결정이 갖는 특이성을 상실하는 일이 일어나지 않도록 해야 한다. 다시 말해서 탈가치화의 일관성 안에서 결정이 줄곧 존재하는 것을 놓치면 안 된다. 우리는 결정이 아래로부터 생산되는 것에서 눈을 떼면 안 된다. 이런 식으로만 결정의 사건 자체를 포착하는 것이 가능할 것이다. 그러면 '결정의 사건'이라는 말로 우리가 의미하는 것은 무엇인가?

∥2.1∥ 도대체 우리는 어떤 사건에 대해서 말하고 있는 것인가? 물론 공통적인 것을 포함하는 사건, 공통적인 것에 대해서 결정을 내리는 사건에 대해서 말하고 있다. 그런데 특이성이 내리는 모든 결정은 어떤 식으로든 공통적인 것을 포함한다. 문제는 결정의 존재론적 일관성을 입증하는 것이 더 이상 아니고, (특이성을 강조하기보다는 결정의 경험 즉 그 창조적 표현을 강조함으로써) 결정이 존재를 혁신하는 지점을 정확하게 파악하는 것이다. 이런 식으로만 우리는 우리의 물음에 답

할 수 있을 것이다.

‖2.2‖ 공통적인 것에 대한 공통적 결정이라는 사건에 대하여 말할 때 우리는 특이성이 (특이성들의 다중이) 새로운 수준의 힘에 도달하게 된다고 말하는 것이다. 결정은 힘의 한 수준에서 다른 수준으로 옮겨가는 사건이라고 바꾸어 말할 수도 있다. 여기서 힘이 더 강력할수록 우리의 결정의 장은 더 개방적이 된다. 힘 대신에 가난과 사랑을 대입해서도 동일한 말을 할 수 있다.

‖2.3‖ 그 어떤 경우에도 결정은 가능성들의 봉쇄로서 정의될 수 없고, 제외(除外)의 힘으로서 정의될 수 없다. 이와 반대로 결정은 공통적 힘의 새로운 지평을 여는 것으로 인정되어야 한다. 결정의 사건은 주체성의 생산을 위한 새로운 존재론적 힘을 구성할 때 윤리적이 된다.

‖2.4‖ 윤리적인 것은 악에 대한 선의 검투사적 투쟁의 사례가 결코 아니다. 이러한 조악한 이론을 견지하는 사람들은 선을 판단이라는 초월적인 것[1]과 연관시키면서 무한 속에 위

---

1. '판단'의 초월적 성격을 이해하기 위해서 들뢰즈의 설명을 조금 소개하는 것이 유익할 듯하다. 들뢰즈는 '판단'의 체계를 기독교가 창안한 전적으로 새로운 권력의 이미지라고 한다. 이때 권력으로서의 '판단'이 대체한 것은 행동의 힘으로서의 결정(decision)이다. 행동의 힘은 생성을 할 수 있고 강렬성을 띠는 몸의 힘, 어펙트들의 집합으로서의 몸이 가진 힘이다. '판단'은 이러한 몸을 특정의 틀에 가둠으로써 작동한다고 한다. 들뢰즈는 '판단'의 구속을 떨치기 위해서는 자신을 '기관없는 몸'(a body without organs)으로 만들어야 한다고 한다. Gilles

치시킨다. 그러고는 거기서부터 은밀하고도 위선적인 방식으로 실존의 유한성을 '악'으로 간주하기에 이른다. 그리하여 실존자는 어리석게도 자신의 유한성을 대면하면 경악을 하게 되는 것이다! 그리고 사람들은 비행기 사고나 지진을 보고 마음이 움직이게 된다. 말하자면 개인의 죽음을 보고 얼굴을 가리게 되는 것이다. 이렇게 설정된 '악'은 존재의 유한한 가장자리일 뿐이다. 그런데 우리는 무한에 대해서와 마찬가지로 유한에 대해서도, 그것이 영원한 것에 포섭되는 때에만 말할 수 있다. 그리고 일단 영원한 것의 숭고화(崇高化)가 모두 제거되면 유한을 굳이 정당화할 필요도 없는 것이다. 악은 유한성과 혼동될 수 없다. 또한 유한성으로 돌려질 수도 없다. 이른바 '악'은 실존의 조건 혹은 경계일 뿐이며 이는 이 경계를 넘어가는 경험에 의해서만 정의될 수 있는 것이다. 악은 분연함을 낳으며, 윤리는 악을 넘어감으로써 형성된다.

‖2.5‖ '인간-기계'에게는 개별적인 죽음이란 죽음을 극복하는 공통적 결정으로서만, 즉 죽음과의 싸움으로서만 생각될 수 있다. 이러한 극복을 선택할 때에만 결정은 '윤리적'이

Deleuze, "Nietzsche and Saint Paul, Lawrence and John of Patmos" in *Essays Critical and Clinical,* trans. Daniel W. Smith and Michael A. Greco (London and New York : Verso, 1998) 참조(한국어판 : 질 들뢰즈, 『비평과 진단』, 김현수 옮김, 인간사랑, 2000).

라고 불릴 수 있다. (그래서 이 관점에서 볼 때 '히포크라테스 선서' — 이는 죽음과의 쉼없는 싸움을 요구한다 — 는 '모세율법' 유형의 그 어떤 다른 추상적인 가치론보다도 윤리적이다. 의학이 유물론 전통에서 두드러진 역할을 하는 것은 우연이 아니다. 몸의 치료와 행복의 실천이 융합되는 경우에 말이다.)

‖ 2. 6 ‖ 공통적인 것을 '장차 올 것'으로 확대하는 힘, 시간의 가장자리에서 공동으로 몸들을 구축하는 힘, 영원한 것이 발현되게 만듦으로써 영원한 것을 혁신하는 힘 — 이것이 바로 우리가 결정이라고 부르는 것이다. 그러나 우리는 다시 한번 묻는다. 결정의 사건이란 무엇인가? 즉, 특이성을 갖는 사건이란 과연 무엇인가?

‖ 3. 1 ‖ 변증법적 철학들[2]에서 결정의 사건은 변증법적 지양의 형이상학에, 즉 부정의 부정의 형이상학에 참여한다. 이런 식으로 특징지어질 때, 결정의 사건은 우리가 제안한 조건들과 부합하지 않는다. 지양이란 보존하는 탈가치화 즉 논리적 연속성의 한 계기이기 때문이다. 결정과 탈가치화는 여기서 세계의 효율적 필연성에 의해 가려져 버린다. 합리성과 현실은 등가성의 표시를 달게 되기 때문이다. 특이성은 소멸된

---

2. 물론 다른 누구보다도 헤겔을 말한다.

다. 더 이상 결정은 없다.

‖3. 2‖ 변증법적 유물론[3]에서도 결정의 과정은 이와 동일한 방식으로 서술된다. 결정은 양(量)에서 질(質)로의 기계론적 이행을 토대로 하여 조직된다고 한다. 이 이행은 헤겔의 '지양'(Aufhebung)을 정의하는 데 실패할 뿐만 아니라 그것을 더욱 혼란스럽게 하는 데 봉사한다.

‖3. 3‖ 부정사상[4]은 변증법적 유물론을 조롱하고 있음에도 불구하고, 또 운명이 결정되는 특이한 장소인 존재의 가장자리에서, 즉 처절한 벌거벗음의 벼랑에서 결정이 이루어지는 것을 보고 있음에도 불구하고 역시 변증법적이다. 그 세련된 변증법적 조건과 나란히, 그리고 결정의 정의에 덧붙여서, 충만의 부정(이는 어떻든 충만의 과소평가이다)을 향한 미끄러짐이 존재하는데, 이 부정이 없다면 결정은 생각할 수조차 없는 것으로 되어있다. 여기서도 결정은 존재할 수 있겠으나 그 유물론적 사건은 유실된다.

‖3. 4‖ 변증법은 그것이 초월적 사유를 형성하는 만큼은 무(無)로부터 생성하는 (그리고 진공 속에서, 진공과 맞서서 존재의 충만을 생산하는) 결정의 힘을 부정한다.

‖3. 5‖ 변증법은 그것이 <권력>에 대한 초월적 사유의 자

---

3. 이 책 「서문」 각주 4번 참조
4. 프랑크푸르트학파의 사상, 그 중에서도 아도르노가 대표적이다.

본주의적 (부르주아적 그리고/ 혹은 사회주의적) 형태인 한에서는 가난과 사랑의 관계가 갖는 힘을 결정 속에서 파악하지 못한다.

‖4. 1‖ 유물론적 전통에서조차 결정에 대한 존재론적 정의는 종종 누락되었다. 원자의 영원한 하강에 개입하는 클리나멘의 환원 불가능하고 특이한 질은 파악되지 못했다. 이러한 결핍은 니체에서 베르그쏭을 거쳐 들뢰즈로 이르는 일련의 문제해결 시도들에서 특히 명백히 나타난다. 누가 뭐라 해도 탈근대적 철학을 창시한 이 전통에서, 결정이라는 방아쇠는 '힘에의 의지' 혹은 '생의 도약'(élan vital)의 무한한 행동들이 ― 이 행동들이 어떻게 특징지어지든 ― 향하는 한계지점에 다름 아니다. 이러한 파악이 스피노자를 이어받는 사상의 틀 안에서 클리나멘에 주체적 규정을 부여하는 한편, 존재의 충만 속에서 이루어지는 결정의 강렬성에 근접함은 분명하다. 그러나 이러한 결정의 과정에 의미를 부여하는 것은 아무 것도 없다. 결정과정은 공허하게 저 혼자 돌아간다. 단순히 삶의 상투적 지속을 기뻐하는 것이 아니라면 말이다. 그런데 왜 결정이 그 자체로 찬양되어야 하는가?

‖4. 2‖ 위 저자들에게서 종종 일어나듯이, 미시적 결정들(microdecisions)의 열려진 맥락 속에서 결정을 파악할 수 있다

고 치자. 이런 경우에 클리나멘은 수없이 많은 미시적 결정들의 결과이다. 그러나 유물론적 생기론이 저항의 생산과 (특이성들의) 다중되기의 동력학을 정확하게 시사하고 있기는 하지만 그럼에도 불구하고 악무한의 궤변으로 스스로를 감쌀 위험이 있다. 악무한은 결정의 강렬성을 희석하고 특이성을 제거하는 것으로서, 영원과 대립되는 막연한 것(an indefinite)이다. 이렇게 되면 윤리학(유물론적 전통의 윤리학)은 항상 탈근대의 전제들 뒤에 처지게 되는 것이다.

‖4.3‖ 고대 유물론은 공통적 결정의 문제를 보지 못했는데, 그 충분한 이유가 있었다. 우주론의 관점에서는 공통적인 것의 이름은 문제로서 나타나지 않았던 것이다. 반대로 근대 유물론에서 공통적인 것은 무한한 것의 원리에 종속된다. 마지막으로 탈근대에서 이 문제가 제기되지만, 존재론적으로 근접한 해결에는 역시 도달하지 못한다.

‖4.4‖ 유물론적 사상의 '다른 역사'가 우리가 구하고 있는 정의의 구축을 위해 유용한 요소들을 우리에게 제공하는가?

‖5.1‖ 마끼아벨리에게서 결정의 문제는—그 특이한 강렬성에 있어서나 공통적인 것의 목적론에 있어서—유물론으로 되돌려졌다. 결정이 시간을 생성하는 것으로 파악한 마끼아벨리의 생각을 불완전하다고 볼 수는 있다. 그러나 그럼에

도 불구하고 그의 생각은 결정에 관한 모든 가능한 정의의 토대로 남아있다. 결정에 관한 마끼아벨리의 견해에서 구성적 시간관은 측정불가능한 것을 향하여 스스로를 연다. 특이한 동시에 공통적인 것이 바로 결정인 것이다.5

‖5. 2‖ 계급투쟁이 삶의 세계를 구성하는 것으로 본 맑스의 이론은 특이하고 공통적인 정치적 결정이라는 마끼아벨리적 생각이 갖는 강렬성을 그대로 가지고 있으며, 그것을 역사적 시간으로 확대한다. 그러나 맑스의 이론은 반대 방향으로 작용하는 많은 경향들에 의하여 저해받고 있으므로 '맑스를 너머' 나아감으로써만 맑스주의는 탈근대의 생산적 차원들과 대면할 수 있으며, 산 노동을 죽은 노동으로부터 해방시키는 것에 대하여 결정할 수 있다. 그렇게 하지 못한다면, 죽은 노동이 변증법적으로 되돌아와 게걸스런 히드라처럼 산 노동을 잡아먹는 순간이 항상 존재한다.

‖5. 3‖ 19세기와 20세기의 코뮨주의 혁명의 전투적 경험에서는 종종 존재론적 결정의 삶정치적 구조가 앞질러 구현되기도 하였다. 프롤레타리아 봉기의 실천적 경험에서 중요한

---

5. [영역자주 23] 네그리는 그의 *Insurgencies* 2장에서 마끼아벨리의 사유를 결정(혹은 덕) 및 시간성과의 관계 속에서 자세히 검토한다. 또한 마끼아벨리와 알뛰세에 관한 고찰로 "Notes on the Evolution of the Thought of the Later Althusser," trans. O. Vasile, in *Postmodern Materialism and the Future of Marxist Theory*, ed. A. Callari and D. F. Ruccio (New England : Wesleyan University Press, 1966), pp. 51~68 참조.

것은 이데올로기적 모델이라기보다는 욕망, 사랑, 산 노동이 다중에 의하여 탈가치화되는 것이었다. (바로 이런 점에 비추어서 코뮨주의 혁명들은—그것이 어떤 파란을 겪었든, 혹은 그것이 어떤 이질화 목적에 그리고/혹은 타율성에 종속되었든—총체주의적 경험으로 동화될 수 없으며, 코뮨주의와 파시즘의 모든 비교와 유비는 알맹이 없는 혐오스러운 것이다.)

‖5.4‖ 푸꼬는 변증법적 결과로서 파악된 공통적인 것의 목적론이 아니라 생산의 계보로서 파악된 그것을 정식화하는 일을 밀고 나감으로써 삶정치적 세계를 구성하는 과정을 그려 보려고 시도하였다. 삶정치적인 것에 있어서 차이의 충만성에 관한 푸꼬의 강조는 그리고 생산적 결정의 특이한 표현에 관한 푸꼬의 강조는, 특이한 동시에 공통적인 결정 즉 윤리적인 결정에 관한 탈근대적 이론을 예고하는 징후가 된다. 그런데 푸꼬의 연구계획의 붕괴를 누가 설명할 수 있는가?

‖6.1‖ 공통적인 것에 관한 결정이라는 특이한 사건은 과연 무엇인가? 그것은 빈자 다중으로부터 용솟음쳐서 특이성 속에서 자신을 구현하는 사랑의 승리이다. 지금보다 더 물질적일 수도 없고, 더 충만할 수도 없는 사건이다. 이는 특이한 생성의 사건이다. 만일 스피노자가 사랑을 자연화하였다면 우리는 이제 그것이 삶정치적인 맥락에서 행동하는 것을 볼 수

있다. 즉 특이하게 생성하는 동시에 공통적인 것 속에서 생성하면서 행동하는 것을 볼 수 있다.

∥6.2∥ 만일 이 사랑의 사건이 급진적이라면 이는 그것이 존재의 시간적 가장자리에서 생성하는 힘으로서, 실존하는 것을 측정불가능하게 만들어 그것이 스스로를 넘어가게 하는 힘으로서 주어졌기 때문이다.

∥6.3∥ 생성한다는 것이 실존하는 것을 측정불가능하게 만드는 것이라면 그것은 또한 특이성을 다중 속에서 재구성하는 것이기도 하다. 생성을 담당하는 삶정치적인 주체가 언어와 협동을 통하여 구축되는 것은 다중 내에서이기 때문이다. 여기서 결정의 사건은 주체를 재구성된 특이성들의 측정불가능한 존재로서 다중 속에 정립한다. (만일 주체가 측정불가능하다면 아무것도 그것을 고정된 실체로 구현할 수 없음은 분명하다.) 시간성이 생성을 행하는 것은 바로 이런 식으로이다.

∥6.4∥ 삶정치적인 것에서는 '생성'이 사랑과 산 노동을 구분없이 의미한다. 양자 모두 존재를 창조하는 것이기 때문이다. 생성 즉 생성하기로 결정하는 행위는 그것이 저항할 때와 생산할 때, 즉 자신을 (특이하고 영원한) 강렬한 실존으로 제시할 때와 자신을 (주체적이고 혁신적인) 구성적 힘으로 제시할 때 동일하게 나타난다. 결정행위는 공통적인 것의 확립이라는 시간성 속에서 이루어진다.

‖6.5‖ 만일 착취(혹은 배제)가 생성에 장애물을 형성한다면 삶정치적 착취에의 저항은 착취의 조직화가 규정하는 질서에 도전할 때 탈가치화된다. 그러면 다중의 반란은 생성의 행동인가? 그것이 (그 존재론적 이름에서 분명히 드러나듯이) 공통적인 것의 물질적 텔로스의 결정을 드러내는 한에서 그렇다.

‖6.6‖ 주체들의 자유와 평등성— 근대는 이를 속류 형식주의의 맥락에서만 파악한다— 은 이제 생성의 공통적 긴장에서 재발견된다. 바로 이 긴장(저항과 구성적 힘으로서의 긴장)이 모든 유형의 민족주의와 인종주의를 금하며 삶정치적 자유에의 모든 물질적 그리고/ 혹은 이데올로기적 한계를 부정하는 것이다.

‖7.1‖ 사랑의 힘은 저항과 반란의 힘을 규정할 뿐만 아니라 또한 (사건/ 결정의 형태로) 삶정치적 장(場)의 복합적인 전체를 가로질러 확대된다. 삶정치적 장 내에서는 사건/ 결정이 그 장에서 표현되는 적어도 두 개의 존재론적 배치와 나란히 놓고 고찰되어야 한다. 그 하나는 몸들의 변형(변신)이고 다른 하나는 공통적인 것을 구성하는 혁명이다.

‖7.2‖ '몸들의 변형'이라는 말로 내가 의미하는 바는 감각적, 인식적, 정신적 변이들의 집합인데, 이 변이들은 삶의 세계의 혁신— 이는 영속적인 탈영토화 과정에 의해서 이루어진

다—에 대한 직접적인 경험을 통하여 몸들 자신들에 의해서 산출된다. 즉 새로운 기계들 및 그 기계들로 이루어진 주변세계(Umwelt) 속에서, 생산과 재생산에서, 거대도시와 우주에서 산출된다. 변신은 삶정치적 생성(generation)이다.

∥7.3∥ '공통적인 것의 새로운 구성'이라는 말로 내가 의미하는 바는 삶정치적으로 공통적인 것의 변형들의 집합인데, 삶정치적으로 공통적인 것 속에서는 몸들과 특이성들이 주체로서 나타난다. 이러한 구성들은 (생산적이며 윤리-정치적인) 삶정치적 언어의 새로운 의미들로서 경험된다.

∥7.4∥ 공통적 결정이라는 주체적 사건은 이러한 배치들에 창조적으로 참여한다. 몸들의 변형에 대한 결정은 사랑의 테크놀로지들의 공통적 과정에 의하여 장려되는데, 이 테크놀로지는 자신과 몸들의 성좌를 위한 새로운 생산적인 그리고 재생산적인 물질적 환경을 찾는다. 공통적인 것의 새로운 구성에 대한 결정들에 관해서도 동일한 말을 할 수 있다. 이 결정들 또한 구성적 테크놀로지에 의하여 유지되는 것이다. 맑스는 정치적·생산적 테크놀로지들에 의하여 규정되는 공통적인 것의 변형들을 계보학적으로 서술하는 데 있어서 상당히 선진적이었다. 그를 추종하는 맑스주의자들은 훨씬 더 소심하다. (예외적 사례는 1968년 이후 오뻬라이스모(노동자주의)의 사유인데, 여기서는 투쟁을 분석함으로써 새로운 주체성이라

는 주제가 명확하게 정식화되었다.) 이 실마리를 다시 한번 잡아서 '자기에게로 향해진 테크놀로지'를 구축하는 방향으로 푼 것은 푸꼬의 몫이었다.

‖7.5‖ 따라서 사랑 즉 산 노동은, 가난의 힘에 연결된다는 점에서 그리고 그렇게 연결된 양자가 새로운 존재를 창조하기 위해 시간의 가장자리에서 노출된다는 점에서, 삶정치적인 것의 주체적 성향들의 기계이며 발동기이다. 공통적 맥락은 열려있다. 다중에서 주체로 이행하는 데서 작용하는 것은 사랑의 테크놀로지들이다. 마침내 사건은 가시적이 된다. 여기, 이 차원에서 윤리적 질문이 다시 한번 제기된다. 그런데 무엇보다도 우리는 결정과 관련된 질문, 더 정확하게 말하자면 결정이라는 형태의 윤리적 질문을 발견한다. 이것이 바로 우리가 사건-결정이 무엇인가를 물을 때 찾고 있던 바로 그것이다.

‖8.1‖ 따라서 삶정치적인 것에 있어서 공통적인 사건-결정이란 무엇인가라는 물음에 우리는 '그것은 다중의 몸들의 주체적 탈가치화이다'라고 두 번째 답변을 할 수 있다. 사건은, 공통적인 것의 텔로스를 아래로부터, 즉 사랑의 테크놀로지들이 행동하는 장소에서 능동적으로 실현하는, 특이성들의 성좌를 통하여 결정된다. 사건은 주체가 된다.

‖8.2‖ 몸들의 변형과 주체들의 구성은 사건 속에서 서로 연결된다. 여기서 결정은 특이성의 생성이다. 즉 주체의 변신인 동시에 구성이다. 삶정치적 과정의 인위적 성격은 (그 자연적 성격에 대해서 말한다고 해서 변하는 것은 없다) 존재의 가장자리에서 자신을 드러내고 그 가장자리를 넘어가는 가운데, 새로운 '자연'(이는 새로운 '인공물'이다)을 구성한다. 이는 제2, 제3, 제n의 자연들(인공물들)이다. 또한 새로운 '주체'가 구성되는데, 이는 제2, 제3, 제n의 주체들이다. (바로 이러한 이유로 탈근대에서는 주체가 싸이보그 혹은 기술공학적 인공물이 된다고 말하는 것이다. 사랑의 테크놀로지가 오랫동안 발전하는 가운데 여러 변신들을 거치면서 몸은—어떤 식이 되었든—실로 그러한 인공물이 되었다. 그런데 현재 즉 '인간-기계' 시대의 변형은 단어의 진정한 의미에서 싸이보그의 변형이다. 그리고 주체를 둘러싸고 있는 자연 또한 주체와 마찬가지로 싸이보그이다. 주체는 그 보철-도구들을 가지고 자연의 혁신에 참여하는 것이다.)

‖8.3‖ 삶정치적 탈근대에서 사건의 결정은, 새로운 주체를 만들어내고 그 주체를 새로운 시간성으로서 표현하는 '인간-기계'에 의한/'인간-기계'에 대한 결정의 사건이다.

‖8.4‖ 삶정치적 탈근대에서 사랑은 일반지성이다. 따라서 사건/결정은 따라서 일반지성의 기계 전체에 투여된다. 그

것은 이 기계 전체를 가로질러서 그리고 이 기계의 모든 효율성을 가로질러서 작용한다. 저항을 힘으로 바꾸고 저항으로부터 공통적 주체의 변신이라는 사건을 행하는 기계를 만들어내는 것은 바로 이러한 일반지성의 사랑에 찬 폭발이다. 주체를 생산하는 것은 공통적 텔로스이다.

∥8.5∥ 변신과 주체의 생산이 통합됨은 일반지성의 관점에서 볼 때 전적으로 명백하게 된다. 여기서 고정자본은 몸들에 통합되며 결과적으로 다중은 일반지성의 도구상자이자 작업장으로 제시된다. 물질적 생산과 주체성의 생산은 더 이상 분리될 수 없다. 일반지성은 새로운 자연의 생산을 의미하는 동시에 새로운 주체성의 생산을 의미한다.

∥8.6∥ 켄타우로스와 '인간-인간'의 시대 이후에 온 '인간-기계'의 시기는 따라서 인간이 사랑에 찬 공통적 기계로 변신되는 것에 의하여 정의될 것이다. 특이한 성좌들은 공통적 주체성의 기계로서 제시된다. 주체적 결정은 이 기계의 표현이며 사건은 그 생산이다.

∥8.7∥ 정치적 당을 주체로 간주할 수 있는가? 즉 사랑과 가난 사이에 있는, 다중의 삶정치적 기계로서 간주할 수 있는가? 때때로, '다른' 역사에서는 [정치적 당이 아닌] 빈자의 혁명적 운동이 바로 다중의 삶정치적 기계였다. 빠리 꼬뮨이 그랬다.

‖8.8‖ '우리 모두 함께 결정합시다!'라고 말하는 시간, 그렇게 말하는 공통적 카이로스가 존재한다.

‖9.1‖ <권력>은 항상 공통적인 것 즉 삶정치적으로 공통적인 것 내에서의 지배이다. <권력>을 삶정치적 맥락 바깥으로 빼내는 것은 순전한 환상이다. 결정을 탈가치화로부터 분리시키는 것이 그렇듯이 말이다. (본 절은 전체 논의에 필수적인 <권력>이라는 이름의 몇몇 특징들을 다시 잡아서 논의하는 간주곡에 해당한다.)

‖9.2‖ 정부와 지배조직의 상이한 형태들을 (공시적인 동시에 통시적으로) 구분하는 것은 <권력>이 공통적인 것에 내재하는 정도의 상이함만이 아니라 무엇보다도 공통적인 것 내에서 이루어지는 배제(결코 공통적인 것 바깥으로 배제하는 것이 아니다)의 강도의 상이함이다.

‖9.3‖ '인간-기계'의 시기에서는 명령이 삶정치적 통제가 된다. '삶정치적 통제'란 무엇인가? 삶의 시간의 척도(즉 그 조직화와 한계)를 세우는 것이다. 통제는 시간으로 흘러 들어간다. 통제에서 법은 절차의 형태로 나타난다. 통제는 공통적인 것 즉 삶의 시간적 존재론으로 삽입된다.

‖9.4‖ <권력>은 시간 안에서 펼쳐지면서 또한 '장차 올 것'에 투여되기를 원한다. 삶정치적 지배는 따라서 미래에 대

한 투자로서 제시되며, 이 투자의 목적은 현재의 생산에 대한 통제의 확립이다. 이는 화폐적, 기술적, 테러적(절멸의 무기들) 투자이며, 시간의 한계 또한 넘어서는 척도를 보장받기 위한 미래로의 투사이다. 이런 식으로 <권력>은 공통적인 텔로스의 매혹에 굴복하며 이 텔로스를 왜곡한다. 다시 한번 우리는 '장차 올' 공통적인 것이 <권력>의 미래와 어느 정도로 대립하는지를 목격하게 된다.

‖9.5‖ 탈근대에서는 국가가 통제를 통하여 사회적 산 노동의 착취를 조직한다. 이는, 공통적인 것에서는 국가가 빈자 ― 이들은 바로 그 공통적인 것의 생산자이다 ― 의 배제를 담당함을 의미한다. 이 배제의 폭력성은 그것이 공통적인 것 안에서 실현되는 것인 만큼 극단적이게 미련이다. 이 배제는 삶의 시간적 연속성 안에서 전개되어, 계산의 억압적 힘이 되고 생성에 가해지는 장애물이 되며 언어적 생산의 동어반복적 장악이 된다.

‖9.6‖ 맑스가 ― 늘 그렇듯이 경향의 차원에서 ― 자본에 의한 (즉 자본 내로의) 사회의 '실질적 포섭'이라고 부른 것은 탈근대에서 완료된다. 그런데 여기에서 역설이 생긴다. 포섭이 너무나도 강렬해서 자본이 사회 속에서 '멸종'된 것처럼 보일 수 있는 것이다. 그러나 사실은 그렇지 않다. 이 애매한 상황은 탈근대적 통제사회 내에 절대적으로 불변하는 일정 수준의

폭력을 유지한다. 즉 명령의 폭력이다. (이는 척도라는 전제가 불변적으로 남아있는 것과 동일한 방식으로 불변적이다.) 이러한 상황에서 기생(寄生)적인 존재는 '실질적 포섭'을 담당하는 국가이다.

‖ 9. 7 ‖ 〈권력〉을 측정불가능한 것에 척도를 부여하고자 하는 기생적 조직으로 정의할 수 있을까? 이는 부분적인 동시에 일반적인 제안이다. 그렇지만 그럼에도 불구하고 적절한 '이상형'을 구성할 수는 있다.

‖ 10. 1 ‖ 결정은 다중의 주체적 측면의 사건이다. (이는 '결정'에 대한 세 번째이며 확정적인 정의이다. 앞에서 우리는 '결정'을 '사랑의 테크놀로지'[9장 '결정' 6, 7절―영역자]로서 그리고 '주체적 탈가치화'[9장 '결정' 8절―영역자]로서 정의했었다.)

‖ 10. 2 ‖ 삶정치적인 것 안에서 이미 제안된 사건/결정의 정의는, 엄밀한 의미의 정치적인 것 내에서는 다중의 자신에 관한 결정으로서 주어진다. 반란이 파열과 구성의 순간이라면 사건/결정은 이러한 관점에서는 다중의 자기통치이다. 즉 다중의 자신을 위한/자신에 대한 지배력―혹은 현실적 힘―이다.

‖ 10. 3 ‖ 반란의 형태들은 다양하다. 가난이 힘으로서 표현하는 것들, 사랑이 시간의 가장자리를 넘어 전개하는 것들, 공

통적인 것이 다수적 특이성들의 텔로스로서 모으는 것들 등.
따라서 결정의 조건들을 공통적인 것 내에서 이루어지는 다중
의 자기통치로 규정하는 것은 사랑(산 노동)이다.

∥ 10. 4 ∥ 탈근대에서 반란의 탁월한 형태는 복종으로부터
의 탈출, 즉 척도에의 참여로부터의 탈출이며, 그리하여 측정
불가능한 것에 자기를 여는 것이다.

∥ 10. 5 ∥ 측정불가능한 것이 다중을 구성하는 특이성들에
게 보내는 요구들은 다음과 같이 요약할 수 있다. 복종하지 말
고 자유롭게 행동하라. 죽이지 말고 생성하라. 착취하지 말고
공통적인 것을 구성하라. 바꾸어 말하자면, 당신은 공통적인
것 내에서 결정할 수 있게 될 것이다.

∥ 10. 6 ∥ 그러나 반란은 동시에 다중이 일반지성을 재전유
하는 과정을 창출한다. 탈출은 창조적 사건이다. 이런 의미에
서 '전유'는 오용된 이름으로 드러난다. 우리가 '재전유 사건'
을 항상 저항의 구성적 힘으로의 탈가치화로서 이해해야 하는
만큼 (그리고 이미 그렇게 한 만큼) '전유'란 부적절한 이름이
다. 더욱이 반란의 결정이란 일반지성이 공통적인 것 내에서
행하는 주체적 확정이다.

∥ 10. 7 ∥ 이 일반지성의 사건은 특이성들의 다중에서부터
공통적인 기계로 가는 과정이다. 다중의 자기통치는 일반지성
의 공통적 기계이며 그런 만큼 혁명적 주체성이다.

‖ 11. 1 ‖ 그런데 다중의 결정이 어떻게 주체적이고 정치적이 되는가? 혹은 철저히 주체적이고 철저히 정치적이 되는가? 이 질문에 답하기 위해서는 잠시 멈추어 지금까지 행했던 분석의 요소들 중 일부를 상기할 필요가 있다. 특히, 다음의 정의들을 명심해야 한다.

‖ 11. 2 ‖ 우리가 '정치적 주체'라고 부르는 것은 공통적인 텔로스의 구축에 참여하는 특이성들의 다중이다.

‖ 11. 3 ‖ 특이성들의 다중에서 정치적 주체로의 이행은 '공통적인 것의 전투성'을 통해서, 혹은 더 정확하게 말하자면 죽은 노동의 모든 척도를 파괴하는 산 노동의 발휘를 통해서 일어난다.

‖ 11. 4 ‖ '인간-기계'의 시대에서는 공통적인 것의 전투성이 특수한 '사랑의 테크놀로지'에 의해서 창출된다. 그것은 삶정치적인 것에서 처음으로 형성되고 적용되며, 특이성들과 공통적인 것의 공동생산에서, 협동과 혁신의 공동생산에서, 언어와 결정의 공동생산에서 일관되게 존재한다. 가난의 힘에 의해서 산출되고 사랑에 찬 프락시스를 통하여 공통적인 것의 텔로스를 생성하는 사람들은 이러한 공동생산에 존재론적으로 열려있다.

‖ 11. 5 ‖ 그러나 공통적인 텔로스에의 이러한 귀속성은 어떻게 스스로를 드러내는가? 그리고 전투성에 의하여 구축되는

주체의 구성적 힘은 어떻게 스스로를 긍정하는가? 마지막으로, 정치적 주체가 측정불가능한 것에 스스로를 여는 가운데 존재의 가장자리에 부과하는 혁신의 의미는 무엇인가?

‖ 11. 6 ‖ 그런데 왜 우리는 결정이 그것이 주체의 사건인 한에서 '여기 이것'임을—즉 이름의 결정인 '동시에' 사건의 결정임을—알면서도, 다른 말로 하자면 공통적인 것에 몸을 부여하는 것임을 알면서도 이렇게 계속 자문을 해야 하는 것일까?

‖ 12. 1 ‖ 삶정치적이며 탈근대적인 것에서는 '정치를 하는 것'이 무엇보다도 저항하고 반란을 일으키는 것을 의미한다. 그러나 그것은 동시에 가난과 사랑 사이를 잇고 있으며 공통적인 텔로스에 대해서 결정하는 삶정치적 주체를 표현하는 것이기도 하다. 이런 이유로 '정치를 하는 것'은 시간의 가장자리에서 새로운 공통적인 협동의 시간과 공간을 창출하기 위해서 그리고 공통적인 존재에 의미를 부여하는 사랑에 찬 혁신을 실현하기 위해서 지배에 작별을 고하는 것이며, 국가의 <권력> 및 모든 초월적 환상에 작별을 고하는 것이다.

‖ 12. 2 ‖ 작별을 고하지 못하는 것은 근대적 정당(政黨)이다. 이는 대의(대표)에 기반을 두고 스스로를 구축하였으며 (달리 말하자면 대중의 전위로서 스스로를 제시하였으며) 그

제도적 형태를 실현하는 데 성공한 조직이다. 정당은 항상, 삶정치적 결정을 배제하는 <권력>의 공간 내에 국한된다. 반면에 우리가 말하고 있는 주체란 삶정치적인 것의 산물인 동시에 삶정치적인 것 속에서 특이성을 생성하는 존재이다. 다중 내에서 공통적인 텔로스를 구축할 수 있는 것은 정치적 대의제가 아니다. 대의(대표)행위 및 모든 대의제도들에 작별을 고하고 자신을 새로운 공통적 시간 속에 세움으로써만 공통적인 텔로스가 구축될 수 있다. 이러한 공통적 소명(召命)의 관점에서 보면 '전문적 정치가'란 경멸스럽고 혐오스러운 존재이다.

∥12.3∥ 그러면 어떻게 작별을 고할 수 있는가?

∥12.4∥ 저항과 반란만이 작별을 고할 수 있다고 단순히 말하는 것으로는 충분하지 않다. 만일 저항과 반란이 존재론적 구성의 운동들이 아니라면 공통된 이름으로서 가능하지조차 않을 것이다. 작별을 고하는 것은 실상 존재의 탈가치화를 함축한다. 다중이 정치를 하고 공통적인 것과 관련하여 결정을 내리는 탈근대에서는 작별을 고한다는 것은 '구성하면서 작별을 고하기'를 택한 것을 의미한다.

∥12.5∥ 만일 작별을 고하는 것이 새로운 힘을 결정하기 위하여 새로운 시간을 창출하는 것을 뜻한다면 그것은 <권력>에 작별을 고하는 문제만은 아니다. <권력>이 배제의 척도라면 구성하면서 (새로운 힘을 구성하면서) 작별을 고하는

것은 배제된 존재 즉 빈자와 함께 작별을 고하는 것이다. 작별을 고하는 다중은 가난하다.

‖ 12. 6 ‖ '구성하면서 작별을 고하기'는 둘째로 가장 극단적인 탈영토화의 상태에서 행동함을 의미한다. 탈근대에서 이 탈영토화는 바로 다중의 몸들이 경험하는 바이다. 그렇다면 문제는 삶의 세계를 세계시민적 방식으로 혼종화하는 것 즉 새로운 몸들의 생성을 통하여 전지구적 유동성을 전유하는 것이다. '만국의 노동자여, 단결하라'가 오늘날 갖는 의미는 인종과 문화를 혼합하라, 인간으로부터 공통적인 것을 생성하는 다양한 피부색의 오르페우스를 구성하라이다. 특이한 것이 공통적이 되는 것을 막는, 그리고 영원한 것의 혁신을 봉쇄하는 모든 초월적 장벽들을 무너뜨리는 것 — 이것이 바로 '구성하면서 작별을 고하기'가 의미하는 바이다.

‖ 12. 7 ‖ '구성하면서 작별을 고하기'가 마지막으로 의미하는 바는 다중의 몸들이 탈근대에서 경험하는 극단적인 탈영토화를 통하여 공통적 기계들 — 인간은 이 기계들을 통하여 시간의 가장자리 너머로 뻗어나간다 — 을 구축하는 것을 의미한다. 혹은 더 정확하게 말하자면, 기술공학적 괴물을 '장차 올 것'의 천사로 만들면서, '인간-기계'의 방식으로 그리고 측정 불가능한 것 속에서 구축함을 의미한다.

‖ 13. 1 ‖ 특이성들이 탈출의 삶정치를 통하여 다중을 혁명적 주체로 전환하기로 결정한다면, 기술공학적 생산은 공통적인 것의 형상을 미리 고정함이 없이 그 주체를 '장차 올 것'에 노출시킨다. 다중의 '살아있는 삶'(vita activa)은 이렇듯 열려져 있는 총체적인 디스토피아이다. 그리고 영원을 혁신하겠다는 결정은 비가역적이다.

‖ 13. 2 ‖ 1968년의 사건들과 함께 <인간의 도시>는 비가역적인 결정으로 (공통적인 것의) 혁명적 시간의 화살을 날렸다. 이 가난과 사랑의 카이로스에 직면한 <신의 도시>는 이제 썩은 냄새를 피울 뿐이다.

‖ 13. 3 ‖ '삶을 부여하는 비너스' ― 이는 영원한 것의 혁신에 바치는 나날의 찬가이다.

□ 해설

카이로스의 부활과 유물론의 재구성

정남영

1. 유물론의 재구성

『제국』의 출간 이후 네그리의 사상이 널리 알려지게 되는 만큼이나 그에 대한 오해 혹은 몰이해가 많았다. 이 오해 혹은 몰이해의 이유들 중 하나는 『제국』의 바탕이 되는 새로운 철학적 사유를 이해하지 못한 데서 온다고 할 수 있다. 예컨대, 네그리(와 하트)가 '제국'을 '긍정'함으로써 자본주의의 물신화에 순응하고 만다는 홀러웨이(John Holloway)의 비판[1]이나,

---

1. 이에 대해서는 John Holloway, *Change the World Without Taking Power* (London : Pluto Press, 2002) 9장 참조(한국어판 : 존 홀러웨이, 『권력으로 세상을 바꿀 수 있는가』, 조정환 옮김, 갈무리, 2002).

아니면 네그리의 주체성 강조가 맑스주의(?)의 전통적인 강조점인 객관적 실재(의 법칙성)를 무시함으로써 주관주의(주의주의)에 빠지고 만다는 비판2 등이 그것이다. 『혁명의 시간』3은 네그리의 가장 최근의 철학적 사유가 집중적으로 담긴 책으로서 독자들의 『제국』 읽기를 돕는 데서 훌륭한 역할을 할 것으로 기대된다. 그러나 이 책이 『제국』에 대한 보조적 역할에 한정될 수는 결코 없다. 이 책에 담긴 철학적 사유는 유물론 역사에서 새로운 장을 열고 있기 때문이다.

네그리는 『혁명의 시간』에서 자신이 하는 작업을 '유물론의 재구성'이라고 불렀다. 이 말은 계승과 혁신을 모두 함축한다. 네그리가 계승하는 것은 마끼아벨리에서 스피노자를 거쳐 맑스에 이르는 유물론의 전통이다. 계승의 정확한 성격은 이 전통이 구축한, 유물론의 새로운 정의를 위한 전제들을 이어받는 데 있다. 여기에 푸꼬와 들뢰즈 · 가따리가 포함된다면, 이 텍스트에 담긴 네그리 사유의 주요 계보가 드러난다고 할 수 있다. 물론 이들 철학자 가운데 맑스가 특별한 위치를 차지함

---

2. 2003년 9월 5일 열렸던 맑스코뮤날레 1차 쟁점토론회에서도 이런 비판이 제출되었다.
3. 영어본 Time for Revolution 중 전반부를 이루는 『시간의 구성』(The Constitution of Time)은 1980~81년도에 쓰였다. 이 책에 번역된 『카이로스, 알마 비너스, 다중』(Kairòs, Alma Venus, Multitudo)은 영어본의 후반부를 이루며, 『제국』(2000)에 바로 뒤이어 쓰였다. 앞으로 이 해설에서 말하는 『혁명의 시간』은 『카이로스, 알마 비너스, 다중』만을 지칭하는 것이다.

은 말할 것도 없다. 맑스에 대한 네그리의 태도는 네그리 자신이 자신의 삶을 "맑스와 '함께' 그리고 그를 '넘어서' … 살았던 삶"(「서론」)이라고 지칭하는 데서 읽을 수 있다. 맑스를 이어받으면서도 맑스를 넘어서라는 요청 즉 유물론의 혁신의 요청은 자본주의가 새로운 단계 ― 맑스로서는 어느 정도 이론적으로 예측할 수는 있었으나 직접 경험하지는 못했던 단계 ― 로 들어선 데서 온다. 1968년을 기점으로 시작된다고 하는 이 시기, '실질적 포섭'의 시기라고도 부르고 탈근대라고도 부르는 이 시기에 일어난 가장 중요한 변화는 삶 전체가 자본주의적 생산활동이 됨으로써 자본주의의 외부가 사라진 것이다. 다른 각도에서 보자면 완전하게 내재적인 의미의 공통적인 것 ―"본질이나 혹은 어떤 미리 생각된 개념으로 환원될 수 없"는 것(4장 '공통적인 것' 5. 2) ― 의 등장이다. 이 탈근대적 공통성의 등장이 바로 유물론 재구성의 핵심적 조건이다.

재구성된 유물론 즉 새로운 유물론은 완전히 내재적인 의미의 공통적인 것의 철학이기에 초월의 완전한 추방, 모든 수준에서의 추방을 필수적 요소로 한다. 이에 따라서 사유를 구성하는 기본개념들도 완전히 새 것으로 바뀌거나 아니면 새롭게 정의된다. '공통적인 것,' '가난,' '사랑,' '측정불가능한 것,' '결정,' '변신,' '삶정치' 등등 새로운 개념들이 창출·정착되고, '특이성,' '탈가치화,' '일반지성' 등의 개념들은 새로운 맥락에서 활용되며 '물질,' '영원,' '시간,' '공간,' '착취,' '잉여가치' 등의 개념들은 새로이 정의되어 사용된다. 아니, 네그리는 철학의 기본 표징처럼 되어있는 용어인 '개념'조차도 '(공통된) 이름'으로 대체한다. 1장의 맨 첫 단락은 이렇게 시작한다.

> 개념을 안다, 개념을 통하여 안다고들 말한다. 그러나 '개념'이라는 단어는 너무 많은 싸움에 의하여 그리고 매우 상이한 해석들에 의하여 남용되었다. 우리는 개념이라는 단어를 '이름'으로 대체한다.

말하자면 그는 이제 사유를 구성하는 세포 자체를 갈아버린 셈이다. 아니, 세포 수준에서의 초월성을 추방한 것이다. '이름'에 의하여, 특히 '공통된 이름'에 의하여, "부분들에 앞서서 전체를 전제하고 경험에 앞서서 진리를 전제하는 개념적 형식"(「서론」)은 모두 사라지기 때문이다.[4]

---

[4] 이를 네그리는 그의 최근 저작 *Negri on Negri* (New York and London : Routledge, 2004)에서 이렇게 설명한다. "따라서 이름붙이기는 집단적이고 공통적인 과정이어야 합니다. 당신은 결정의 문제를 언급하였습니다. 이름붙이기는 아마도 결정의 형식이 상상될 수 있는 유일한 과정일 것입니다. 이름붙이기는 두 요소를 포함합니다. 모든 사람이 동의하는 것, 그리고 이 동의가 결정으로 이르는 것입니다. 이 과정의 형식적 조건은 바꾸어 말하자면 모든 것이 공통적이어야 하며, 이 공통성에는 결정이 실질적으로 내려지는 순간이 있어야 한다는 것입니다. 그렇다면 이는, 이 결정에 도달하는 데 걸리는 시간과 관련된 또 다른 형식적 조건을 함축합니다. 문제는 어떻게 이 형식적 조건들이 공통적으로 된 다중에 의하여 구현되느냐 입니다"(p. 120).

2. 시간의 존재론—물질과 시간

유물론의 재구성에서 유물론이라는 이름과 관련하여 가장 주목할 것은 물질 개념의 재정의이다.[5] 유물론(materialism)이라는 이름은 물질 개념의 중심성에서 따온 것이기 때문이다. 네그리의 물질 개념의 혁신성은 그것이 기본적으로 시간에 의하여 구성되는 것으로 본다는 데 있다. 단순한 시간성이 아니라 창조의 시간성이다, 물질은 카이로스(kairòs, '시간의 화살'을 나타내는 그리스어)에 의하여 매 순간 측정불가능하게 되고 매 순간 새로 창조된다. 바꾸어 말하자면, 물질은 공간을 점유하고 있고 일정한 법칙에 종속되어 운동하며 우리의 인식의 대상이 되는 어떤 것이 아니라, 무언가가 새로 일어나는 사건의 연속이다.[6] 물론 물질은 영원하다. "유물론의 길잡이 불빛은 물질의 영원성이다"(4장 '공통적인 것' 1. 1). 그러나 끊이지 않고 지속한다는 의미에서 영원하지는 않다. 네그리에게

---

5. 네그리는 '개념'을 '이름'으로 교체하였으나 나는 편의상 '개념'이라는 이름을 당분간은 함께 사용할 것이다.
6. 물질 개념의 이러한 변화는 물리학에서도 이미 일어난 것이다. 파동방정식으로 유명한 쉬뢰딩거는 일찍이 1951년에 "공간에 놓여 있어서 당신이 그 움직임을 하나하나 추적할 수 있고 그 움직임을 지배하는 정확한 법칙들을 확정할 수 있는, 그러한 단순하고 만질 수 있는 조야한 사물이라는 의미의 물질은 이제 존재하지 않는다"고 말한 바 있다(Erwin Schrödinger, "Science and Humanism," *"Nature and the Greeks" and "Science and Humanism,"* Cambridge, Cambridge University Press, 1996, pp. 116~7). "Science and Humanism"은 1951년에 처음 발표되었다.

서 영원은 카이로스의 힘에 의하여 매 순간 혁신되는 현재 그 자체이다. 그래서 새로 생성(생산)된 것은 곧 영원한 것이다. 반대로 말하자면, 혁신되고 새로 생성되지 않는 것은 영원한 것이 아니다. (영원과 혁신의 이러한 결합은 아마도 철학 사상 최초의 정식화일 것이다.)

  물질 개념의 이러한 재정의의 배경으로 두 가지가 지적되어야 할 것이다. 첫째, 시간에 의해 구성되는 물질 개념은, 실질적 포섭에 의하여 시간이 곧 존재의 짜임새를 이루는 탈근대에 와서야 온전하게 사유의 실천적 지평에 떠올랐다는 점이다.[7] 따라서 물질 개념이 이전보다 더 완벽해졌다는 식의, 철학적 사유의 진보가 고정된 점을 향한 끝없는 접근으로 이루어진다는 전제를 함축하는 말은 타당하지 않다. 둘째, 네그리에 의하면 시간이 존재(물질)를 구성한다고 보는 것이 맑스적 패러다임이다. 이 패러다임에서 전통적인 의미의 정태적 물질 개념 ─ 네그리의 말로는 물질의 '불변자본' ─ 은 들어설 여지가 없다.

  그렇다면 네그리에게는 물질을 이야기하는 것이 곧 시간을 이야기하는 것이다. 실상 네그리는 『시간의 구성』에서 이미

---

7. 내용이 불변하는 개념들은 없다는 것이 '개념'을 '이름'으로 바꾸는 데 들어있는 취지이기도 하다. 이름은 이름을 붙이는 사건에 의해서만 존재하는데, 이름붙이기 사건의 연속적인 발생은 곧 이름의 연속적인 의미변화를 뜻하기 때문이다.

존재를 구성하는 시간성에 대한 탐구를 상당한 정도로 진척시켰다. 맑스 이후 후퇴한 유물론을 다시 살리기 위해서는 '물질의 운동'이 아니라 '물질의 생산성'이라는 문제를 풀어야 하는데—물질이 그 자체로 생산적이지 않다면 어떻게 유물론이 혁명의 철학 즉 새로움의 발생을 말하는 철학이 될 수 있겠는가?—시간의 테마만이 이 문제를 적극적으로 해결할 수 있다고 보았기 때문이다. 시간에 대한 네그리의 탐구는, 맑스가 서양의 전통적 시간관(공간화된 시간)을 극복하고, 사건들이 순서를 지어 발생하는 매체로서의 시간(뉴턴, 칸트, 헤겔의 시간관)과 척도로서의 시간(자본의 시간, 실질적 포섭 이전의 시간)을 거쳐 드디어 존재 전체의 짜임새가 되는 시간(실질적 포섭의 시간)에 이르는 과정을 추적하는 데서 시작한다. 그리고 이어서 네그리는 이 실질적 포섭의 시대의 표면에 나타나는 무차별성(indifference)을 깨고 이 시대에 고유한 새로운 적대를 읽어내며, 그에 상응하는 삶의 시간의 프롤레타리아적 구성을 탐구하는 데로 나아간다. 최종적으로 네그리는 삶의 시간의 프롤레타리아적 구성은 두 가지 근본적인 경로를 따라 구축된다고 결론을 내린다. 그 하나는 국가와의 적대이고 다른 하나는 삶의 자기가치화이다.

네그리는 (『시간의 구성』에 붙인 「후기」에서) 『시간의 구성』은 그 풍부한 성과에도 불구하고 이론적 불완전성을 노정했다고 스스로 진단한다. 국가와의 변증법적 대립의 족쇄에서 벗어나지 못했으며, 토포스(장소)는 '근본적인 존재론'에 있음을 밝혔으나 텔로스(목적)가 결여되어 있었다는 것이 그 내용이다. 이제 『혁명의 시간』에서 네그리는 예의 결여되어 있었던 텔로스를 공통적인 것의 자기목적적 생산으로 확정하며, 시간의 테마와 관련해서는 카이로스('시간의 화살')를 존재를 구성하는 힘으로서 복원하는 것이다.8

3. 카이로스, '측정불가능한 것,' '가난,' '사랑'

카이로스가 존재를 구성하는 방식은 '가난,' '측정불가능한 것,' '사랑'에 의하여 설명될 수 있다. '측정불가능한 것'은 네그리의 시간 개념을 척도로서의 시간(자본의 시간)으로부터 분리해 주는 데서 결정적인 중요성을 갖는다.9 카이로스가 '측

---

8. 자연과학(특히 물리학)에서도 최근에 들어와서 카오스론의 일부를 구성하는 비평형물리학에서 '시간의 화살' 즉 시간의 창조성의 복원을 주요한 과제로 삼는다. 이에 관해서는 프리고진 지음, 이덕환 옮김 『확실성의 종말』(사이언스북스, 1997) 참조

9. '측정불가능한 것'은 네그리의 독창적인 개념이지만, 『그룬트릿세』의 다음 대목에 담긴 맑스의 통찰을 이어받은 것이라고 할 수 있다. "인간의 창조적 능력이 선행하는 역사단계 말고는 그 어떤 전제도 없이 절대적으로 펼쳐져서 이러한 발전—미리 주어진 자로 재어진 것이 아니라 인간의 모든 능력의 발전 그 자체—의 총체를 자기목적으로 하고, 이를 통하여 인간이 어떤 특정의 성격으로 자신을 재생산하는 것이 아니라 자신의 총체를 생산하고, 자신이 이미 되어버린 어떤 것에 머물려하지 않고 절대적 생성의 상태에 있는 것, 이것이 부가 아니고

정불가능한 것'에 노출됨으로써 시간의 진행은 단속적이 되며, 사건의 연속이 된다. 그야말로 "아까와는 다른 시간"(김수영, 「꽃잎(二)」)의 연속이다. '측정불가능한 것'에의 노출을 거치지 않는 것은 척도에 여전히 종속되고 자본에의 포섭에 그대로 머물게 된다. '가난'은 '측정불가능한 것'에의 노출이 필연적으로 되는 경험이다.[10] 다시 말해서 존재의 가장자리에 밀려서 진공(the void)을 대면하게 됨으로써 척도로부터의 탈주가 필연적으로 되는 경험이다. 이런 의미에서 '가난'의 경험은 "측정불가능한 것의 실천이다"(5장 '가난' 9. 1). 빈자는 공통적인 것을 생산하면서도 그로부터 배제된다. (이는 탈근대에 와서 가장 심해진다.) 가난의 경험은 우선은 이 배제에 대한 저항이며, 저항을 통한 공통적인 것의 재긍정이다. 그런데 가난은 기존의 것을 부정하는 저항의 태도로만 이루어져 있지 않다. 가난은 '척도의 외부'로서 즉 저항으로서 나타나는 한편, '척도 너머'로서 즉 구성적 힘으로서 나타난다. 실로 가난은 '미리 주어진 자'로 잴 수 없는 생산의 힘에 다름 아니다.

카이로스가 가진, 존재를 구성하는 힘을 존재의 충만성 — 존

무엇인가?"(*Collected Works* vol. 28, Moscow, Progress Publishers, 1986, pp. 411~2.). 이 대목에는 자기목적으로서의 유물론적 텔로스에 대한 암시도 들어있다.
10. 네그리에게서 '가난'은 질병, 실업, 비참을 의미하지 않는다. 이것을 부정할 수는 없겠으나 이는 표면일 뿐이고 극복되어야 할 대상이다.

재의 부정이 아니라 긍정(affirmation) — 이라는 면에서 더 잘 보여주는 것은 '사랑'이다.11 가난이 공통적인 것의 구성으로 우리를 안내한다면, '사랑'은 실제로 공통적인 것을 구축하는 활동이다. '가난'이 구성적 힘이라면 '사랑'은 그 힘의 발휘이다. 다시 말해서 '가난'이 '시간의 화살'을 날리는 힘이라면 '사랑'은 그 화살이 '측정불가능한 것'에 노출되면서 날아가서 진공 속에서 특이성을 즉 새로운 존재를 생성하는 것을 말한다. "사랑은 이렇듯 시간의 화살을 껴안아 그 화살을 창조적으로 만든다"(6장 '사랑' 4. 4).

독자들 중에는 '가난'이나 '사랑'이 철학적 개념으로 적절한 것일까 의문을 갖는 사람이 있을지 모른다. 그들 자신이 과학자들인 마뚜라나와 바렐라는 '사랑'을 과학적 탐구의 대상으로 삼는 데 대해 이의를 제기하는 사람들에게 다음과 같이 말한다. "사회적 삶의 생물학적 기반으로서의 사랑을 축출하는 것, 그 윤리적 함축들을 축출하는 것은 35억 년 이상이나 된

---

11. 홀러웨이는 줄곧 네그리의 사유가 부정의 힘을 결하고 실증화(positivisation)에 갇힌다고 비판하지만, 실제로 『시간의 구성』 이후 20년에 걸친 네그리의 고민은 부정의 변증법이 가진 한계에서 벗어나는 것이었다. 네그리는 『시간의 구성』의 후기에서 자신이 부정의 변증법의 태도를 흉내내고 있었다고 자기비판한다. 만일 존재의 충만성에 대한 네그리의 긍정 즉 물질의 영원성에 대한 긍정을 실증화로 환원한다면 그것은 네그리에 대한 몰이해의 표현일 뿐이다. 네그리는 측정불가능한 것을 생산과 결합시킴으로써, 즉 영원과 혁신을 결합시킴으로써 실증화와는 전혀 다른 차원의 '긍정'을 말한다.

생명체의 역사에 등을 돌리는 것이다. 우리는 과학적 성찰에서 이성적 접근의 객관성을 잃을까 두렵다는 이유로 사랑이라는 개념을 거부할 수 있다. 그러나 우리가 이 책에서 말한 것에 비추어 보면 그러한 두려움은 근거가 없는 것이다. 사랑은 깊은 뿌리를 가진 생물학적 동력학이다."[12]

'가난'과 '사랑'에 대한 더 이상의 설명은 불필요할 것이다. 네그리의 텍스트를 직접 접하는 것보다 더 좋은 것은 없기 때문이다. 다만 여기서는 네그리에게서는 시간 그 자체가 곧 저항이며 투쟁이고[13] 혁명이고 창조이며 공통적인 것의 구축이라는 점을 분명히 하는 것으로 충분할 것이다.

4. 존재론과 논리학의 통일―유물론적 장과 '몸'

카이로스를 핵심으로 하는 새로운 시간 개념은 그에 상응하

---

12. Humberto R. Maturana & Francisco J. Varela, *The Tree of Knowledg : The Biological Roots of Human Understanding* (Revised Edition), trans. Robert Paolucci (Boston & London : Shambhala, 1998), p. 248.
13. 네그리에게서 탈근대에 상응하는 사랑의 테크놀로지는 '전투성'이다. 스피노자에게서도 사랑은 싸움이 입각해야 할 것으로서 추천되며, 사랑에 입각한 싸움의 결과로 공통적인 것의 구축이 시사된다. "상처를 똑같이 증오함으로써 복수하고 싶어하는 사람은 비참하게 사는 사람이다. 그러나 반대로 증오를 사랑으로 몰아내려는 사람은 즐겁고 기쁘고 자신있게 싸운다. 한 사람에게든 여러 사람에게든 똑같이 차분하게 저항하며 운의 도움을 필요로 하지 않는다. 그가 정복하는 사람도 힘의 부족 때문이 아니라 힘의 증가로 인해서 기쁘게 굴복한다"(『윤리학』 IV부 정리46 주석).

는 새로운 공간 개념을 동반한다고 할 수 있다. 이 새로운 공간 개념 또한 탈근대적 조건에서 나온다. 탈근대에서는 삶의 모든 활동이 생산활동이 됨으로써 모든 공간이 역동적으로 시간화된다. 따라서 전통적인 의미의 공간은 시효를 잃을 수밖에 없다. 새로운 공간은 "시간성의 존재가 점하는 공간"이다(1장 '공통된 이름' 7. 1). 따라서 시간과 공간이 따로 존재하지 않는 버추얼한 곳이다.[14] 언어가 바로 그 장소이다. 언어는 "이름의 진리가 발생하는 장소"(1장 '공통된 이름' 7. 1) 즉 사건들에 다름 아닌 이름들이 모이는 집합장소이다. 그렇기에 언어는 단순히 공간이라고 말하기는 어렵다. 네그리에게서 언어는 "인간적인 것과 그 환경을 생산하는 유일한 형식"이며, "공통적 존재의 존재방식"이기(4장 '공통적인 것' 16. 2)[15] 때문이다. 따라서 우리는 이제 '공간'을 말하기보다 힘들이 모이는

---

14. 『시간의 구성』에 붙인 후기에서 네그리는 앞으로 전개될 유물론의 재구성을 암시하면서 버추얼한 것이 실제적인 것(the actual)보다 더 강력하다고 말한 바 있다.
15. 세계의 산출 혹은 구성이라는 관점에서 언어의 핵심성에 주목한 견해는 자연과학에서도 찾을 수 있다. 마뚜라나와 바렐라는 다음과 같이 말한 바 있다. "인간의 모든 행동은 언어 속에서 일어난다. 언어에서의 모든 행동은 인간적인 것을 낳는 공존의 행동 속에서 다른 사람들과 함께 창조한 세계를 산출한다. 그래서 인간의 모든 행동은 윤리적 의미를 갖는다. 인간세계를 구성하는 행동이기 때문이다. 인간과 인간 사이의 이러한 연결은 궁극적으로, 다른 사람들의 존재의 타당성을 성찰하는 모든 윤리학의 토대이다"(Humberto Maturana and Francisco Varela, *The Tree of Knowledge : The Biological Roots of Human Understanding* Revised Edition, trans. Robert Paolucci, Boston & London, Shambhala, 1998, p. 247).

'장'(場)을 말해야 할 것이다.

카이로스의 복원은 시간이 곧 존재(의 혁신)를 구성함을 의미할 뿐만 아니라 앎과 존재의 상호교직을 의미하기도 한다. 앎이란 곧 카이로스이기 때문이다. 따라서 새로운 유물론에서는 존재론이 곧 논리학이며, 논리학이 곧 존재론이다. 이러한 양자의 통일성이 일어나는 곳은 카이로스들의 물질적 장인 '유물론적 장'(the materialist field)이다. 유물론적 장은 앎이 카이로스를 통하여 존재와 합치되는 곳, 사건이 발생하는 곳이다. 유물론적 장은 정태적으로 파악된 물질로는 설명하지 못한다. 구 사회주의권의 철학인 맑스레닌주의(=변증법적 유물론)의 '의식으로부터 독립된 객관적 실재'가 바로 이 정태적 물질 개념의 사례이다.16 맑스레닌주의는 '물질의 자기운동'이라는 말로 물질이 그 외부에 아무것도 필요로 하지 않음을 명시함으로써 유물론의 외양을 갖추려고 애썼으나 막상 물질 개념을 정의할 때에는 그로부터 창조적 활동성을 제거함으로써 자가당착에 빠지고 말았다. 이 자가당착은 '의식으로부터 독립한 객관적 실재'가 자연과학에서 처한 운명에서 극적으로 나타난다. 쉬뢰딩거는 과학적 방법의 토대를 이루는 두 일반적 원칙의 하나이며 그리스 시대부터 현실적으로 작용해 온

---

16. 맑스레닌주의의 물질 개념에 대해서는 *Marxistisch-leninistische Philosophie* (Berlin : Dietz Verlag, 1982) 2장 참조

'객관화'(objectivation)는 비록 이전까지는 피치 못할 것이었으나 이제는 폐기되어야 한다고 주장한다. '객관화'란 세계로부터 정신을 제거하고 그 결과 '과학적' 탐구의 대상이 되는 '객관적 물질세계'를 구축하는 과정인데, 이렇게 구축된 물질세계란 그 자체로 창조적 활동이 불가능하기 때문이다. 쉬뢰딩거는 '객관적 물질세계'란 실제 현실과 명백하게 어긋난다고 생각한다. 그리하여, '객관화'가 과학에서 큰 역할을 한 것은 사실이지만 이제 과학은 바로 그 '객관화'로 인하여 막다른 골목에 처했으며, 이제는 이와 다른 새로운 과학적 태도의 정립이 필요하다고 본다.[17] 이러한 생각은 현대 물리학에서 이른바 카오스론으로 지칭되는 경향에 의하여 공유된다.

네그리의 재구성된 유물론에서는 물질과 의식, 주관과 객관의 괴리가 들어설 여지가 없다. 여기서 핵심적인 것이 바로 '몸' 개념이다. 카이로스(시간)가 곧 물질을 구성하는데, 바로 카이로스의 육화가 '몸'이기 때문이다. '몸' 개념은 '물질의 자기운동'이 처한 아포리아를 돌파하여 '물질의 자기생산'을 말할 수 있게 해준다. '몸'은 사유의 능력과 동시에 변신(meta-

---

17. Erwin Schrödinger, "Mind and Matter," *What Is Life? with Mind and Matter & Autobiographical Sketches* (1992; Cambridge : Cambridge University Press 2000), p. 122 참조. "Mind and Matter"는 1958년에 처음 발표되었다(한국어판: 에르빈 슈뢰딩거,『정신과 물질』, 이인길 옮김, 과학과 사상, 1991. 또한 에르빈 슈뢰딩거,『생명이란 무엇인가』, 서인석 옮김, 한울, 2001).

morphosis, 변형)의 능력을 갖기 때문이다. 변신이란 새로운 존재를 창출함으로써 스스로를 구성하는, 항상 특이한 이행이다. 이러한 '몸'들의 집합이 바로 존재가 생산되는 '유물론적 장'인 것이다.

유물론적 장에서는 존재의 술어들을 정식화하는 것이 곧 존재를 혁신하는 것이며, 새로운 앎이 곧 새로운 존재의 생산이다. 이렇게 새로운 앎과 새로운 존재의 창출이 동시에 발생하기 때문에 과학적 인식의 핵심으로 오랜 동안 인정되어 왔던, 객관적 현실의 반영 혹은 재현은 부적절하거나 불충분한 것이 된다. (재현 혹은 반영이란 엄밀히 말하자면 시간의 일시적 정지를 전제로 한다. 시간의 존재론에서 시간의 정지란 곧 죽음이다.) 유물론적 장에서는 앎의 성격이 반영 혹은 재현보다는 표현과 상상이 된다. 표현은 "다수의 사물들에 공통적인 것을 구축하는 경험"이며, 상상력은 "'장차 올 것'을 구축하기 위해 그 위에 그물을 던지는 제스처"이다(3장 '유물론적 장' 4. 3).[18]

유물론적 장에서는 진리의 문제가―실천과 관련이 있다는 의미에서가 아니라 실천할 문제라는 의미에서―그 자체로 실천의 문제가 된다. 이것을 네그리는 (맑스를 따라서) '진리의

---

18. 반영 혹은 재현이란 표현이 정태화된 것 혹은 상상력으로부터 미래를 향한 예의 "그물"이 제거된 것이라고 할 수도 있다.

프락시스'라고 부른다. '진리의 프락시스'란 카이로스의 힘의 펼쳐짐에 다름 아니다. 다시 말해서, 새로운 앎과 새로운 존재를 동시에 발생시키는 행동에 다름 아닌 것이다. '진리의 프락시스'에서는 진위를 판별하는 별도의 행위—이는 초월 혹은 매개의 한 형태이다—가 필요하지 않다. 예컨대, (레닌에게서 온) 객관적 진리론은 인식과 실천의 통일을 말하기는 하지만 이는 어떤 발언이 먼저 존재하고 이후에 그 진위(眞僞)—생각과 대상의 상응 여부—가 실천 속에서 판별되는 식으로 이루어지는 통일이다. 이렇듯 인식과 실천이 별도의 두 단계로 설정되는 까닭에 그 통일은 변증법적 방식, 즉 매개—여기서는 시간적 매개—에 의해서 이루어질 수밖에 없다.

이러한 진리관은 탈근대적 조건에서는 타당성을 상실한다. 탈근대에서는 "모든 관계들이 두뇌들이 되었으며, 모든 두뇌들은 공통적인 것의 일부를 구성하"(4장 '공통적인 것' 16. 2)기에 '인식 따로 실천 따로'란 존재하지 않는다. 진위의 판별에 기반을 둔 진리관은 시대착오가 된다. 이제 진리는 존재의 문제이며 삶의 문제이다. 그리고 매 순간 존재가 혁신되면서 진리 역시 혁신된다. "진리는 그날그날을 살아간다."[19]

---

19. D. H Lawrence, *Studies in Classic American Literature* (Harmondsworth : Penguin Books, 1977), p. 8.

5. 공통적인 것의 정치학

맑스는 19세기의 프롤레타리아 즉 노동계급을 이전의 다른 계급들과는 다른 수준의 계급 즉 계급 자체의 폐지를 가져올 잠재력을 가진 계급으로 보았다. 맑스의 전통에서 보자면 국가란 계급지배의 도구이다. 따라서 계급의 폐지는 국가의 소멸이다. 단순히 결과적으로 그런 것만도 아니다. 『공산주의 선언』의 서문에서 밝히고 있듯이 성숙된 단계의 맑스에게 국가는 계급폐지의 수단으로도 활용될 수 없는 것으로 통찰되었던 것이다.[20]

탈근대는 인구의 프롤레타리아화가 맑스 시대보다 훨씬 더 진행된 시대이다. 이는 맑스가 예측한 바로도 그렇고, 실제로도 그렇다. 이 시대에 자본은 삶 전체를 포획한다. 그에 상응하여 권력은 '삶권력'이 된다. 그리하여 삶의 창조적 힘과 '삶권력'간의 싸움이 가장 주요한 싸움이 되는데, 여기서 삶의 창조적 힘이 '국가'라는 수단을 일시적으로라도 사용한다는 것은 죽음에 힘을 부여하는 것이나 다름없다. 삶의 힘과 삶권력의 싸움은 삶과 죽음의 싸움이기 때문이다.[21]

---

20. 레닌의 '국가사멸론'은 국가의 존재에 일시적 면죄부를 주지만—애석하게도 이 면죄부는 시효가 끝날 줄은 모른다—국가의 궁극적 소멸을 인정하고 있다.
21. 정확하게는 삶과 일반화된 죽음의 싸움이다. 죽음이란 실상 삶의 한 요소이다. 권력은 이 요소를 삶에 종속시키지 않고 일반화하고 절대화하여 일반적 존재조

삶의 창조적 힘과 '삶권력'의 싸움의 지형을 네그리는 '삶정치'라는 이름으로 부른다. 이 지형에서 국가와는 전혀 다른 차원에 있는 사회화의 원리 혹은 사회적 결집의 원리가 바로 공통적인 것의 구축으로서의 삶의 구성이다. 앞에서도 말했듯이 탈근대에서 공통적인 것은 삶에 완전히 내재적이다. 이에 반해 국가는 삶의 외부로부터 삶에 뒤집어 씌워진 사이비 공통적인 것이며, 공통적인 것을 빙자한 초월이다. 공통적인 것은 국가와 적대한다. 그런데 이 적대성은 앞에서 말한 변증법적 대칭관계 — 이는 상대방에 존재론적으로 의존하는 동시에 상대방을 끊임없이 온존시킨다 — 로 파악된 적대가 아니다.

공통적인 것과 국가의 차이, 내재성과 초월의 차이를 이해하기 위해서 공통적인 것-특이성(특이한 것)이라는 짝과 보편(국가)-개별(국민)이라는 짝을 잠깐 비교해 보는 것이 좋을 듯하다. (이는 논리학 범주의 비교를 겸한다.)

양자의 근본적인 차이 중 하나는 (사실상 당연한 일이지만) 시간의 차원의 유무에 있다. 보편-개별에는 시간의 차원이 제거되어 있다. 만일 있다고 해도 그것은 공간화된 시간이다. 현실을 정지시킨 다음 그로부터 보편과 개별이라는 범주가 추상되는데, 여기서 개별성은 단위공간에 상응하고, 보편성은 전체

것으로 만든다.

공간에 상응한다. 그리고 이러한 추상을 담당하는 주체는—그 것이 절대 정신이든 이성이든—현실을 초월한 어딘가에 있는 것이다. 보편 역시 그러하다. 어디에나 있는 것은 금세 초월적 일자(一者)로 둔갑할 수 있다.

  이에 반해서 공통적인 것과 짝을 이루는 개별화의 원리인 특이성들은 그 자체가 카이로스(시간)의 단자들이다. 공통적인 것은 특이성들이 협동의 관계로 모여서 이루는 생산적 관계들의 집합에 다름 아니다. 다만 이 집합은 늘 갱신되며 새로운 특이성들을 생성한다. 특이성은 환원 불가능하다는 점에서 표준화되고 중립화된 개별성과 근본적으로 다르다. 또한 특이성들은 환원 불가능한 고유성을 지니면서도 공통적인 것을 구축하는 다중의 형태로—즉 수평적 네트워크(협동)의 형태로—만 존재한다는 점에서도 개별성과 다르다. 개별성은 그것이 다른 개별성과 어떤 관계를 맺는가에 대해서는 아무런 말도 하지 않는 중립화된 범주이다. 그렇기에 경쟁 이데올로기—홉스의 모든 개인들의 상호적대—나 혹은 형식적 민주주의의 밑바탕이 되는 데 아무런 장애가 되지 않는 범주이다. 네그리가 '절대적 민주주의'를 말하면서도 이것이 "아직은 고전적 전통에 의하여 처방된 정부들의 유형학의 반복일 뿐"(6장 '사랑' 6. 5)이라고 한 것은 민주주의가 특이성보다는 개별성을 중심으로 하기 때문이기도 하다.[22]

공통적인 것은 보편과 달리 철저하게 역사적인 개념이다. 현실 속에서 실천적으로 구축되는 만큼 존재하는 것이기에, 자본주의 이전과 이후가 다르고, 자본주의에서도 근대와 탈근대가 다르다. 이제 역사적 과정은 국가의 계보학으로서보다는 공통적인 것의 확대— 이는 탈근대에 들어와서는 양적 확대라기보다 새로운 특이성의 생성을 통해 '더 공통적으로 되기'가 된다[23] — 라는 관점에서 다시 성찰될 수 있다. 네그리에 의하면 이것이 유물론이 가질 수 있는 유일한 목적이다. 세계가 항상 새로움에 열려 있으며, 매 순간 다시 창조되는 것으로 보는 네그리의 '창조적' 유물론에는, 미리 고정되어 있어서 초월적 명령으로 작용하는 (아르케 식의) 목적이란 있을 수 없다. '공통적인 것'의 확대라는 방향성은 존재한다. 그런데 이 방향성조차도 물리적 시공간에 고정된 방향성이 아니다. 항상 카이로스의 힘에 의하여 다시 '장차 올 것'을 향해, 즉 미지의 것을 향해 열리기 때문이다.

'공통적인 것'이 비록 국가와 원리상으로 적대적이지만, 역

---

[22] 루카치는 특수성 범주를 통하여 헤겔의 틀 내에서 보편/개별의 불충분성을 보완하려 하였다. 이는 상당히 의미있는 시도였으나, 결국은 제한되고 불충분할 수밖에 없는 것이었다. 특수성 범주는 보편과 개별을 전제로 한 것이기 때문이다. 전제를 전제로서 인정하면서 넘어서는 것은 네그리가 비판하는 변증법적 운동에 전형적인 것으로서, 이는 언제나 철저한 극복이 되지 못하는 것이다.
[23] 네그리에게는 생산성도 공통적인 것이 갖는, 더 공통적이 되는 능력에 다름 아니다.

사적 과정에서 '당'과 노동자 국가의 이름으로 이룩된 과거의 혁명적 투쟁 전통이 네그리에게서 부정되는 것은 결코 아니다. 오히려 네그리는 겉으로 드러난 문제점에도 불구하고 혁명 전통의 밑바닥에는 공통적인 것의 목적론이 작동하고 있다고 보는 것이다. 그가 탈근대의 사랑의 테크놀로지로서 '전투성'을 계속 고수하는 것도 이러한 이유 때문이다(6장 '사랑' 12절 참조).

'공통적인 것'의 확대가 텔로스로서 제시됨으로써 '진보'의 의미가 다시 살아난다. 실상 '진보' 개념은 그동안 많이 오염되었다. 노동자 국가 건설과 같은 미리 고정된 목적으로의 접근, 제도의 개혁, 아니면 '생산력의 증진'과 같이 고정된 척도에 의해 측정되는 수량의 증가를 의미했던 것이다. 벤야민이 그의 「역사철학에 관한 테제」에서 '역사적 진보'라는 생각을 비판했을 때 그는 옳았다. 그러나 그는 진보주의로부터의 구원은 말하지만 다른 차원의 텔로스를 보지는 못했다. 이제 네그리는 '공통적인 것의 확대'라는 텔로스를 설정함으로써 미리 정해진 것을 향하는 것과는 전혀 다른 차원의 '진보'를—물론 '진보'라는 이름을 계속 사용한다면—생각할 수 있게 한다. 따라서 진보주의가 과거에 저지른 일을 뒤돌아보며 경악하는 벤야민의 '새로운 천사'를 네그리는 앞을 바라보는 새로운 '새로운 천사'로 재해석하는 것이다(3장 '유물론적 장' 6. 5 참조).

공통적인 것의 목적론은 실질적 포섭이라는 새로운 조건에 상응하여 잉여가치와 착취 또한 맑스와는 다르게 규정한다. 이제는 공통적인 것의 목적론의 봉쇄가 잉여가치이며, 척도의 부과(혹은 척도로의 환원)가 바로 착취이다(7장 '정치' 12. 3 참조). 그렇다면 자본과의 싸움의 성격이 이전과 달라진다. 이제는 국가권력의 획득도 아니고 제도의 개혁도 아니며 임금의 상승도 아니다.

네그리는 '삶정치'에서 싸움의 성격을 '구성하면서 작별을 고하기'라고 부른다. 지배, 국가권력 및 모든 초월적 환상에 작별을 고하는 것이며, 빈자와 함께 모든 초월적 방벽들을 무너뜨리며 공통적 기계를 구축하는 것이다. '구성하면서 작별을 고하기'가 함축하는 것은 강력한 자율성이다. 국가도 필요하지 않고, 지배도 필요하지 않으며 척도도 필요하지 않다. 우리에게, 즉 탈근대의 프롤레타리아인 빈자 다중에게 모든 것이 다 있기 때문이다.

이제 혁명의 시기란 따로 없다. 모든 순간이 바로 '혁명의 시간'이기 때문이다. "매 순간 세계는 공통적인 것이 팽창하는 운동 속에서 그 전체가 다시 창조된다"(4장 '공통적인 것' 9. 2). 어떤 시간은 수단 혹은 과정으로 그리고 다른 시간은 목적으로 이분화되는 일은 여기서 일어날 수가 없다. 시간들(카이로스들) 사이에 서열이란 없다. 서열은 척도의 존재를 전제하는 데, 시간의 힘에 의하여 생성된 존재는 측정불가능한 것으로서, 척도 너머에 있기 때문이다. 매 순간 전과 다르게 살기, 항상 새롭게 살기, 모두 함께 그렇게 하기—이것이 바로 공통적인 것의 목적론이 내세우는 '삶정치'적 구호이다.

6. 유물론적 수행

네그리의 텍스트들 대부분이 그렇지만 이 텍스트도 읽기가 어렵다. 무엇보다도 대부분의 독자들이 익숙해져 있을 기존의 철학적 개념(도구)들이 별다른 직접적인 도움을 주지 못한다. 따라서 독자들은 단순한 철학적 지식의 획득을 목적으로 이 텍스트에 접근해서는 별다른 성과를 거두지 못할 것이다. 이 책의 읽기에 요구되는 것은 네그리가 "유물론적 수행(修行)"이라고 부른 것이다. 이는 "주어와 술어의 몸에서의 통일성을 인식할 수 있게" 하는 수행이다. 쉽게 말하자면 생각이 달라짐으로써 곧 몸이 달라지고 그리하여 새로운 행동을 준비하는 (아니, 이미 시작하는) 수행이다. 따라서 이 자리에서 이 텍스트의 내용을 정리 혹은 요약의 형태로 다시 '재현'하는 것은 불가능하기도 하고 바람직하지 못한 것이기도 하다. 독자들 스스로 이 텍스트의 빽빽이 밀집된 직물에 뛰어 들어 스스로 겪고 깨달아야 할 것이기 때문이다.

찾아보기

ㄱ

가난 13, 129~33, 135~6, 138~50, 152~64, 166~9, 171, 176, 179, 181, 183~4, 187, 199, 202, 212, 215, 219, 224, 230, 236, 240, 247, 249, 252, 254~5, 257~8, 261, 266~9

가따리 17~8, 30, 49, 54, 70, 74, 123, 127, 151, 201, 260

가치 91, 109, 117, 181, 203, 205, 209~10, 217, 225, 228

가치론(axiology) 110~1, 117, 132, 238

가치화 92, 130, 146, 152

강렬성 16, 36, 68, 82, 84, 105, 111, 122, 180, 233, 236, 240~2

결정 20~1, 23, 40, 44, 96~7, 156, 171, 192~4, 199, 209, 213, 215~20, 224, 233~58, 261~2

결정의 사건 235~6, 238, 244, 248

계보학 68, 71~2, 78, 95, 126, 172, 177, 186, 202, 204~5, 219, 246, 278

공간 17, 30~5, 44~6, 48, 63~4, 66, 73, 93~4, 138~9, 143~4, 163, 166~8, 172~3, 186, 204, 216, 255~6, 262~3, 265, 270, 276~7

공간화된 시간 265, 276

공동장소 47, 50

공통된 생각 36, 45, 53, 82

공통된 이름 14, 16~7, 20, 29~32, 35~8, 41~2, 45~8, 50~7, 59~60, 65~6, 68~70, 74~5, 77, 80~1, 83, 88~90, 98, 103, 106, 110, 113, 120, 122, 124, 131~2, 146, 154, 157, 160, 163, 166~7, 170, 172, 176, 180, 186~7, 200, 205, 213, 218, 256, 262, 270

공통적 기계 228~9, 249, 253, 257, 280

공통적인 것의 목적론 128, 131, 133~4, 137, 141, 147, 149, 153~4, 170~2, 175, 177, 182, 192, 194, 199, 202, 204~6, 211~2, 214~5, 220~1, 223, 226~8, 241, 243, 279~81

관념론 12, 14, 20, 31~2, 95

관념론적 목적론 117

괼링크스 62

국가 22, 109, 118, 171, 176, 194~6, 198, 202, 251~2, 255, 265~6, 275~6, 278~80

〈권력〉 10, 12~3, 15, 20~2, 62, 94~6, 136, 142, 147~8, 151, 170, 173~4, 177, 185~7, 191~3, 196~8, 215, 222, 224, 239, 250~2, 255~6

규범화 219

규정적 추상 51, 60

금욕주의 115~7, 155, 177, 219

기계 66, 123, 144, 152~3, 211~5, 226~32, 234, 239, 246~9, 253, 257, 280

기계-인간 되기 110

깜빠냐, 디노 111, 190

ㄴ

내재성 70, 105, 114~5, 117, 125~7, 168~9, 175~6, 276
내재성의 평면 70, 155, 157
냉소주의 216, 220
네트워크 14, 100, 120, 139, 180, 277
노직, 로버트 195
뉴턴 44, 265

ㄷ

다른 역사 137~8, 151, 241
다중 12, 16, 20~3, 32, 92, 97, 110, 120~2, 128, 131~2, 136~7, 142, 146~7, 152, 155, 163~4, 166~9, 178~9, 181, 191, 193~8, 200~4, 206, 211~5, 217~21, 224~7, 230, 236, 241, 243~5, 247, 249, 252~4, 256~8, 260, 262, 277, 280
대중 86 179, 186, 191~3, 202~3, 255
대중지성 186, 192~3, 202~3
덕 12~3, 60, 82, 116, 159, 169, 175, 179, 212, 242
데까르뜨 62, 86, 216
데모크리토스 111, 113, 127
동어반복 15, 18, 34~5, 105, 121, 125, 132, 160, 172, 205, 221, 251
동일성 32~5
두뇌 22, 30, 119~20, 168, 191, 217, 227~8, 274
듀이 91
드보르 45, 185
들뢰즈 15~8, 22, 30~1, 49, 53~4, 70, 74, 79~80, 111, 123, 126~7, 151, 201, 236~7, 240, 260
디드로 10
디스토피아 23, 212, 223, 258

ㄹ

라이프니쯔 36, 45, 82, 111
랑게 11
레닌주의 194~5, 271
레비나스 126
레오빠르디 42, 111, 134
루소 21, 195
루크레티우스 10, 111, 113, 116, 164

ㅁ

마끼아벨리 12, 60, 82, 93, 95, 171, 241~2, 260
막연한 것 104~5, 241
맑스 19~20, 51~3, 59~60, 91, 93, 95, 174, 205, 227, 242, 246, 251, 260~1, 264~6, 271, 273, 275, 280
매개 163, 192, 194~6, 198, 274
목적론 53, 107~8, 112, 115~8, 123, 125~8, 131~4, 136~7, 140~1, 144, 147~9, 153~4, 156, 160, 163, 170~2, 175, 177, 182, 184, 186, 191~2, 194~5, 199, 202, 204~6, 211~5, 220~1, 223~4, 226~8, 230~1, 234, 241, 243, 279~81
몸 36~7, 45, 49, 80~1, 83~4, 87~90, 92, 98, 115~6, 129~31, 143, 145, 148, 150~4, 168, 176, 182, 212~5, 217~8, 221, 224~31, 233~4, 236, 238, 245~9, 255, 269, 272~3, 281
무한 16, 30, 33~4, 61, 69, 71~3, 103~5,

111, 117, 128, 139~40, 146, 190, 212, 236~7, 240~1
물신화 170, 220, 259
물질 11, 20, 22, 50, 54, 70, 79~80, 82~3, 92~8, 100, 103~5, 107~8, 110, 123~4, 127~8, 131, 138, 140, 154~5, 169, 171, 180, 205, 227, 234, 243, 245~6, 249, 262~5, 268, 271~2

ㅂ

바꾸닌 195
반란 23, 60, 94~5, 97, 142, 193, 206, 245, 252~3, 255~6
발생 41~2, 44, 46~7, 53, 67, 83, 88, 132, 146, 152, 194, 201, 264~5
배치 11, 14, 20, 148~9, 154~5, 198, 201, 213~4, 219, 229, 232, 245~6
버로우즈 99
버추얼 32, 211, 231, 270
베르그쏭 240
베버 45, 217
벤야민 65, 96~7, 126, 279
변신 182~3, 226~7, 229~32, 245~6, 248~9, 261, 272~3
변증법 11, 33, 50, 72, 95~6, 126, 130, 136, 156~7, 179, 197, 206, 231, 238~9, 242~3, 266, 268, 271, 274, 276, 278
부하린 11
브루노 111, 176
비가역성 44, 55, 57~8, 61~2, 205
비물질 54, 205, 227
비트겐쉬타인 126
빈자 24~5, 129, 131~8, 144~8, 151~4, 161,

176, 187, 205~6, 211, 217, 222, 243, 249, 251, 257, 267, 280
빠리 꼬뮨 249
빠스깔 82, 102, 216

ㅅ

사건 12, 15~8, 20, 31~8, 41, 44, 47~8, 53~4, 62, 67, 70, 77, 79, 91~3, 96, 106, 113, 131~2, 142, 147, 152, 176, 180, 210, 213, 235~6, 238~9, 243~9, 252~3, 255, 258, 263~5, 267, 270~1
사랑의 테크놀로지 175~6, 179~80, 184~6, 224, 246~8, 252, 254, 269, 279
산 노동 25, 92~3, 209, 221~5, 227, 229~30, 232, 234, 242~4, 247, 251, 253~4
삶을 부여하는 비너스 11, 14, 20, 23, 100, 128, 150, 164~5, 258
삶정치 22~3, 118, 122~4, 126~31, 138~9, 146, 150, 153~4, 156~7, 163, 167~71, 174, 180~1, 186, 191, 199~200, 204~7, 209~10, 218~21, 227~9, 231~2, 235, 242~50, 252, 254~6, 258, 261, 276, 280~1
상상력 48~52, 56, 59, 64, 68, 88~9, 116, 147, 273
새로운 천사 96~7, 279
생기론 206, 241
생산력 120~1, 146, 148, 152, 186, 191, 200, 215, 228, 279
선험론 12, 14~5, 20, 31~2, 117, 177
성 아우구스티누스 39
성 프란시스 132
성좌 13, 147, 200~4, 206, 209~10, 213, 225,

233~4, 246~7, 249
슈뢰딩거 272
스피노자 10, 12~3, 16, 18, 32, 36~7, 45, 49~50, 58, 62, 79~80, 82, 88~9, 93, 95, 111, 114~6, 126, 151, 160, 168~9, 176, 178, 214, 240, 243, 260, 269
시간의 가장자리 17, 40~1, 48, 53, 58, 66, 71, 90, 125, 141, 147~8, 153, 166, 200, 204, 206, 210~1, 214, 217~8, 226, 230~1, 234, 238, 247, 252, 255, 257
시간의 구성 19, 46, 199, 260, 264~5, 268, 270
시간의 불안정성 63, 81
시간의 화살 17, 21, 44, 55~8, 61~2, 91, 93, 98, 106~8, 128, 131, 137, 162, 164~6, 171, 204, 226, 258, 263, 266, 268
실재적인 것 14~5, 171, 210
실존 29~30, 35~7, 39~41, 44, 53~4, 66~7, 70, 73, 79, 82, 109~10, 112~3, 130, 139, 146, 164, 166~7, 198, 202, 206~7, 221, 229, 237, 244
실질적 포섭 251~2, 261, 265
실천 19, 51~2, 60, 109, 135, 141, 169, 171, 180~1, 185, 197, 238, 242, 264, 267, 273~4, 278
쏘쉬르 21

ㅇ

아감벤 126
아낙시만더 144
아르케 108, 123, 133, 278
아리스토텔레스 54, 66~7, 108~9, 133
아모르 114, 176, 221

아쌍블라주 201
아포리아 86, 100, 112, 115, 118, 123, 127, 131, 155, 272
알마 비너스 14, 16, 18~20, 23, 47, 75, 90, 260
앎 16~7, 30, 74, 78, 85, 218, 271, 273~4
어펙트 121, 146, 150~3, 168, 181, 236
언어 15, 24, 29, 46~8, 78, 81, 95, 99, 118~23, 126, 130, 138~40, 143~4, 146, 148, 152~4, 164, 170, 173, 180~2, 200, 202~4, 209, 212, 214~6, 221, 223, 225, 227~9, 231, 234, 244, 246, 251, 254, 270
에로스 151~2, 159, 230
에피스테메 16, 53~54
에피쿠로스 111, 113, 127
여기 이것 33, 35~6, 40, 74, 255
영원성 103, 105, 107, 112, 127, 160, 164~6, 212, 263, 268
영원한 것 69~73, 82, 87~8, 91, 93, 96~7, 100, 103~6, 109, 112~3, 117, 121, 127~8, 130, 132, 135~8, 140~1, 149~50, 155, 158, 162, 164~8, 170, 199, 201, 206, 210~1, 220~1, 227, 232, 237~8, 257~8, 264
영토화 48, 197, 245, 257
예수 132, 161
오뻬라이스모 246
욕망 18, 59, 64~5, 83, 97, 114~6, 121, 152~3, 160, 162, 178, 226, 243
운명 25, 38, 57, 82, 109~10, 112, 122, 134, 137, 173, 222, 239, 271
유물론 10~7, 19~20, 24~5, 51, 75, 77, 80~100, 103~9, 112~8, 123~5, 127~8, 130~2, 136, 141, 150, 154~6, 162~3,

167~8, 171~2, 175, 182, 186, 193, 195, 210, 212, 214, 230~1, 238~41, 259~61, 263~5, 267, 269~73, 278~9, 281
유물론의 재구성 259~60, 263, 270
유물론적 목적론 107, 115, 117, 128, 131, 136, 141, 154, 156, 163, 171, 182, 186, 195, 212
유물론적 수행 81, 281
유토피아 64, 126, 140, 176, 195, 212, 222~3
유한 61, 66, 72, 104, 212, 237
육신성 36, 45, 81, 161
윤리학 54, 58~9, 88, 108~9, 114~6, 148, 151, 160, 217, 241, 269~70
이데올로기 11, 21, 137, 145, 169, 173, 227, 243, 245, 277
이름 14, 16~7, 20, 29~38, 40~8, 50~70, 74~5, 77~8, 80~1, 83~5, 88~91, 93, 96, 98, 103~4, 106~7, 110, 113, 120~4, 131~3, 146, 148, 153~4, 157, 160~1, 163, 166~8, 170, 172, 175~6, 179~80, 182, 184~7, 192, 200, 205, 213, 218, 241, 245, 250, 253, 255~6, 262~4, 270, 276, 279
이름붙이기 16, 30, 35, 37, 40~1, 43~4, 47, 53, 55, 57, 80, 262, 264
〈인간〉 13, 110, 177
인간-기계 122, 152~3, 214, 228, 230, 237, 248~50, 254, 257
인간의 도시 211~2, 258
인간-인간 110, 117, 119, 134~5, 169, 177, 183~4, 202, 223, 226, 228, 230, 249
일관성 37, 39~40, 45~6, 58, 60~2, 70, 72~3, 77, 82~3, 89, 98, 138, 157, 193, 233~5

내재성의 평면 70, 155, 157
일반명 172~4, 192, 207
일반지성 14, 152, 200, 227~30, 248~9, 253, 261
잉여가치 202, 205, 225, 262, 280

ㅈ

자기가치화 143, 265
자기에게로 향해진 테크놀로지 247
자기통치 170, 252~3
자본의 시간 265~6
자율성 84, 170, 207, 217, 280
자코뱅주의 207
장차 올 것 18, 20, 42, 48~51, 64~6, 68, 74, 77, 87~93, 95, 100, 105~6, 112, 128, 130, 132, 141, 143~4, 160, 162, 164~6, 194, 196, 198~9, 204, 206, 212, 220, 224, 238, 250, 257~8, 273, 278
재전유 22~3, 97, 153, 193, 215, 223, 253
저항 10, 16~7, 23, 33, 44, 59, 80, 82, 95, 97~8, 112, 132, 141~50, 154, 156, 159, 168, 180, 187, 220, 241, 244~5, 249, 253, 255~6, 267, 269
적대 13, 126, 265, 276~8
적실화 32~5, 37, 41, 44, 46, 57, 59, 64, 74
절대적 민주주의 169, 277
정치적인 것 12, 60, 121~2, 124, 126, 130, 133, 138, 146, 150, 156, 163, 167, 169~71, 174, 180, 184~5, 192~3, 199, 204~7, 209~10, 218, 231, 235, 243~4, 247, 252, 254, 256
제국 22, 178, 197~8, 259~60
제노 58

존재론 13~4, 17~9, 21, 32, 37~9, 41, 43~4, 47, 49~51, 53, 55, 57~60, 62, 65, 70~2, 74~5, 79, 83, 85, 87~8, 90, 92~3, 98, 100, 111, 114~7, 125, 133, 137, 139~40, 145, 149~50, 154~7, 159~60, 162~3, 166~9, 181~4, 192~4, 207, 209~11, 213, 215, 217~9, 221, 224~5, 227~8, 232, 234~6, 240~2, 245, 250, 254, 256, 263, 266, 269, 271, 273, 276

존재론적 구성 18, 53, 65, 224, 256

주권 20, 192~8, 220

주체성의 생산 83, 118, 120~2, 128, 139, 141, 144, 181, 187, 200, 236, 249

죽은 노동 25, 92, 222~3, 242, 254

지양 72 179, 238~9

직접 민주주의 195

진공 17, 39~41, 43, 52, 74, 86, 96, 100, 106, 120, 131, 158, 162~3, 166, 204, 206, 212, 214, 218~9, 221, 223, 227, 230, 235, 239, 267~8

진리의 프락시스 59~60, 73, 83, 99, 274

진보 65, 96, 117, 173, 177, 219~20, 264, 279

ㅊ

차이화 64, 70, 130

착취 13, 19, 22~3, 132~6, 142~3, 177~8, 202, 205, 245, 251, 253, 262, 280

척도 18~9, 33, 63, 65, 105, 112, 128, 134~5, 138, 141, 143~5, 147, 153, 156, 173~4, 194, 196~200, 202, 206, 250~4, 256, 265~7, 279~81

척도 너머 112, 141, 145, 153, 199~200, 267, 281

초월 9~12, 20, 24~5, 32, 35, 38, 50, 58, 62, 72, 82, 85~6, 91, 94, 96, 104, 109, 117~8, 122, 125, 132, 135, 137, 143, 145, 151~2, 154, 172~3, 175~6, 179~80, 191, 193, 195, 197~8, 212, 221, 223, 231~2, 236, 239, 255, 257, 261~2, 274, 276~8, 280

충만 53, 60, 158, 184, 204, 218~20, 230, 235, 239~40, 243, 267~8

측정불가능성 74, 78~8, 87, 90, 100, 113, 127~8, 132, 135~6, 162, 194, 196, 198~9

측정불가능한 것 16, 51, 55, 74~5, 80~1, 86~7, 91, 93, 96, 98, 105, 112, 114, 127~9, 131, 137, 141, 145~8, 150~1, 153, 157, 174, 195, 198, 202, 205, 221, 223, 230, 232, 234, 242, 252~3, 255, 257, 261, 266~8, 281

ㅋ

카리타스 175~6

카이로스 16~20, 23, 36, 39~62, 64~75, 77~9, 81~90, 92, 94~5, 97~9, 103, 105~6, 112, 131, 137, 143, 162, 166, 168, 171, 218, 250, 258, 260, 263~4, 266~7, 269, 271~2, 274, 277~8, 280

칸트 31~2, 50, 106, 265

켄타우로스 110, 119, 133~3, 135, 159, 176, 183~4, 226, 249

코나투스 58, 114

코뮨주의 21, 53, 242~3

콜리 106

큐피디타스 114~5

크로체 161
클리나멘 10, 113~4, 116, 155, 162, 201, 240~1

ㅌ

탈가치화 203, 209~21, 224~5, 230, 232~5, 238, 243, 245, 247, 250, 252~3, 256, 261
탈근대 13, 15, 17~8, 21, 23, 34, 94, 118, 125~7, 131, 138~47, 151~6, 160, 172, 174, 181~2, 184, 186, 191, 197~8, 202~7, 214, 219, 221~4, 228~1, 240~3, 248, 251, 253, 255~7, 261, 264, 267, 269~70, 274~80
탈출 21, 57, 141, 223, 253, 258
테크네 52, 121
테크놀로지 63, 66, 122, 175~80, 182, 184~6, 224, 226, 246~8, 252, 254, 269, 279
텔로스 52~3, 75, 109, 124~5, 204, 224~5, 245, 247, 249, 251~2, 254~6, 266~7, 279
토포스 75, 131, 141, 152, 266
특이성 16~7, 41, 47, 57, 70, 87, 103~7, 111, 115, 139~40, 142, 144~7, 149~50, 152, 154, 156, 164~7, 171~2, 174, 178~80, 191~3, 195, 197, 200~4, 211~4, 219, 224~7, 232, 234~6, 238, 241, 243~4, 246~8, 252~4, 256, 258, 261, 268, 276~8

ㅍ

파르메니데스 32~3
퍼스 91

페미니즘 232
평행주의 58, 79
포이에시스 52
푸꼬 11, 15~6, 22, 122, 201, 214, 243, 247, 260
프락시스 51~4, 57, 59~60, 64, 66, 68, 73, 75, 83, 87, 90~2, 99, 110, 112, 117, 160, 169~71, 175, 179, 193, 218, 254, 274
프롤레타리아 19, 22, 134~6, 242, 265, 275, 280
프루동 196
플라톤 16, 94, 108~9, 133

ㅎ

하이데거 18, 50, 126
핵심적 실재 213
헤게모니 152, 173, 181, 202~3
헤겔 21, 108~9, 126, 134, 195, 238~9, 265, 278
헤라클리투스 106
혁명 19~20, 22, 32, 91, 97, 117~8, 126, 138, 143, 151~2, 172~6, 178, 180~1, 192, 194, 198, 202, 207, 242, 245, 249, 253, 258~260, 265~266, 269, 279~80
혁명적 주체성 23, 253
현재의 계보학 68, 72, 95
협동 13, 70, 167, 178~9, 191~3, 200~5, 210, 220, 225, 231, 234, 244, 254~5, 277, 혼종화 130, 143, 182, 231, 257
홉스 21, 277
휠덜린 111
힘에의 의지 240